政治经济学
教程指导

COURSE GUIDE FOR
POLITICAL ECONOMICS

主 编 杨军 张悟

副主编 徐慧 林黎 张驰 易淼

经济管理出版社

ECONOMY & MANAGEMENT PUBLISHING HOUSE

图书在版编目（CIP）数据

政治经济学教程指导/杨军，张悟主编. —北京：经济管理出版社，2016.9
ISBN 978 - 7 - 5096 - 4500 - 0

Ⅰ.①政…　Ⅱ.①杨…②张…　Ⅲ.①政治经济学—高等学校—教学参考资料　Ⅳ.①F0

中国版本图书馆 CIP 数据核字(2016)第 157635 号

组稿编辑：宋　娜
责任编辑：宋　娜　陈　温
责任印制：司东翔
责任校对：雨　千

出版发行：经济管理出版社
　　　　　（北京市海淀区北蜂窝 8 号中雅大厦 A 座 11 层　100038）
网　　址：www. E - mp. com. cn
电　　话：(010) 51915602
印　　刷：北京紫瑞利印刷有限公司
经　　销：新华书店
开　　本：720mm×1000mm/16
印　　张：16.75
字　　数：319 千字
版　　次：2016 年 9 月第 1 版　2016 年 9 月第 1 次印刷
书　　号：ISBN 978 - 7 - 5096 - 4500 - 0
定　　价：68.00 元

前　言

本书是与逄锦聚等主编的《政治经济学》第五版配套的教程指导。长期以来，重庆工商大学紧密结合区域经济社会发展的人才需求，不断创新人才培养模式，着力培养具有创新精神和实践能力的应用型、复合型的高素质专门人才。为提升政治经济学教学效果，方便学生学好用好马克思主义政治经济学，特组织教研人员编写了这本教程指导。除第六、第七、第二十章未编写外，教材的其他十几个章节内容在本教程指导中得到了体现。这样的处理，能够使得教程指导的整体框架更加紧凑和合理，更加符合马克思主义政治经济学理论逻辑的一贯性。

本书每章内容都设置了"知识鸟瞰图"、"重点和难点"、"复习与思考题答案"、"课后辅导题"、"课后辅导题答案与分析"等板块，便于学生掌握教材的基本理论，深化理解基本知识点，厚植政治经济学基础，从而发挥出教程指导作用。

本书由重庆工商大学经济学院政治经济学课程建设团队共同编写和校稿。其中，第一至第三章由张悟编写；第四、第五、第八章由徐慧编写；第九至第十一章由杨军编写；导论以及第十二至第十四章由易淼编写；第十五至第十七章由张驰编写；第十八、第十九、第二十一章由林黎编写。

本书的编写和出版受到重庆工商大学经济学国家级特色专业建设项目及重庆市本科教学工程经济学特色专业建设项目的资助，特此致谢。

本书在编写时参考了大量同类图书资料，在此向这些图书资料的编著者表示由衷谢意！这些图书资料已在参考文献中标注，但难免有所疏漏，敬请谅解。由于本书编写团队的水平有限，书中的不妥之处，敬请批评指正。

编　者

2016 年 3 月

目　录

导论　政治经济学的对象和任务

本章知识鸟瞰图

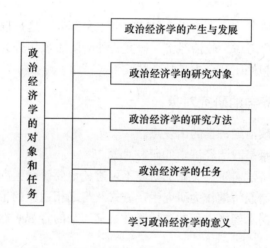

本章重点和难点

一、政治经济学的产生与发展

在西方文献中，最先使用"经济"（Economy）一词的是古希腊思想家色诺芬。

法国重商主义代表人物孟奇里梯安在 1615 年出版的《献给国王和王后的政治经济学》一书中首先使用"政治经济学"一词，表明了他所论述的经济问题已经超出了家庭管理的范围，涉及国家的经济管理问题。

真正的近代经济科学，是在理论研究从流通领域转向生产领域的时候开始的。首先把研究对象由流通领域转向生产领域的是法国的重农主义，其代表人物是布阿吉尔贝尔和魁奈。

成理论体系的古典政治经济学，在英国是由 W. 配第创始，亚当·斯密集大成，大卫·李嘉图最后完成的。

由于古典政治经济学具有科学和庸俗两种成分，在它以后沿着这两种成分发展便产生了马克思主义政治经济学和西方经济学两大体系。

19 世纪中叶，马克思和恩格斯批判地继承了英国古典政治经济学的科学成分，创立了马克思主义政治经济学。

中国的伟大实践大大地推动了社会主义政治经济学的完善和发展，为中国特色社会主义理论体系的形成和马克思主义政治经济学的发展创新做出了历史性的贡献。

政治经济学一般分为资本主义部分和社会主义部分。这是根据研究对象来区分的。从所处的阶段考虑，政治经济学研究所处的阶段可划分为：处于资本主义社会的政治经济学和处于社会主义社会的政治经济学。

二、政治经济学的研究对象

首先，生产是政治经济学的出发点。

其次，生产关系是政治经济学的研究对象。

最后，政治经济学对生产关系的研究不可避免地要研究生产力。

马克思主义政治经济学作为研究生产方式及与之相适应的生产关系、交换关系的科学，任务是揭示经济过程的本质联系及其运动的客观必然性，也就是揭示客观的经济规律。

经济现象和经济过程本身所固有的、本质的、客观的必然联系即经济规律。同其他自然规律一样，政治经济学所揭示的经济规律具有客观性，不以人的意志为转移。

由经济规律所依存的客观经济条件所决定，经济规律有三个层次：第一层次是各个社会形态都共有的经济规律，第二层次是几个社会形态所共有的经济规律，第三层次是某个社会形态所特有的规律。

三、政治经济学的研究方法

唯物辩证法是马克思主义的世界观，也是科学的方法论。科学的抽象法就是这种科学方法论的运用。马克思的抽象法包含相互联系的两个科学思维过程：

（1）从具体到抽象的研究过程。

（2）从抽象到具体的叙述过程。

四、政治经济学的任务

政治经济学对资本主义分析的任务，是揭示资本主义经济的内在矛盾，揭示资本主义被社会主义代替的历史必然性。

政治经济学对现代资本主义经济分析的任务有三个方面：一是借鉴。在两种经济制度并存的条件下，许多经济活动和经济组织存在相互学习和相互融合的过程。分析现代资本主义国家与先进社会生产力相适应的经济形式和经济组织，对社会主义国家来说本身就是一种学习和借鉴，由此推动社会主义国家的生产力赶上甚至超过资本主义国家。二是竞争。两种制度并存必然包含两种制度的竞争，分析现代资本主义经济本身可以为社会主义最终在经济竞争中战胜资本主义提供对策性理论。三是信念。资本主义发展到现代阶段，单靠传统的政治经济学理论难以说明其为社会主义取代的必然性，需要用与时俱进的理论和方法来揭示其新的矛盾，从而在新的经济条件下坚定社会主义取代资本主义的信念，提高对中国特色社会主义经济理论的理论自信和理论自觉。

政治经济学对社会主义分析的任务固然有坚定社会主义代替资本主义信念的要求，但不限于此。为适应我国改革开放和现代化建设的需要，政治经济学的任务应该以改革和完善社会主义经济制度、促进发展先进社会生产力、增加国民财富为目标。一是要由以阶级斗争为纲转向以经济建设为中心。二是要由把政治经济学理论作为教条转向作为行动指南。

五、学习政治经济学的意义

首先是对现代资本主义的认识；其次是对实践中社会主义的认识；最后是寻求指导市场经济运行的一般经济理论。

本章复习与思考题答案

1. 如何科学地认识政治经济学的对象和方法？

答：科学认识政治经济学的对象，需要把握如下几点：

（1）生产是政治经济学的出发点。政治经济学的对象以生产为出发点，反映这样的事实：物质资料的生产是人类社会存在和发展的基础。生产不仅涉及人与自然的关系，也涉及人们在生产过程中的相互关系。政治经济学研究的生产不是生产的自然属性，而是生产的社会属性。

（2）生产关系是政治经济学的主要研究对象。政治经济学研究生产关系，既要研究生产、交换、分配和消费之间的相互关系，也要研究人们在社会生产、交换、分配和消费中的关系。

（3）政治经济学对生产关系的研究不可避免地要研究生产力。社会生产是生产力和生产关系的统一，这也是作为政治经济学的出发点的生产所包含的两方面内容。政治经济学研究的生产总是一定社会发展阶段上的生产。社会发展阶段归根到底是由生产力的发展水平决定的。而且，研究生产关系的目标也是要使生产关系适应和促进生产力的发展。

2. 政治经济学的任务是什么？现阶段学习政治经济学有哪些意义？

答：政治经济学对资本主义分析的任务，是揭示资本主义经济的内在矛盾，揭示资本主义被社会主义代替的历史必然性。

政治经济学对现代资本主义经济分析的任务有三个方面：一是借鉴。在两种经济制度并存的条件下，许多经济活动和经济组织存在相互学习和相互融合的过程。分析现代资本主义国家与先进社会生产力相适应的经济形式和经济组织，对社会主义国家来说本身就是一种学习和借鉴，由此推动社会主义国家的生产力赶上甚至超过资本主义国家。二是竞争。两种制度并存必然包含两种制度的竞争，分析现代资本主义经济本身可以为社会主义最终在经济竞争中战胜资本主义提供对策性理论。三是信念。资本主义发展到现代阶段，单靠传统的政治经济学理论难以说明其为社会主义取代的必然性，需要用与时俱进的理论和方法来揭示其新的矛盾，从而在新的经济条件下坚定社会主义取代资本主义的信念，提高对中国特色社会主义经济理论的理论自信和理论自觉。

政治经济学对社会主义分析的任务固然有坚定社会主义代替资本主义信念的要求，但不限于此。为适应我国改革开放和现代化建设的需要，政治经济学的任务应该以改革和完善社会主义经济制度、促进发展先进社会生产力、增加国民财富为目标。一是要由以阶级斗争为纲转向以经济建设为中心。二是要由把政治经济学理论作为教条转向作为行动指南。

现阶段学习政治经济学的意义：首先是对现代资本主义的认识。其次是对实践中的社会主义的认识。最后是寻求指导市场经济运行的一般经济理论。

第一章　生产力、生产关系和生产方式

本章知识鸟瞰图

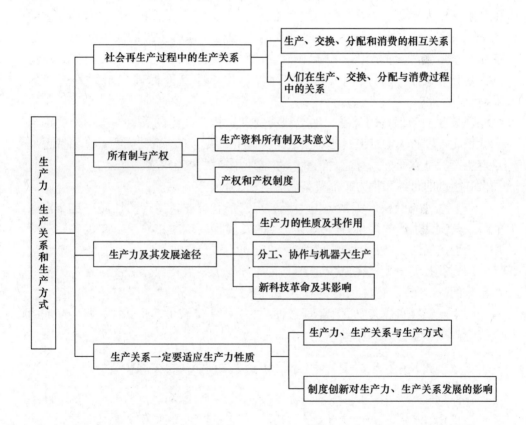

本章重点和难点

第一节　社会再生产过程中的生产关系

一、生产、交换、分配与消费的相互关系

人们的生产、交换、分配和消费构成社会再生产的总过程。生产、交换、分配和消费作为社会生产总过程的四个环节，它们之间存在着相互联系和相互制约的辩证关系。在这个关系中，生产居于首要地位，起着主导的决定作用，一定的生产决定着一定的交换、分配和消费；而交换、分配、消费也不是消极被动的由生产决定，它们又积极的影响和反作用于生产，促进或制约着生产的发展。

（1）生产与消费的关系。生产和消费具有相互决定的关系。①生产决定消费。首先，生产决定着消费的对象；其次，生产决定着消费的方式。②消费也决定着生产。一方面，只有通过消费，才能使用产品成为现实的产品；另一方面，消费是生产的目的和动力，消费又创造出现实的生产。

（2）生产与交换的关系。①生产决定交换。首先，生产的性质决定交换的性质；其次，生产的发展程度决定交换的发展程度。②交换对生产也具有反作用。随着交换的发展，市场的扩大，生产也会随之发展。

（3）生产与分配的关系。①在产品的分配上，生产决定分配。首先，生产决定分配的对象；其次，生产也决定分配的方式。②分配对生产也有决定作用。首先，生产资料和社会成员在生产过程中的分配决定着生产；其次，收入分配的方式会直接影响劳动的效率和生产要素配置的效率。

二、人们在生产、交换、分配和消费过程中的关系

在社会再生产过程中形成的包含生产、交换、分配和消费各个环节的生产关系，就是政治经济学所研究的生产关系。生产资料所有制是生产关系的基础，它决定了人们在生产、交换、分配和消费过程中的基本关系和地位，同时又通过生产、交换、分配和消费等社会生产的各个环节来实现自己。也就是说，生产关系就是人们在社会的生产和再生产过程中所结成的人与人之间的相互关系。生产关系的内容就是在一定的生产资料所有制基础上所形成的，在社会再生产过程中所

发生的生产、分配、交换和消费关系的总和。

第二节　所有制与产权

一、生产资料所有制及其意义

生产资料所有制是整个社会生产关系的基础，它决定并支配着人们在生产过程中的地位，决定着产品的分配和交换关系。

生产资料所有制作为经济范畴，其内部结构由人们对生产资料的所有、占有、支配、使用等经济关系组成。其中，所有是所有制关系的基础。

所有制与所有权是两个既相互关联又存在区别的范畴。所有制是一个经济制度范畴，所有权则是所有制的法律表现形式。

二、产权和产权制度

在社会经济运行过程中，人们在生产资料上形成的所有、占有、支配、使用、处分、转让、收益等关系，受到成文或非成文的法律承认和保护，在法权方面就分别表现为所有权、占有权、支配权、使用权、处分权、转让权和收益权。以上权利都同一定的财产关系相互联系，也被称为财产权利、财产权或产权。

马克思主义理论中，产权作为财产权利有如下规定：第一，所有权表现为在一定经济关系中的个体或团体对生产条件的排他性的占有或归属关系。第二，财产权利关系的实质是人与人之间的经济关系。第三，产权对财产主体有实现利益的要求。

产权是指在财产归属上的排他性权利。马克思的产权理论特别关注产权的公有和私有的属性不同。现代西方产权理论的出发点是私人产权，它分析的产权与经济运行密切相关，突出在两个方面的产权制度安排：第一，产权是人们在交易过程中获取一定的收益权利，具有可转让的特征。第二，产权是由一组或一束权利组成的，包括所有权、使用权、收益权、转让权等，形成产权结构，或称为权能结构。

在市场经济条件下，产权制度中的权能结构可以合一，也可以分离。出资者权利与法人财产权的分离，是现代市场经济条件下产权制度的典型特征。

第三节　生产力及其发展途径

一、生产力的性质及其作用

生产力是人们改造自然和控制自然界的能力，它反映人和自然界之间的关系。

生产力包含三个要素，即人的劳动、劳动资料和劳动对象。其中，人的劳动是生产力的决定性要素，而生产工具则是衡量生产力水平高低、划分经济时代的标志。

科学技术也是生产力。在现代社会，科学技术的进步在生产力的发展中起着主要的作用，并发挥着越来越大的作用。

二、分工、协作与机器大生产

分工、协作与机器大生产是重要的生产组织形式，是生产力发展的基本阶段，也是提高生产率的重要途径。

三、新科技革命及其影响

在现代经济发展过程中，科学技术充分显示了第一生产力的作用，极大地推动了人类社会生产力的发展。

第四节　生产关系一定要适应生产力性质

一、生产力、生产关系与生产方式

一定社会的生产力和生产关系的对立统一，就构成这个社会的生产方式。生产力和生产关系构成社会生产方式的两个方面，生产力是生产的物质内容，生产关系则是生产的社会形式。

在生产力与生产关系的对立统一中，生产力起着决定性的作用。这具体表现在两个方面：第一，有什么样的生产力，就会产生什么样的生产关系，生产力的性质决定着生产关系的性质。第二，生产力在社会生产中是最活跃、最革命的因素，它总是处在不断的发展变化之中，生产力的发展变化必然会引起生产关系的发展变化。另外，生产关系对生产力又具有反作用。当生产关系与生产力相适应时，就能促进生产力的发展；当生产关系与生产力状况不相适应时，就会阻碍生产力的发展。总之，生产力决定生产关系，生产关系反作用于生产力。但是，生产力是矛盾的主要方面，它起着决定性的作用。生产关系一定要适应生产力的性质，这是人类社会共同的经济规律。

二、制度创新对生产力、生产关系发展的影响

生产关系与生产力的矛盾，是人类社会的基本矛盾。人类社会就是在生产力与生产关系、经济基础与上层建筑的矛盾运动中不断向前发展的。

调整社会生产关系的途径有两条：一是变革这一社会的根本制度，用新制度代替旧制度；二是在特定社会基本制度保持不变的前提下，对社会的经济体制进行调整，对社会经济运行的具体制度进行重新安排或创新。

经济制度是指一定社会中占主导地位的生产关系的总和，它体现着这个社会生产关系的本质属性。经济体制则是指一定的经济制度下社会经济所采取的具体组织形式和管理制度，属于生产关系的具体实现形式。它们都属于生产关系的范畴，但是经济制度与一定社会的生产资料所有制关系直接联系，是一种深层次的生产关系；经济体制则是一种表层次的生产关系，属于经济运行中的制度安排。经济制度具有相对的稳定性，经济体制的变化具有相对的独立性。经济体制的变化不一定改变经济制度的属性。经济体制改革从本质上说，就是在本质经济关系保持不变的前提下，适应生产力发展的要求对经济运行关系进行适当的调整，以促进社会经济的发展。

本章复习与思考题答案

1. 解释下列概念：①生产力；②生产关系；③所有制；④所有权；⑤产权；⑥产权制度；⑦生产方式；⑧经济制度；⑨经济体制；⑩制度创新。

答：①生产力是人们改造自然和控制自然界的能力，它反映人和自然界之间的关系，体现了生产的自然属性。

②生产关系是人们在社会的生产和再生产过程中所结成的相互关系，它体现了生产的社会属性。

③所有制是指人们对物资资料的占有形式，通常指人们对生产资料的占有形式，即生产资料所有制。

④所有权是所有人依法对自己的财产所享有的占有、使用、收益和处分的权利。它是一种财产权，所以又称为财产所有权。

⑤产权是经济所有制关系在法律上的表现形式，它包括财产的所有权、占有权、支配权、使用权、处分权、转让权和收益权。

⑥产权制度是指既定产权关系和产权规则结合而成的，且能对产权关系实现有效的组合、调节和保护的制度安排。

⑦生产方式是指社会所必需的物质资料的谋得方式。它包括生产力和生产关系两个方面，生产力是生产的物质内容，生产关系则是生产的社会形式。

⑧经济制度是人类社会发展到一定阶段，占主要地位的生产关系的总和，它体现着这个社会生产关系的本质属性。

⑨经济体制是指在一定的经济制度下，社会经济所采取的具体组织形式和管理制度，它属于生产关系的具体实现形式。

⑩制度创新是指在人们现有的生产和生活环境条件下，通过创设新的、更能有效激励人们行为的制度、规范体系来实现社会的持续发展和变革的创新。

2. 生产与交换、分配、消费的相互关系是什么？

答：人们的生产、交换、分配和消费构成社会再生产的总过程。生产、交换、分配和消费作为社会生产总过程的四个环节，它们之间存在着相互联系和相互制约的辩证关系。在这个关系中，生产居于首要的地位，起着主导作用，一定的生产决定着一定的交换、分配和消费；而交换、分配、消费也不是消极被动的由生产决定，它们又积极的影响和反作用于生产，促进或制约着生产的发展。

3. 马克思主义所有制理论的主要内容是什么？

答：生产资料所有制是指人们在生产资料所有、占有、支配和使用等方面所结成的经济关系。

占有生产资料是人们进行生产的前提。占有生产资料表面看来是人对物的关系，而其实质乃是通过人对物的关系表现出来的人与人的关系。

所有制形式不是一成不变的。一定的生产资料所有制形式取决于社会生产力发展的一定水平。随着生产力的发展变化，要求生产资料所有制关系也要相应地变革。

生产资料所有制是生产关系的基础。一定的生产资料所有制形式决定着人们在生产中的地位和相互关系，也决定着人们的交换关系、分配关系和消费关系。所以，生产资料在谁手里，这是决定性的问题。它是区别各个社会形态的主要标志。同时，生产资料所有制又总是通过生产、交换、分配、消费等社会再生产的各个环节来实现自己。

4. 如何理解生产关系一定要适应生产力性质的规律？

答：生产力决定生产关系，生产关系一定要适应生产力发展的客观必然性，就是生产关系一定要适应生产力性质的规律。它是人类社会共有的经济规律。

人类社会的生产方式包括对立统一的两个方面：生产力和生产关系。生产力是生产的物质内容，生产关系则是生产的社会形式。一定社会的生产方式总是在生产力和生产关系的矛盾运动中产生、发展、变化的。在生产力与生产关系的对立统一中，生产力起着决定性的作用。这具体表现在：第一，有什么样的生产力，就会产生什么样的生产关系，生产力的性质决定着生产关系的性质。第二，生产力在社会生产中是最活跃、最革命的因素，它总是处在不断的发展变化之中，生产力的发展变化必然会引起生产关系的发展变化。另外，生产关系对生产力又具有反作用。当生产关系与生产力相适应时，就能促进生产力的发展；当生产关系与生产力状况不相适应时，就会阻碍生产力的发展。总之，生产力决定生产关系，生产关系反作用于生产力。但是，生产力是矛盾的主要方面，它起着决定性的作用。生产关系一定要适应生产力的性质，这是人类社会共同的经济规律。

生产关系一定要适应生产力的性质，这是不以人的意志为转移的客观规律，它推动着人类社会不断地向前发展。

5. 简述经济制度和体制的基本关系。

答：经济制度是指一定社会中占主导地位的生产关系的总和，它体现着这个社会生产关系的本质属性。经济体制则是指一定的经济制度下社会经济所采取的具体组织形式和管理制度，属于生产关系的具体实现形式。

经济制度和经济体制都属于生产关系的范畴。但是，经济制度与一定社会的生产资料所有制关系直接联系，是一种深层次的生产关系；经济体制则是一种表层次的生产关系，属于经济运行中的制度安排。

经济制度和经济体制是内容与形式的关系。经济体制以各种具体形式外化经济制度。在一定的社会形态下，经济制度具有相对的稳定性。经济体制的变化具有相对的独立性，不可能像经济制度那样稳定。经济体制的变化不一定改变经济制度的属性。

本章课后辅导题

一、单项选择题

1. 在社会生产总过程中起决定性作用的环节是（　　）。
A. 生产　　　　B. 交换　　　　C. 分配　　　　D. 消费

2. 在人们的各种社会关系中，最基本的关系是（　　）。
A. 家庭关系　　B. 阶级关系　　C. 生产关系　　D. 政治关系

3. 构成社会生产关系的基础并决定其性质的是 （　　）。

A. 生产资料的所有制形式　　B. 人们在直接的生产过程中的地位和相互关系

C. 产品的分配关系　　　　　D. 产品的交换和消费关系

4. 生产关系反映了生产过程中 （　　）。

A. 人与自然之间的关系　　　B. 人与人之间的关系

C. 人与生产工具之间的关系　D. 人与生产资料之间的关系

5. 生产力反映了生产过程中 （　　）。

A. 人与人之间的关系　　　　　B. 商品与生产者之间的关系

C. 生产者与消费者之间的关系　D. 人与自然之间的关系

6. 在生产力中起主导的、决定性作用的因素是 （　　）。

A. 劳动者　　　B. 劳动资料　　C. 劳动对象　　D. 生产工具

7. 衡量社会生产力水平高低的主要标志是 （　　）。

A. 劳动者　　　B. 劳动对象　　C. 生产工具　　D. 原材料

8. 劳动对象是 （　　）。

A. 生产工具

B. 传导劳动的物件

C. 人们在劳动过程中加工改造的对象

D. 衡量生产力水平高低的主要标志

9. 劳动资料是指 （　　）。

A. 人们用来影响和改变劳动对象的一切物质资料和物质条件

B. 人们把自己的劳动施加于其上的一切东西

C. 劳动者用以维持自身生存的一切物品

D. 生产中所使用的原材料和燃料的总和

10. 下列生产资料中属于劳动资料的是 （　　）。

A. 原料　　　　B. 燃料　　　　C. 辅助材料　　D. 机器设备

11. 从劳动过程中来看，在汽修厂检修的汽车属于 （　　）。

A. 劳动资料　　B 劳动对象　　C. 生产工具　　D. 劳动产品

12. 生产资料是 （　　）。

A. 用来影响和改变劳动对象的一切物质资料和物质条件的总和

B. 在生产过程中被人们加工改造的物质资料的总和

C. 劳动资料和劳动对象的总和

D. 劳动者的劳动、劳动资料和劳动对象的总和

13. 生产方式就是一定社会的 （　　）。

A. 生产力和生产关系的有机结合与统一

B. 经济基础和上层建筑的有机结合与统一

C. 劳动资料和劳动对象的有机结合与统一

D. 劳动者、劳动资料和劳动对象的有机结合与统一

14. 在社会生产中，最活跃、最革命的因素是（　　）。

A. 生产力　　　　B. 生产关系　　　C. 经济基础　　　D. 上层建筑

15. 生产关系的发展变化是由（　　）。

A. 生产资料所有制形式决定的

B. 人们在生产中的地位决定的

C. 产品的分配形式决定的

D. 生产力的发展状况决定的

16. 在一切社会形态中都发生作用的经济规律是（　　）。

A. 价值规律　　　　　　　B. 剩余价值规律

C. 按劳分配规律　　　　　D. 生产关系一定要适合生产力性质的规律

二、多项选择题

1. 社会生产总过程的基本环节包括（　　）。

A. 生产　　　B. 占有　　　C. 分配　　　D. 交换　　　E. 消费

2. 在社会生产总过程的四个环节中（　　）。

A. 生产是起点，消费是终点

B. 分配和交换是连接生产和消费的中间环节

C. 生产决定分配、交换和消费

D. 分配、交换和消费对生产具有反作用

E. 生产、分配、交换、消费相互独立，互不相干

3. 生产关系（　　）。

A. 是人们在物质生产过程中所结成的相互关系

B. 是一切社会关系中最基本的关系

C. 在阶级社会中表现为阶级关系

D. 是生产和社会发展的决定性力量

E. 是政治经济学的研究对象

4. 生产资料所有制（　　）。

A. 是社会生产关系的基础

B. 表明生产资料归谁所有

C. 决定着社会生产关系的性质

D. 决定了人们在生产中的地位和相互关系

E. 属于社会上层建筑的范畴

5. 社会生产力（　　）。

　A. 是人们征服自然、改造自然的能力

　B. 反映着人与自然之间的关系

　C. 是马克思主义政治经济学的研究对象

　D. 决定着生产关系的发展变化

　E. 体现了生产过程中人与人之间的关系

6. 下列项目中属于劳动对象的有（　　）。

　A. 开采中的石油　　　　B. 正在维修的车床

　C. 纺纱用的棉花　　　　D. 生产用的厂房

　E. 劳动者使用的机器设备

7. 生产资料是（　　）。

　A. 生产中人和物的因素的总和

　B. 劳动资料和劳动对象的总和

　C. 生产的主观条件

　D. 生产的客观物质条件

　E. 生产中的决定性要素

8. 在生产力和生产关系的相互关系中（　　）。

　A. 生产力决定生产关系

　B. 生产关系决定生产力

　C. 生产力反作用于生产关系

　D. 生产关系反作用于生产力

　E. 生产关系要适合生产力的状况

9. 生产关系一定要适合生产力性质的规律（　　）。

　A. 是推动人类社会发展的基本规律

　B. 是在一切社会形态中都存在并发生作用的规律

　C. 是人类社会发展到一定阶段所特有的规律

　D. 它决定着人类社会由低级形态向高级形态的发展

　E. 它决定着同一社会形态由低级阶段向高级阶段的发展

三、判断题（请在括号中填写"对"或"错"）

1. 在生产与消费的关系上，不仅生产决定着消费，而且消费也决定着生产。
（　　）

2. 生产关系就是人们在直接的生产过程中所形成的相互关系。（　　）

3. 生产资料所有制是社会生产关系的基础，它决定着社会生产关系的基本性质。（　）

4. 生产工具是衡量生产力水平高低的主要标志，从而也是决定生产力水平高低的决定性因素。（　）

5. 科学技术也是生产力，而且是第一生产力。所以科学技术也是生产力的一个基本构成要素。（　）

6. 手推磨的产生是以封建主为首的社会，蒸汽磨的产生是以工业资本家为首的社会。（　）

7. 生产关系的任何变革，都有利于生产力的发展。（　）

8. 经济体制改革必然会导致社会经济制度发生根本性的变化。（　）

四、简答题

1. 简述生产与消费之间的相互关系。

2. 简述生产关系及其内涵。

3. 什么是产权？马克思主义理论中对产权有何规定？

4. 简述生产力及其构成要素。

5. 为什么说科学技术也是生产力？

五、论述题

1. 试述生产力和生产关系之间的相互关系。

2. 从经济制度和经济体制的关系出发分析我国经济体制改革的性质。

本章课后辅导题答案与分析

一、单项选择题

1. A	2. C	3. A	4. B	5. D	6. A
7. C	8. C	9. A	10. D	11. B	12. C
13. A	14. A	15. D	16. D		

二、多项选择题

1. ACDE	2. ABCD	3. ABCE	4. ABCD	5. ABD
6. ABC	7. BD	8. ADE	9. ABDE	

三、判断题（请在括号中填写"对"或"错"）

1. 对；2. 错；3. 对；4. 错；5. 错；6. 对；7. 错；8. 错。

四、简答题

1. 答：生产和消费具有相互决定的关系：一方面，生产决定消费。首先，生产决定着消费的对象；其次，生产也决定着消费的方式。另一方面，消费也决定着生产。首先，只有通过消费，才能使用产品成为现实的产品；其次，消费是生产的目的和动力，消费又创造出现实的生产。

2. 答：生产关系就是人们在社会生产和再生产过程中所结成的人与人之间的相互关系。生产关系的内容就是在一定的生产资料所有制基础上所形成的，在社会再生产过程中所发生的生产、分配、交换和消费关系的总和。

3. 答：在社会经济运行过程中，人们在生产资料上形成的所有、占有、支配、使用、处分、转让、收益等关系，受到成文或非成文的法律承认和保护，在法权方面就分别表现为所有权、占有权、支配权、使用权、处分权、转让权和收益权。以上权利都同一定的财产关系相互联系，也被称为财产权利、财产权或产权。

马克思主义理论中，产权作为财产权利有如下规定：第一，所有权表现为在一定经济关系中的个体或团体对生产条件的排他性的占有或归属关系。第二，财产权利关系的实质是人与人之间的经济关系。第三，产权对财产主体有实现利益的要求。

4. 答：生产力就是人们征服自然、改造自然、从自然界获取物质财富的能力，它反映人和自然界之间的关系。生产力包含三个要素，即人的劳动、劳动资料和劳动对象。其中，人的劳动是生产力的决定性要素，而生产工具则是衡量生产力水平高低、划分经济时代的标志。

5. 答：科学技术并不构成生产力的一个独立的要素，但是生产力的任何一个要素与科学技术之间都存在着密切的联系。科学技术越发达，人们掌握的科学技术越多，征服自然、改造自然的能力就越强；科学技术越发达，人们就能够创造出更先进的机器设备，改进生产工艺，提高劳动生产效率；科学技术越发达，人们就能够拓宽劳动对象的范围，提高劳动对象的质量，从而提高生产力水平。科学技术正是通过影响生产力的三个要素来影响生产力水平的高低的。而且，随着现代科学技术日新月异的发展，科学技术对生产力的影响越来越大。所以，科学技术也是生产力，而且是第一生产力。

五、论述题

1. 答：人类社会的生产方式包括对立统一的两个方面：生产力和生产关系。生产力是生产的物质内容，生产关系则是生产的社会形式。一定的社会生产方式总是在生产力和生产关系的矛盾运动中产生、发展、变化的。

在生产力与生产关系的对立统一中，生产力起着决定性的作用。这具体表现在：第一，有什么样的生产力，就会产生什么样的生产关系，生产力的性质决定着生产关系的性质。第二，生产力在社会生产中是最活跃、最革命的因素，它总是处在不断的发展变化之中，生产力的发展变化必然会引起生产关系的发展变化。另外，生产关系对生产力又具有反作用。当生产关系与生产力相适应时，就能促进生产力的发展；当生产关系与生产力状况不相适应时，就会阻碍生产力的发展。总之，生产力决定生产关系，生产关系反作用于生产力。但是，生产力是矛盾的主要方面，它起着决定性的作用。生产关系一定要适应生产力的性质，这是人类社会共同的经济规律。

2. 答：经济制度是指一定社会中占主导地位的生产关系的总和，它体现着这个社会生产关系的本质属性。经济体制则是指一定的经济制度下社会经济所采取的具体组织形式和管理制度，属于生产关系的具体实现形式。

经济制度和经济体制都属于生产关系的范畴。但是，经济制度与一定社会的生产资料所有制关系直接联系，是一种深层次的生产关系；经济体制则是一种表层次的生产关系，属于经济运行中的制度安排。经济制度和经济体制是内容与形式的关系。经济体制以各种具体形式外化经济制度。在一定的社会形态下，经济制度具有相对的稳定性。经济体制的变化具有相对的独立性，不可能像经济制度那样稳定。经济体制的变化不一定改变经济制度的属性。

我国的社会主义经济体制改革，就是在不改变社会主义基本经济制度的前提下，适应生产力发展的要求对经济运行关系进行适当的调整，以更好地促进社会主义经济发展，更好地满足人民群众日益增长的物质和文化生活的需要。这种改革，不是对社会主义经济制度的否定，相反，它是对社会主义经济制度的一种自我发展和自我完善。

第二章 商品和价值

本章知识鸟瞰图

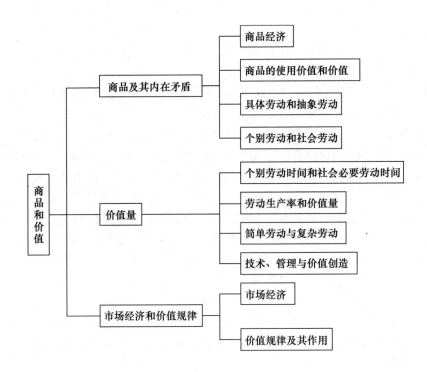

本章重点和难点

第一节 商品及其内在矛盾

一、商品经济

商品经济是以交换为目的、包含商品生产和商品交换的经济形式。

商品经济的产生和存在必须具备以下两个前提条件：第一，社会分工；第二，剩余产品的出现并分别属于不同的生产者所有。

商品经济的发展经历了简单商品经济（即小商品经济）和市场经济（即发达的商品经济）两个阶段。

商品经济的特征：第一，商品经济具有自主性；第二，商品经济具有平等性；第三，商品经济具有竞争性；第四，商品经济具有开放性。

商品经济是人类社会经济发展不可逾越的历史阶段。

二、商品的使用价值和价值

商品是用来交换的劳动产品。它同时具有使用价值和价值两个要素，是使用价值和价值的统一体。

1. 使用价值

使用价值是指物品和服务能够满足人们某种需要的属性，即物品和服务的有用性。商品的使用价值反映的是人与自然之间的物质关系，体现的是商品的自然属性。使用价值构成社会财富的物质内容。

作为商品的使用价值与一般物品的使用价值相比，具有以下特点：第一，它必须是劳动产品的使用价值；第二，商品的使用价值不是对自己有用，而是对他人、对社会有用；第三，商品作为使用价值，必须通过交换让渡给他人才能进行消费。

2. 交换价值和价值

商品能够通过买卖同其他商品相交换的属性，就是商品的交换价值。交换价值表现为一种使用价值同另一种使用价值相交换的量的比例关系。

价值就是指凝结于商品之中的一般的无差别的人类劳动。价值体现了商品的社会属性，它体现着商品生产者之间相互交换劳动、比较劳动的社会经济关系。

它是商品的本质属性。

3. 交换价值、使用价值与价值的关系

从价值与交换价值的关系来看，价值是交换价值的基础，交换价值是价值的表现形式。

从使用价值和价值的关系来看，它们是一种对立统一的关系，商品是使用价值和价值的对立统一体。首先，商品的使用价值和价值是统一的。它们相互依存，互为条件，缺少其中任何一个因素都不能成为商品。价值的存在要以使用价值的存在为前提，使用价值是价值的物质载体。其次，商品的使用价值和价值又是相互对立、相互排斥的。商品的生产者生产商品并不是为了取得使用价值，而是为了取得价值，商品的生产者只有将商品的使用价值让渡给商品的消费者，才能获得商品的价值。同样的，商品的消费者为了获得商品的使用价值，就必须支付商品的价值。任何人都不可能既占有商品的使用价值，又占有商品的价值。只有通过交换，商品的内在矛盾才能得到解决。

三、具体劳动和抽象劳动

具体劳动即从劳动的具体形态来考察的劳动。或者说人们在一定具体形式下进行的劳动，就是具体劳动。具体劳动创造商品的使用价值，但是具体劳动并不是它所生产的使用价值即物质财富的唯一源泉。

抽象劳动是指撒开劳动的特定性质，即撒开劳动的具体形式的无差别的一般人类劳动。抽象劳动形成商品的价值，而且它是形成商品价值的唯一源泉。

具体劳动和抽象劳动之间是一种对立统一的关系。一方面，它们二者之间是相互统一的。具体劳动和抽象劳动是生产商品的同一劳动过程的两个方面，它们在时间、空间上都是不可分割的。另一方面，具体劳动和抽象劳动又是不同的、矛盾的。具体劳动反映的是人与自然之间的关系，体现的是劳动的自然属性，它是人类社会存在和发展的条件，是一个永恒的范畴；抽象劳动反映的则是社会的生产关系，体现的是劳动的社会属性，它是商品生产特有的范畴，因而它是一个历史的范畴。

劳动二重性学说是由马克思首先揭示并论证的，它是我们理解马克思主义政治经济学的枢纽。

四、个别劳动和社会劳动

个别劳动和社会劳动的矛盾，构成了商品经济的基本矛盾。

所谓个别劳动，是指生产商品的劳动具有个别性质，是商品生产者按照个人或企业的打算和利益进行的劳动，它在生产资料私有制条件下，表现为私人劳动，在生产资料公有制条件下，表现为局部劳动。所谓社会劳动，是指生产商品的劳动具有的社会性质，是作为社会总劳动的有机构成部分的劳动。

个别劳动和社会劳动产生的客观基础，就是商品经济赖以产生的经济条件，即社会分工和生产资料的不同所有制。由于社会分工的存在，决定了一切商品生产者的劳动都是社会总劳动的一部分，是具有社会性质的社会劳动；同时，由于生产资料的不同所有制，又决定了各个商品生产者的劳动又是各自为政的，决定了他们的劳动又具有个别的性质，是个别劳动。

个别劳动和社会劳动之间存在着矛盾。生产商品的劳动的社会性质，要求劳动产品在品种上和数量上符合社会的需要；但劳动的个别性质，却使他们生产的商品往往与社会的需要不一致。这就使得他们的劳动产品不能或者部分不能被社会所接受，他们的个别劳动就不能或者部分不能被社会所承认，就不能或者部分不能转化为社会劳动。

个别劳动和社会劳动的矛盾，构成了商品经济的基本矛盾。这是因为：第一，个别劳动和社会劳动的矛盾，是商品各种内在矛盾产生的根源；第二，个别劳动和社会劳动的矛盾，也决定着商品经济产生和发展的全部过程；第三，个别劳动和社会劳动的矛盾，还决定着商品生产者的命运。

第二节 价值量

一、个别劳动时间和社会必要劳动时间

既然商品的价值是抽象劳动的凝结，那么商品的价值量就由生产商品所耗费的劳动量决定。而劳动量又是由劳动时间来衡量的，因此商品的价值量就由生产商品所耗费的劳动时间决定，商品的价值量与生产商品的劳动时间成正比。但是，价值是商品的社会属性，所以商品的价值量不可能由个别劳动时间决定，商品的价值量只能由生产商品的社会必要劳动时间决定。社会必要劳动时间就是在现有的正常生产条件下，在社会平均劳动熟练程度和劳动强度下，制造某种使用价值所需要的劳动时间。

社会必要劳动时间还有另一种含义，它是指社会总劳动中按一定比例用来生产社会需要的某种商品所耗费的劳动时间。它涉及的是社会总劳动时间在各种商品上的分配，其作用是不同商品的使用价值量被社会接受的程度不同。

社会必要劳动时间的两种含义具有相关性，共同决定商品的价值。如果说第一种含义涉及的是商品价值的决定，那么第二种含义涉及的则是商品价值的实

现。不过，两种含义在分析的角度上又各有区别：首先，第一种含义是从社会生产条件的角度来说明社会必要劳动时间的，第二种含义则是从社会需求的角度来说明社会必要劳动时间的；其次，第一种含义决定的是单位商品的价值，第二含义决定的则是部门总商品的价值；最后，第一种含义涉及劳动消耗，第二种含义则涉及社会规模的使用价值。

二、劳动生产率和价值量

劳动生产率是指劳动者在一定时间内生产某种使用价值的效率。劳动生产率可以用单位时间内生产的产品数量来表示，也可以用生产单位产品所耗费的劳动时间来表示。用公式表示就是：

$$劳动生产率 = \frac{产品量}{劳动时间}$$

劳动生产率和商品的价值量有着密切的关系。马克思指出："不管生产力发生了什么变化，同一劳动在同样的时间内提供的价值量总是相同的。"价值量只同劳动时间相关。但是，劳动生产率的高低会使单位使用价值中凝结着不同的价值量。劳动生产率越高，单位时间内生产的商品越多，那么生产单位商品所需要的劳动时间便越少，从而单位商品的价值量就越小。反之，劳动生产率越低，单位时间内生产的商品越少，那么生产单位商品所需要的劳动时间便越多，单位商品的价值量就越大。因此，劳动生产率同商品的使用价值量成正比，同单位商品的价值量成反比。

三、简单劳动和复杂劳动

简单劳动是指不需要经过专门的训练和学习，普通劳动者都能胜任的劳动。复杂劳动是指需要经过专门的训练和学习，具有一定技术专长的劳动。

在同样的时间内，简单劳动和复杂劳动所创造的价值量是不同的。正如马克思所指出的那样："比较复杂的劳动只是自乘的或不如说多倍的简单劳动，因此，少量的复杂劳动等于多量的简单劳动。"也就是说，在同一时间内复杂劳动比简单劳动能创造出更多的商品价值。

四、技术、管理与价值创造

在现代经济中，技术、管理在经济增长、价值创造过程中所起的作用越来越突出、越来越重要。拥有科学技术知识的劳动者能够创造更多的价值。

随着科学技术在生产中的广泛运用，生产社会化的程度不断提高，分工协作越来越发达，越来越多的社会成员以各种直接或间接的方式参与到生产劳动之中。现在参与商品生产的，不仅包括生产第一线的普通劳动者，而且包括科技人员、管理人员、生产性的后勤服务人员，他们构成总体工人，共同完成商品生产。他们都属于生产劳动者，他们的劳动都属于生产劳动，共同创造商品的价值。而且，在以自动化生产为基础的现代社会中，主要从事体力劳动的直接生产工人的比重大大减少，而主要从事脑力劳动的科技人员、管理人员的比重大大提高，也就是说，复杂劳动所占的比重不断增大。而复杂劳动是加倍的简单劳动，复杂程度较高的劳动能够创造更多的价值。

科技人员、管理人员的劳动创造价值不等于科学技术本身创造价值。科技人员、管理人员的劳动是一种活劳动的形式，科学技术则是一种物化劳动的形式。商品的新价值只能由活劳动创造，而物化劳动形式的科学技术本身并不创造新价值。可见，不是科学技术本身创造价值，而是掌握和运用科学技术的劳动者的活劳动创造价值。

第三节　市场经济和价值规律

一、市场经济

市场经济是以市场为基础进行资源配置的经济。市场经济对资源的配置是通过市场机制的作用来实现的。市场机制是价值规律的实现机制，价值规律的客观要求和作用都是通过市场机制来实现的。市场机制主要有：价格机制、供求机制和竞争机制，其中价格机制是市场机制的核心。

资源配置是指在社会经济的运行过程中，各种现实的资源（如资本、技术、劳动力、自然资源等）在社会不同部门之间的分配和不同方向上的使用。资源配置的目标，就是要将有限的资源在各种用途间进行配置，以求得最大的效益，就是要达到资源配置的最优化。

在现代经济中，资源配置有两种不同的方式：计划配置方式和市场配置方式。计划配置方式是指以计划为基础进行资源配置的方式，它是通过计划机制发挥作用来实现资源配置的。市场配置方式是指以市场为基础进行资源配置的方式，它是通过市场机制发挥作用来实现资源配置的。

市场配置方式的明显优势在于：通过市场的自发调节和市场主体依照一定规则进行的市场交易活动，可以自动实现资源的优化配置。然而，市场配置方式也有局限性，主要包括：第一，市场机制的调节具有自发性，市场主体的决策具有分散性，难以自动地实现整个国民经济的发展战略和目标；第二，市场配置不能直接对需求总量和结构进行调控，会造成宏观经济总量和结构的失衡；第三，市场配置对外部不经济的调控显得乏力；第四，市场机制会刺激生产经营者的短期行为，导致产业结构的失衡和资源的浪费。所以，现代市场经济都离不开国家的宏观调控。

二、价值规律及其作用

价值规律是商品经济、市场经济的基本规律。价值规律的基本要求是：商品的价值量是由生产商品的社会必要劳动时间决定的，商品交换以价值量为基础，实行等价交换。

受供求关系的影响，商品的价格围绕价值上下波动是价值规律发生作用的表现形式。虽然商品的价格是由商品的价值决定的，但是商品价格的高低还会受到多种因素的影响，特别是受到供求关系的影响：商品供不应求时，商品的价格会高于价值；商品供过于求时，商品的价格会低于价值。商品的价格与价值的这种背离并不是对价值规律的否定，而是价值规律发挥作用的表现形式，这是因为：第一，商品的价格围绕价值上下波动始终是以价值为基础的；第二，从商品交换的总体来看，价格的涨落会相互抵消，商品的平均价格和价值是相等的；第三，价格的变动也会影响供求关系，在价格的波动中，商品的供求重新趋于平衡，从而使商品的价格重新回归价值。

在商品经济、市场经济中，价值规律的作用主要表现在以下三个方面：第一，价值规律自发地调节生产资料和劳动力在社会各部门之间的分配，实现资源的合理配置；第二，价值规律刺激商品生产者的积极性，促进商品生产者改进生产技术，提高劳动生产效率，从而推动了人类社会生产力的发展；第三，价值规律促使商品生产者在市场竞争中优胜劣汰，导致商品生产者两极分化。

本章复习与思考题答案

1. 解释下列概念：①商品经济；②商品；③使用价值；④交换价值；⑤价值；⑥具体劳动；⑦抽象劳动；⑧价值量；⑨个别劳动时间；⑩社会必要劳动时间；⑪简单劳动；⑫复杂劳动；⑬劳动生产率；⑭价值规律；⑮市场经济；⑯资源配置。

答：①商品经济是以交换为目的、包含商品生产和商品交换的经济形式。

②商品是用来交换的劳动产品。它同时具有使用价值和价值两个要素，是使用价值和价值的统一体。

③使用价值是指物品和服务能够满足人们某种需要的属性，即物品和服务的有用性。

④商品能够通过买卖同其他商品相交换的属性，就是商品的交换价值。交换价值表现为一种使用价值同另一种使用价值相交换的量的比例关系。

⑤价值就是指凝结于商品之中的一般的无差别的人类劳动。

⑥具体劳动即从劳动的具体形态来考察的劳动。或者说人们在一定具体形式下进行的劳动，就是具体劳动。

⑦抽象劳动是指撇开劳动的特定性质，即撇开劳动的具体形式的无差别的一般人类劳动。

⑧价值量就是凝结在商品中的无差别的一般人类劳动量，它由生产商品所耗费的社会必要劳动时间决定。

⑨个别劳动时间是指各个商品生产者生产商品实际耗费的劳动时间，它形成商品的个别价值。

⑩社会必要劳动时间就是在现有的正常生产条件下，在社会平均劳动熟练程度和劳动强度下，制造某种使用价值所需要的劳动时间。

⑪简单劳动是指不需要经过专门的训练和学习，普通劳动者都能胜任的劳动。

⑫复杂劳动是指需要经过专门的训练和学习，具有一定技术专长的劳动。

⑬劳动生产率是指劳动者在一定时间内生产某种使用价值的效率。劳动生产率可以用单位时间内生产的产品数量来表示，也可以用生产单位产品所耗费的劳动时间来表示。

⑭价值规律是商品经济、市场经济的基本规律。价值规律的基本要求是：商品的价值量是由生产商品的社会必要劳动时间决定的，商品交换以价值量为基础，实行等价交换。受供求关系的影响，商品的价格围绕价值上下波动是价值规律发生作用的表现形式。

⑮市场经济是以市场为基础进行资源配置的经济。

⑯资源配置是指在社会经济的运行过程中，各种现实的资源（如资本、技术、劳动力、自然资源等）在社会不同部门之间的分配和不同方向上的使用。

2. 生产商品的劳动二重性及其理论意义是什么？

答：生产商品的劳动二重性是指生产商品的劳动同时具有具体劳动和抽象劳动两种不同的属性。具体劳动即从劳动的具体形态来考察的劳动。或者说人们在一定具体形式下进行的劳动，就是具体劳动。具体劳动创造商品的使用价值。抽象劳动是指撇开劳动的特定性质，即撇开劳动的具体形式的无差别的一般人类劳动。抽象劳动形成商品的价值。具体劳动和抽象劳动是生产商品的同一劳动过程的两个方面，它们共同完成着商品的生产。

劳动二重性学说具有十分重要的理论意义，它是理解马克思主义政治经济学的枢纽。这是因为：第一，劳动二重性学说是建立科学的劳动价值理论的坚实基础。马克思在劳动二重性学说中阐明了具体劳动和抽象劳动在商品生产中的不同作用，第一次确定了什么样的劳动形成价值、为什么形成价值以及怎样形成价值，从而使劳动价值理论成为真正科学的理论。第二，劳动二重性学说也是剩余价值理论的重要基础。马克思从劳动二重性出发，分析了资本主义的商品生产，揭示了剩余价值的真正源泉，创立了科学的剩余价值理论。第三，劳动二重性学说也是马克思主义政治经济学其他一系列理论建立的理论基础。马克思的资本积累理论、资本有机构成理论、社会资本再生产理论等的创立，都与马克思的劳动二重性学说相关。

3. 怎样理解社会必要劳动时间的两种含义及其相互关系？

答：社会必要劳动时间就是在现有的正常生产条件下，在社会平均劳动熟练程度和劳动强度下，制造某种使用价值所需的劳动时间。它决定着单位商品价值量的大小。

社会必要劳动时间还有另一种含义，它是指社会总劳动中按一定比例用来生产社会需要的某种商品所耗费的劳动时间。它涉及的是社会总劳动时间在各种商品上的分配，其作用是不同商品的使用价值量被社会接受的程度不同。

社会必要劳动时间的两种含义具有相关性，共同决定商品的价值。如果说第一种含义涉及的是商品价值的决定，那么第二种含义涉及的则是商品价值的实现。不过，两种含义在分析的角度上又各有区别：首先，第一种含义是从社会生产条件的角度来说明社会必要劳动时间的，第二种含义则是从社会需求的角度来说明社会必要劳动时间的；其次，第一种含义决定的是单位商品的价值，第二种含义决定的则是部门总商品的价值；最后，第一种含义涉及劳动消耗，第二种含义则涉及社会规模的使用价值。

4. 为什么说个别劳动和社会劳动的矛盾是商品经济的基本矛盾？

答：个别劳动和社会劳动的矛盾是商品经济的基本矛盾。这是因为：第一，个别劳动和社会劳动的矛盾，是商品各种内在矛盾产生的根源。使用价值和价值的矛盾，具体劳动和抽象劳动的矛盾，个别劳动时间和社会必要劳动时间的矛盾，归根到底都来源于个别劳动和社会劳动的矛盾。第二，个别劳动和社会劳动的矛盾，也决定着商品经济产生和发展的全部过程。商品经济是直接以交换为目的的经济形式，劳动交换是商品经济的本质，正是由于个别劳动和社会劳动的矛盾才决定了商品交换的必然性，导致了商品经济的产生和发展。第三，个别劳动和社会劳动的矛盾，还决定着商品生产者的命运。商品生产者的私人劳动能不能转化为社会劳动，能够在多大程度上转化为社会劳动，也决定着商品生产者在竞争中的地位，也决定着商品生产者的成败得失。

5. 试论述市场经济中价值规律的作用及其形式。

答：价值规律是商品经济、市场经济的基本规律。价值规律的基本要求是商品的价值量是由生产商品的社会必要劳动时间决定的，商品交换以价值量为基础，实行等价交换。

受供求关系的影响，商品的价格围绕价值上下波动是价值规律发生作用的表现形式。虽然商品的价格是由商品的价值决定的，但是商品价格的高低还会受到多种因素的影响，特别是受到供求关系的影响：商品供不应求时，商品的价格会高于价值；商品供过于求时，商品的价格会低于价值。商品的价格与价值的这种背离并不是对价值规律的否定，而是价值规律发挥作用的表现形式，这是因为：第一，商品的价格围绕价值上下波动始终是以价值为基础的；第二，从商品交换的总体来看，价格的涨落会相互抵消，商品的平均价格和价值是相等的；第三，价格的变动也会影响供求关系，在价格波动中，商品的供求重新趋于平衡，从而使商品的价格重新回归价值。

在商品经济、市场经济中，价值规律的作用主要表现在以下三个方面：第一，价值规律自发地调节生产资料和劳动力在社会各部门之间的分配，实现资源的合理配置。由于价值规律发生作用的形式，市场上商品供求关系的变化必然会引起商品价格的波动，从而使商品价格的波动会直接影响到商品生产者自身的经济利益，从而影响其经济行为，最终实现资源的合理配置，保证社会经济的正常进行。第二，价值规律会刺激商品生产者的积极性，在客观上推动整个社会生产力的发展。按照价值规律的客观要求，商品的价值量是由社会必要劳动时间决定的，商品交换要以社会价值为基础实行等价交换。因此，那些技术水平高、生产管理好、劳动生产效率高的商品生产者，他们在市场竞争中就会处于有利地位并获得更多的利润；相反，那些生产技术落后、经营管理不善的商品生产者，则可能破产倒闭。所以，商品生产者从自己的利益出发，必须不断地改进生产技术，加强经营管理，提高劳动生产效率，从而推动整个社会生产力水平的不断发展。第三，价值规律促使商品生产者在市场竞争中优胜劣汰，导致商品生产者两极分化。如第二点分析的那样，受价值规律客观要求的影响，在市场竞争过程中必然会导致商品生产者两极分化，优胜劣汰。

6. 怎样理解科学技术和管理在商品价值创造中的作用？

答：在现代经济中，技术、管理在经济增长、价值创造过程中所起的作用越来越突出、越来越重要。拥有科学技术知识的劳动者能够创造更多的价值。

随着科学技术在生产中的广泛运用，生产社会化的程度不断提高，分工协作越来越发达，越来越多的社会成员以各种直接或间接的方式参与到生产劳动之中。现在参与商品生产的，不仅包括生产第一线的普通劳动者，而且包括科技人员、管理人员、生产性的后勤服务人员，他们构成总体工人，共同完成商品生产。他们都属于生产劳动者，他们的劳动都属于生产劳动，共同创造商品的价值。而且，在以自动化生产为基础的现代社会中，主要从事体力劳动的直接生产工人的比重大大减少，而主要从事脑力劳动的科技人员、管理人员的比重大大提高，也就是说，复杂劳动所占的比重不断增大。而复杂劳动是加倍的简单劳动，复杂程度较高的劳动能够创造更多的价值。

科技人员、管理人员的劳动创造价值不等于科学技术本身的创造价值。科技人员、管理人员的劳动是一种活劳动的形式，科学技术则是一种物化劳动的形式。商品的新价值只能由活劳动创造，而物化劳动形式的科学技术本身并不创造新价值。可见，不是科学技术本身创造价值，而是掌握和运用科学技术的劳动者的活劳动创造价值。

本章课后辅导题

一、单项选择题

1. 商品经济产生和存在的一般前提条件是（　　）。
A. 生产力高度发展　　　　　B. 社会分工的出现
C. 阶级的产生　　　　　　　D. 资本主义经济的产生
2. 商品经济产生和存在的决定性条件是（　　）。
A. 社会分工的出现　　　　　B. 生产力高度发展
C. 货币的产生　　　　　　　D. 生产资料和劳动产品属于不同的所有者
3. 商品是（　　）。
A. 工厂生产出来的劳动产品
B. 能够满足人们某种需要的物品
C. 用来交换的劳动产品
D. 用来满足人们消费需要的劳动产品
4. 商品的二因素是指商品同时具有（　　）。
A. 使用价值和价值两个要素
B. 使用价值和交换价值两个要素
C. 交换价值和价值两个要素
D. 具体劳动和抽象劳动两个要素
5. 商品能够满足人们某种需要的属性，就是商品的（　　）。
A. 使用价值　　　B. 交换价值　　　C. 价值　　　D. 价值量

6. 在商品生产中，商品生产者的抽象劳动的凝结构成了商品的（　　）。

A. 价值　　　　　B. 交换价值　　　　C. 使用价值　　　D. 剩余价值

7. 在商品的二因素中，体现商品社会属性的因素是（　　）。

A. 使用价值　　　　B. 交换价值　　　　C. 价值　　　　D. 相对价值

8. 交换价值的基础是（　　）。

A. 使用价值　　　　B. 价值　　　　　C. 商品　　　　D. 货币

9. 生产商品的劳动二重性是指生产商品的劳动同时具有（　　）。

A. 个别劳动和社会劳动两种不同的属性

B. 具体劳动和抽象劳动两种不同的属性

C. 简单劳动和复杂劳动两种不同的属性

D. 体力劳动和脑力劳动两种不同的属性

10. 具体劳动创造出商品的（　　）。

A. 使用价值　　　B. 价值　　　　　C. 交换价值　　　D. 价格

11. 撇开了劳动的具体形态的、一般的、无差别的人类劳动，就是（　　）。

A. 具体劳动　　　B. 抽象劳动　　　C. 个别劳动　　　D. 社会劳动

12. 决定商品价值量的是（　　）。

A. 个别劳动时间　　　　　　B. 社会必要劳动时间

C. 必要劳动时间　　　　　　D. 剩余劳动时间

13. 商品的价值量与生产商品的劳动生产率之间的关系是（　　）。

A. 劳动生产率的变化不会影响到单位商品价值量的变化

B. 劳动生产率提高时单位商品的价值量也随之提高

C. 单位商品的价值量与生产商品的劳动生产率成正比

D. 单位商品的价值量与生产商品的劳动生产率成反比

14. 商品的价值量由生产商品所耗费的社会必要劳动时间决定，而生产商品所耗费的社会必要劳动时间是（　　）。

A. 以简单劳动为尺度计算的

B. 以复杂劳动为尺度计算的

C. 以必要劳动为依据计算的

D. 以剩余劳动为依据计算的

15. 商品经济的基本矛盾是（　　）。

A. 具体劳动和抽象劳动之间的矛盾

B. 简单劳动和复杂劳动之间的矛盾

C. 个别劳动和社会劳动之间的矛盾

D. 物化劳动与活劳动之间的矛盾

16. 商品经济的基本矛盾的解决，个别劳动转化为社会劳动，必须通过（   ）。

A. 商品生产　　　　B. 商品交换　　　　C. 商品分配　　　D. 商品消费

17. 在现代经济条件下，社会资源的配置方式有两种，即（   ）。

A. 交换方式和直接分配方式　　　　B. 计划方式和市场方式

C. 自给自足方式和商品交换方式　　D. 中央集权方式和地方分权方式

18. 在商品经济中，价值规律发生作用的表现形式是（   ）。

A. 商品的价值决定价格　　　　　　B. 商品的价格决定价值

C. 商品的价值围绕价格上下波动　　D. 商品的价格围绕价值上下波动

19. 在商品交换中，商品的价格是以（   ）。

A. 商品的价值为基础形成的

B. 商品的供求关系为基础形成的

C. 商品的使用价值为基础形成的

D. 买卖双方讨价还价为基础形成的

20. 马克思的劳动价值理论之所以成为真正科学的理论，就在于马克思第一次创立了（   ）。

A. 商品二因素学说　　　　　　　　B. 劳动二重性学说

C. 剩余价值学说　　　　　　　　　D. 价值规律学说

二、多项选择题

1. 商品经济产生和存在的条件是（   ）。

A. 社会分工　　　　　　　　　　　B. 劳动力成为商品

C. 货币转化为资本　　　　　　　　D. 资本主义生产方式的形成

E. 生产资料和劳动产品属于不同的所有者

2. 商品是（   ）。

A. 一切对人有用的东西

B. 一切由人的劳动创造出来的劳动产品

C. 用来交换的劳动产品

D. 通过交换用来满足他人需要的劳动产品

E. 使用价值和价值的统一体

3. 商品的使用价值是（   ）。

A. 商品能够满足人们某种需要的属性，即商品对人的有用性

B. 社会财富的物质内容

C. 商品的自然属性

D. 商品的社会属性

E. 商品价值的物质承担者

4. 商品的价值是（　　）。

A. 凝结在商品中的无差别的一般人类劳动

B. 由生产商品的具体劳动创造的

C. 由生产商品的抽象劳动形成的

D. 商品的自然属性

E. 商品的社会属性

5. 使用价值、交换价值、价值之间的关系是（　　）。

A. 使用价值是价值的物质承担者

B. 使用价值的存在要以价值的存在作为前提

C. 价值是交换价值的基础或内容

D. 使用价值是交换价值的基础或内容

E. 交换价值是价值的表现形式

6. 具体劳动是（　　）。

A. 某种特定形式下进行的劳动

B. 创造使用价值的劳动

C. 形成商品价值的劳动

D. 劳动的自然属性，反映了人与自然之间的关系

E. 人类社会生存和发展的基础或前提，是一个永恒的范畴

7. 抽象劳动（　　）。

A. 是撇开劳动具体形式的无差别的人类劳动

B. 是生产使用价值的劳动

C. 是形成商品价值的劳动

D. 体现了生产商品的劳动的自然属性

E. 体现了生产商品的劳动的社会属性

8. 具体劳动和抽象劳动的关系是（　　）。

A. 它们是两个不同过程的劳动，是两种独立存在的劳动。

B. 它们是生产商品的同一劳动过程的两个方面

C. 具体劳动体现了劳动的自然属性，抽象劳动体现的则是劳动的社会属性

D. 具体劳动创造了商品的使用价值，抽象劳动形成商品的价值

E. 具体劳动与抽象劳动之间是一种对立统一的关系

9. 商品的价值量（　　）。

A. 是由国家的经济政策决定的

B. 是由市场上商品的供求关系决定的

C. 是由生产商品所耗费的个别劳动时间决定的

D. 是由生产商品所耗费的社会必要劳动时间决定的

E. 单位商品的价值量与生产商品的劳动生产率成反比

10. 决定劳动生产率水平高低的因素主要有（　　）。

A. 劳动者的劳动技能和劳动熟练程度

B. 科学技术的发展水平及其在生产中的应用程度

C. 生产过程的社会结合形式

D. 劳动对象的状况

E. 自然条件

11. 市场机制的主要内容包括（　　）。

A. 生产机制　　　　　B. 流通机制　　　　　C. 供求机制

D. 竞争机制　　　　　E. 价格机制

12. 价值规律对商品经济的作用有（　　）。

A. 确保社会经济平稳的、正常的运行

B. 自发地调节生产资料和劳动力在各生产部门之间的分配

C. 刺激商品生产者改进生产技术，促进社会生产力水平的提高

D. 导致商品生产者两极分化，促进优胜劣汰

E. 确保商品生产者获得盈利

三、判断题（请在括号中填写"对"或"错"）

1. 凡是供别人使用的劳动产品都是商品。（　　）

2. 商品的价值是由生产商品的人类劳动创造的，所以商品的价值与使用价值无关。（　　）

3. 威廉·配第说："劳动是财富之父，土地是财富之母"。就财富的物质形态即使用价值的创造而言，这句话是否正确？（　　）

4. 要完成商品的生产，不仅需要人的劳动，而且需要资本（机器设备等生产资料）、土地（自然条件）。所以，商品的价值是由人的劳动、资本和土地共同创造的。（　　）

5. 具体劳动和抽象劳动并不是两个不同过程的劳动，不是两次不同的劳动，它们只是生产商品的同一劳动过程的两个方面。（　　）

6. 不管劳动生产率发生什么样的变化，同一劳动在相同的时间内创造的价值量总是相同的。（　　）

7. 商品生产者生产商品的个别劳动时间与社会必要劳动时间的矛盾运动，直接决定着商品生产者自身的命运。（　　）

8. 电视机的价格高于收音机的价格，是因为电视机不仅能收声音，而且还能看图像。（   ）

9. 供不应求的商品卖得贵些，供过于求的商品卖得便宜些，可见商品的价格是由供求关系决定的，"物以稀为贵"是对的。（   ）

10. 市场经济是以市场为基础进行资源配置的经济，主要通过市场机制的自发作用来实现资源的合理配置。所以，市场经济条件下不需要国家的宏观调控。（   ）

四、计算题

1. 去年，一台彩电的价值为 3000 元。今年，由于生产技术的改进，生产彩电的社会劳动生产率提高了 50%。问：

（1）今年一台彩电的价值是多少？

（2）这道题反映了马克思主义政治经济学的哪一原理？

2. 去年，在供求一致的条件下，某种商品的单位价格为 10 元。今年生产这种商品的社会劳动生产率提高了 25%，货币币值不变，但供求关系发生了变化，社会生产这种商品 10000 件，而社会需要为 15000 件。试计算：

（1）今年该商品的单位价值为多少？

（2）今年该商品的单位价格是多少？

（3）该商品单位价格和价值的背离是多少？

五、简答题

1. 什么是商品经济？商品经济产生和存在的条件是什么？

2. 简述商品的使用价值和价值之间的相互关系。

3. 什么是商品的二因素？什么是生产商品的劳动二重性？它们之间的关系是怎样的？

4. 什么是简单劳动和复杂劳动？劳动的复杂程度对商品价值量的形成有何影响？

5. 简述市场配置方式的优势及其局限性。

6. 简述价值规律及其对商品经济发展的作用。

六、论述题

1. 商品的价值量是如何决定的？劳动生产率的变化对商品价值量的形成有何影响？

2. 试分析商品经济的基本矛盾。

本章课后辅导题答案与分析

一、单项选择题

1. B   2. D   3. C   4. A   5. A   6. A   7. C
8. B   9. B   10. A   11. B   12. B   13. D   14. A
15. C   16. B   17. B   18. D   19. A   20. B

二、多项选择题

1. AE   2. CDE   3. ABCE   4. ACE   5. ACE   6. ABDE
7. ACE   8. BCDE   9. DE   10. ABCDE   11. CDE   12. BCD

三、判断题（请在括号中填写"对"或"错"）

1. 错；2. 错；3. 对；4. 错；5. 对；6. 对；7. 对；8. 错；9. 错；10. 错。

四、计算题

1. 答：（1）今年一台彩电的价值为：

$$\frac{3000\ 元/台}{1+50\%} = 2000\ 元/台$$

（2）本题反映的是劳动生产率的变化对商品价值量的影响：生产商品的（社会）劳动生产率同商品的使用价值量成正比，而与单位商品的价值量成反比。

2. 答：（1）根据劳动生产率与商品价值量之间的关系及题设条件知，今年单位商品的价值为：

$$\frac{10\ 元/件}{1+25\%} = 8\ 元/件$$

（2）今年单位商品的价格为：

$$\frac{15000\ 件 \times 8\ 元/件}{10000\ 件} = 12\ 元/件$$

（3）该商品的价格与价值的背离为：

$$12\ 元/件 - 8\ 元/件 = 4\ 元/件$$

五、简答题

1. 答：商品经济是以交换为目的、包含商品生产和商品交换的经济形式。商品经济的产生和存在必须具备以下两个前提条件：第一，社会分工；第二，剩余产品的出现并分别属于不同的生产者所有。

2. 答：商品具有二因素，是使用价值和价值的对立统一体。首先，商品的使用价值和价值是统一的。它们相互依存，互为条件，缺少其中任何一个因素都不能成为商品。价值的存在要以使用价值的存在为前提，使用价值是价值的物质载体。其次，商品的使用价值和价值又是相互对立、相互排斥的。商品的生产者为了实现商品的价值，就必须将商品的使用价值让渡给商品的消费者。同样的，商品的消费者为了获得商品的使用价值，就必须支付商品的价值。任何人都不可能既占有商品的使用价值，又占有商品的价值。只有通过交换，商品的内在矛盾才能得到解决。

3. 答：商品的二因素是指商品同时具有使用价值和价值两个因素。生产商品的劳动二重性是指生产商品的劳动同时具有具体劳动和抽象劳动两种不同的属性。商品的二因素是由生产商品的劳动二重性决定的，其中，具体劳动创造了商品的使用价值，抽象劳动形成了商品的价值。

4. 答：简单劳动是指不需要经过专门的训练和学习，普通劳动者都能胜任的劳动。复杂劳动是指需要经过专门的训练和学习，具有一定技术专长的劳动。

在同样的时间内，简单劳动和复杂劳动所创造的价值量是不同的。正如马克思所指出的那样："比较复杂的劳动只是自乘的或不如说多倍的简单劳动，因此，少量的复杂劳动等于多量的简单劳动。"也就是说，在同一时间内复杂劳动比简单劳动能创造出更多的商品价值。

5. 答：市场配置方式是指以市场为基础进行资源配置的方式，它是通过市场机制发挥作用来实现资源配置的。

市场配置方式的明显优势在于：通过市场的自发调节和市场主体依照一定规则进行的市场交易活动，可以自动实现资源的优化配置。然而，市场配置方式也有局限性，主要包括：第一，市场机制的调节具有自发性，市场主体的决策具有分散性，难以自动地实现整个国民经济的发展战略和目标；第二，市场配置不能直接对需求总量和结构进行调控，会造成宏观经济总量和结构的失衡；第三，市场配置对外部经济的调控显得乏力；第四，市场机制会刺激生产经营者的短期行为，导致产业结构的失衡和资源的浪费。所以，现代市场经济都离不开国家的宏观调控。

6. 答：价值规律是商品经济、市场经济的基本规律。价值规律的基本要求是：商品的价值量是由生产商品的社会必要劳动时间决定的，商品交换以价值量为基础，实行等价交换。受供求关系的影响，商品的价格围绕价值上下波动是价值规律发生作用的表现形式。

在商品经济、市场经济中，价值规律的作用主要表现在以下三个方面：第一，价值规律自发地调节生产资料和劳动力在社会各部门之间的分配，实现资源的合理配置；第二，价值规律刺激商品生产者的积极性，促进商品生产者改进生产技术，提高劳动生产效率，从而推动了人类社会生产力的发展；第三，价值规律促使商品生产者在市场竞争中优胜劣汰，导致商品生产者两极分化。

六、论述题

1. 答：既然商品的价值是抽象劳动的凝结，那么商品的价值量就由生产商品所耗费的劳动量决定。而劳动量又是由劳动时间来衡量的，因此商品的价值量就由生产商品所耗费的劳动时间决定，商品的价值量与生产商品的劳动时间成正比。但是，价值是商品的社会属性，所以商品的价值量不可能由个别劳动时间决定，商品的价值量只能由生产商品的社会必要劳动时间决定。社会必要劳动时间就是在现有的正常生产条件下，在社会平均劳动熟练程度和劳动强度下，制造某种使用价值所需要的劳动时间。

劳动生产率和商品的价值量有着密切的关系。马克思指出："不管生产力发生了什么变化，同一劳动在同样的时间内提供的价值量总是相同的。"价值量只同劳动时间相关。但是，劳动生产率的高低会使单位使用价值中凝结不同的价值量。劳动生产率越高，单位时间内生产的商品越多，那么生产单位商品所需要的劳动时间便越少，从而单位商品的价值量就越小。反之，劳动生产率越低，单位时间内生产的商品越少，那么生产单位商品所需要的劳动时间便越多，单位商品的价值量就越大。因此，劳动生产率同商品的使用价值量成正比，同单位商品的价值量成反比。

2. 答：个别劳动和社会劳动的矛盾，构成了商品经济的基本矛盾。所谓个别劳动，是指生产商品的劳动具有个别性质，是商品生产者按照个人或企业的打算和利益进行的劳动，它在生产资料私有制条件下表现为私人劳动，在生产资料公有制条件下表现为局部劳动。所谓社会劳动，是指生产商品的劳动具有社会性质，是作为社会总劳动的有机构成部分的劳动。

个别劳动和社会劳动产生的客观基础，就是商品经济赖以产生的经济条件即社会分工和生产资料的不同所有制。由于社会分工的存在，决定了一切商品生产者的劳动都是社会总劳动的一部分，是具有社会性质的社会劳动；同时，由于生产资料的不同所有制，又决定了各个商品生产者的劳动又是各自为政的，决定了他们的劳动又具有个别的性质，是个别劳动。

个别劳动和社会劳动之间存在着矛盾。生产商品的劳动的社会性质，要求劳动产品在品种上和数量上符合社会的需要；但劳动的个别性质，却使他们生产的商品往往与社会的需要不一致。这就使得他们的劳动产品不能或者部分不能被社会所接受，他们的个别劳动就不能或者部分不能被社会所承认，就不能或者部分不能被转化为社会劳动。

　　个别劳动和社会劳动的矛盾，构成了商品经济的基本矛盾。这是因为：第一，个别劳动和社会劳动的矛盾，是商品各种内在矛盾产生的根源；第二，个别劳动和社会劳动的矛盾，也决定着商品经济产生和发展的全部过程；第三，个别劳动和社会劳动的矛盾，还决定着商品生产者的命运。

第三章　货币与货币流通量

本章知识鸟瞰图

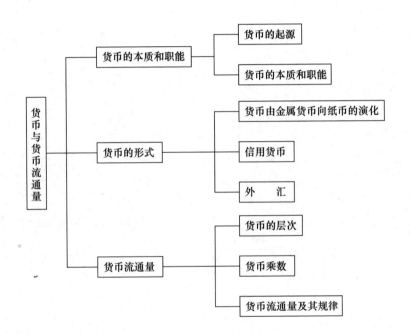

本章重点和难点

第一节　货币的本质和职能

一、货币的起源

价值形式就是指商品价值的表现形式，即商品的交换价值。随着商品交换的发展，商品的价值形式经历了简单的、个别的或偶然的价值形式，总的或扩大的价值形式，一般价值形式，最后发展为货币形式，进而产生了货币。

1. 简单的、个别的或偶然的价值形式

在原始社会后期偶然的物物交换过程中，一种商品的价值偶然地通过另外一种特殊的商品表现出来，这种价值形式就是简单的、个别的或偶然的价值形式。用公式表示就是：

1 只绵羊 = 2 把斧子

相对价值形式和等价形式构成价值形式的两极。在商品的价值形式中，处在价值形式左端的商品，主动地要求通过商品交换把自身的价值通过其他商品表现出来，我们说它处在相对价值形式上；处在价值形式右端的商品，则是用自身的使用价值作为表现其他商品价值的材料，用来表现其他商品价值的大小，我们说它处于等价形式上，起着等价物的作用。

等价形式具有三个特征：第一，使用价值成为价值的表现形式；第二，具体劳动成为抽象劳动的表现形式；第三，私人劳动成为直接形式的社会劳动。

2. 总和的或扩大的价值形式

随着商品交换的发展，一种商品经常和一系列的商品相交换，一种商品的价值经常通过一系列的商品表现出来，商品价值表现的范围扩大了，这种价值形式就是总和的或扩大的价值形式。用公式表示就是：

$$1 \text{ 只绵羊} \begin{cases} = 40 \text{ 千克小麦} \\ = 2 \text{ 把斧子} \\ = 2 \text{ 匹布} \\ = 1 \text{ 克黄金} \\ = \text{一定量的其他商品} \end{cases}$$

在总和的、扩大的价值形式中，商品的价值量能够得到更为准确的反映。

3. 一般价值形式

随着商品交换的发展，当所有的商品都与某一种商品交换，从而所有商品的价值都通过某一种商品表现出来，这种价值形式就是一般价值形式。在一般价值形式中充当等价物的商品就是一般等价物。一般价值形式用公式表示就是：

$$\left. \begin{array}{r} 40 \text{ 千克小麦} = \\ 2 \text{ 把斧子} = \\ 2 \text{ 匹布} = \\ 1 \text{ 克黄金} = \end{array} \right\} 1 \text{ 只绵羊}$$

商品的价值形式从总和的、扩大的价值形式发展到一般价值形式，这是价值形式发展过程中的一个质的飞跃。

4. 货币形式

在一般价值形式中，当某种商品（主要是金和银）固定地起一般等价物作用时，这种商品就成为货币商品，这种价值形式就是货币形式。用公式表示就是：

$$
\left.\begin{array}{l}
40\ 千克小麦 = \\
\ 2\ 把斧子 = \\
\ \ 2\ 匹布 = \\
\ 1\ 克绵羊 =
\end{array}\right\} 1\ 克黄金
$$

货币的出现使得商品世界分裂为对立的两极：一极是表示各种特殊使用价值的商品；另一极则是表示商品价值的货币。结果，商品内在的使用价值和价值之间的矛盾外化为商品和货币的对立。

二、货币的本质和职能

1. 货币的本质

货币就是固定地充当一般等价物的特殊商品，它体现了商品生产者之间的社会经济关系。

2. 货币的职能

在发达的商品经济中，货币具有价值尺度、流通手段、贮藏手段、支付手段和世界货币五种职能。其中，价值尺度和流通手段是货币的两种基本职能。

（1）价值尺度。价值尺度是指货币用来表现、衡量、计算商品价值的职能。货币之所以能够充当价值尺度，是因为货币本身也是商品，具有价值。货币在执行价值尺度的职能时，可以是想象的或观念上的货币，而无须是现实的货币。商品的价值通过货币表现出来，就是商品的价格。

（2）流通手段。流通手段是指货币充当商品交换媒介的职能。货币执行流通手段的职能，必须是现实的货币，而不能是想象中的或观念上的货币。

（3）贮藏手段。贮藏手段是指货币退出流通领域当作独立的价值形式和社会财富被贮藏起来的职能。执行贮藏手段职能的货币，既不能是观念上的货币，也不能是没有价值的纸币，而必须是足值的金属货币。货币的贮藏手段职能能够自发地调节流通中的货币量，起着货币流通的"蓄水池"的作用。

（4）支付手段。支付手段是指货币用来清偿债务或支付赋税、租金、利息、工资等的职能。支付手段职能的产生，一方面促进了商品经济的发展，另一方面又扩大了商品经济的内在矛盾。

（5）世界货币。世界货币是指货币超越了国家的界限，在世界市场充当一般等价物的职能。货币在执行这一职能时，不能是没有价值的纸币，还必须脱去金属铸币的地域性外衣，必须以足值的金或银充当。

第二节 货币的形式

一、货币由金属货币向纸币的演化

随着商品经济的不断发展，货币的形式由最初的金银条块的形式，逐渐演化为金属铸币、纸币，并相继出现了信用货币、电子货币等形式。其中，铸币是由国家铸造的，具有一定形状、重量、成色和面额价值的金属货币；纸币则是由国家发行并强制流通的价值符号。

二、信用货币和电子货币

信用货币是指代替金属货币充当支付手段和流通手段的信用证券。银行券是信用货币的主要形式，它是由银行发行的用以代替商业票据的银行票据。存款货币是信用货币的另一种重要形式，它是指能够发挥货币作用的银行存款，主要是指能够通过签发支票办理转账结算的活期存款。

此外，随着科学技术的发展，还产生了电子货币。电子货币是指应用电子计算机进行贮存、转账、购买和支付的一种虚拟货币。

三、外汇

外汇是国际汇兑的简称，包括动态和静态两种含义。所谓外汇的动态含义，是指将一个国家的货币兑换成另一个国家的货币以便清偿国际间的债权债务关系的一种活动。所谓外汇的静态含义，是指以外币表示的用于国际结算的支付手段，包括各种外币、外币存款、外币有价证券、外币支付凭证等。通常情况下，所说的外汇都是指它的静态含义。

汇率也称为汇价、外汇行市，是指一国货币折算成另一国货币时的比率，也就是用一国货币表示另一国货币的价格。

影响汇率变动的因素是多种多样的，但经济因素是最根本的。第一，国际收支状况对一国汇率的变动会产生直接的影响。第二，一国物价水平会影响其商品、劳务在世界市场上的竞争能力，进而影响汇率的变动。第三，国际利率的差距将引起短期资金的国际移动，从而影响汇率的变动。第四，一国的货币政策特别是利率政策，是影响汇率变动的重要因素。第五，外汇储备的增减也是影响汇率波动的重要因素。第六，财政状况常常是预测汇率变动的重要指标。

汇率的变动是多种因素影响的结果，汇率的变动又会对经济产生影响。第一，当一国的汇率上浮时，进口增加，出口减少，国民收入将会随之减少。反之，如果一国的汇率下浮，在一定程度上会加快一国经济的发展速度，国民收入将会增加。第二，如果一国的汇率上浮，进口增加，出口减少，这样，国内生产特别是工业生产的发展必然受阻，从而国内就业量就会减少。反之，一国的汇率下浮，可以增加其国内就业量。第三，一般而言，汇率上浮的国家，其利率水平必定偏高；汇率下浮的国家，其利率水平必定偏低。第四，若一国汇率上浮，以本币表示的进口商品价格便会下降，进而带动国内用进口原料生产的本国商品的价格下跌；而且，以外币表示的本国出口商品的价格将上升，致使部分出口商品转而内销，进一步促使国内的物价下降。第五，本币的升值或贬值最终会减少或增加本国的外汇储备。第六，汇率变化对国际资本尤其是短期资本流动有很大影响。当本币汇率下跌时，国内资金持有者或外国投资者为了减少因汇率下浮而带来的损失，就要把本币在外汇市场上兑换成汇率较高的外币，实行资本逃避，从而导致资本外流。反之，如果本币汇率上升，资本流动的情形与上述情况相反。

第三节　货币流通量

一、货币流通层次

我们根据货币流动性的差别将货币划分为以下不同的层次：

M_0 = 现金（纸币或硬币）

$M_1 = M_0 +$ 所有金融机构的活期存款

$M_2 = M_1 +$ 商业银行的定期存款和储蓄存款

$M_3 = M_2 +$ 其他金融机构的定期存款和储蓄存款

$M_4 = M_3 +$ 其他短期流动资产（如国库券、商业票据、短期公司债券、人寿保单等）

我们通常把 M_0 和 M_1 称为狭义货币，或称为交易货币，即主要为交易的目的而持有的货币，它是现实经济活动中购买能力或支付能力的代表。我们通常把 M_2、M_3、M_4…称为广义货币，它是对货币外延的扩大。广义货币和狭义货币的差别是非本质的差别，它们的差别主要体现在流动性上，随着货币层次的提高，其流动性呈递减的态势。

货币层次划分的目的，是为了把握流通中的不同口径货币的特点、性质、运动规律以及它们在整个货币体系中的地位。货币层次的划分对于考察市场均衡，进行宏观调节具有重要意义。由于不同流动性的货币层次对经济活动的影响程度不同，中央银行调控货币流通量时就不能同样对待，应选择流动性强、与经济活动联系最为密切的层次作为控制重点，从而便于进行宏观经济运行监测和货币政策的实施。

二、货币乘数

所谓货币乘数，是指在货币的供给过程中，中央银行的初始货币供给与最终形成的社会货币流通量之间存在的倍数扩张或收缩关系。

货币乘数 K 是货币存量 D 对基础货币存量 R 的比率$\left(K = \dfrac{D}{R}\right)$，它表示货币供应量随基础货币的变动而变动，它是基础货币转化为货币供应的倍数。

影响货币乘数的主要因素包括：社会公众持有通货还是存款的决策；中央银行对银行体系法定存款准备金的规定；商业银行对超额存款准备金的决策，等等。

三、货币流通量及其规律

货币流通是指在商品流通过程中，货币作为流通手段不断地在买者和卖者之间交换位置的运动。

货币流通规律是指一定时期内流通中所需要的货币量的规律。货币作为流通手段，流通中所需要的货币量取决于两个因素：流通中待售商品的价格总额和货币的流通速度。其中，流通中待售商品的价格总额等于各种待售商品的数量和它们各自价格水平的乘积之和。一个国家在一定时期内流通中所需要的货币量与这个国家待售的商品价格总额成正比，与货币的流通速度成反比。用公式表示就是：

$$一定时期内流量中所需要的货币量 = \frac{流通中待售的商品价格总额}{同一货币单位的平均流通速度（次数）}$$

货币的支付手段职能的产生，对流通中所需要的货币量会产生相应的影响。因此，在货币的支付手段职能产生后，货币流通规律的计算公式应做出如下修正：

$$一定时期内流通中所需要的货币量 = \frac{流通中待售的商品价格总额 - 赊销的商品价格总额 + 到期支付的货币总额 - 相互抵消的支付总额}{同一货币单位的平均流通速度（次数）}$$

纸币是由国家发行并强制使用的价值符号。纸币流通规律的基本内容是：纸币的发行只限于它象征地代表金或银的实际流通的数量。如果纸币的发行量超过了流通中所需要的金属货币量，就会引起纸币贬值、物价上涨，这就是通货膨胀。通货紧缩则是一种与通货膨胀相反的经济现象，它表现为社会需求不足，物价水平疲软或下跌。从本质上说，通货紧缩是流通中货币相对不足而引发的一种货币现象。

本章复习与思考题答案

1. 解释下列概念：①货币；②价值形式；③价格；④价值尺度；⑤流通手段；⑥贮藏手段；⑦支付手段；⑧世界货币；⑨外汇；⑩汇率；⑪货币层次；⑫货币乘数；⑬货币流通；⑭通货膨胀；⑮通货紧缩。

答：①货币就是固定地充当一般等价物的特殊商品，它体现了商品生产者之间的社会经济关系。

②价值形式就是指商品价值的表现形式，即商品的交换价值。

③商品的价值通过货币表现出来，就是商品的价格。

④价值尺度是指货币用来表现、衡量、计算商品价值的职能。

⑤流通手段是指货币充当商品交换媒介的职能。

⑥贮藏手段是指货币退出流通领域当作独立的价值形式和社会财富被贮藏起来的职能。

⑦支付手段是指货币用来清偿债务或支付赋税、租金、利息、工资等的职能。

⑧世界货币是指货币超越了国家的界限，在世界市场充当一般等价物的职能。

⑨外汇是国际汇兑的简称，包括动态和静态两种含义。所谓外汇的动态含义，是指将一个国家的货币兑换成另一个国家的货币以便清偿国际间的债权债务关系的一种活动。所谓外汇的静态含义，是指以外币表示的用于国际结算的支付手段，包括各种外币、外币存款、外币有价证券、外币支付凭证等。通常情况下，所说的外汇都是指它的静态含义。

⑩汇率也称为汇价、外汇行市，是指一国货币折算成另一国货币时的比率，也就是用一国货币表示另一国货币的价格。

⑪货币层次也叫作货币分层，是指各国中央银行在确定货币供给的统计口径时，以金融资产流动性的大小作为标准，并根据自身政策目的的特点和需要，将货币划分为不同的层次。货币层次的划分有利于中央银行进行宏观经济运行监测和货币政策操作。

⑫所谓货币乘数，是指在货币的供给过程中，中央银行的初始货币供给与最终形成的社会货币流通量之间存在的倍数扩张或收缩关系。

⑬货币流通是指在商品流通过程中，货币作为流通手段不断地在买者和卖者之间交换位置的运动。

⑭如果纸币的发行量超过了流通中所需要的金属货币量，就会引起纸币贬值、物价上涨，这就是通货膨胀。

⑮通货紧缩是一种与通货膨胀相反的经济现象，它表现为社会需求不足，物价水平疲软或下跌。从本质上说，通货紧缩是流通中货币相对不足而引发的一种货币现象。

2. 货币是怎样产生的？它的本质和职能是什么？

答：随着商品交换的发展，商品的价值形式经历了简单的、个别的或偶然的价值形式，总和或扩大的价值形式，一般价值形式，最后发展为货币形式，产生了货币。

货币就是固定地充当一般等价物的特殊商品，它体现了商品生产者之间的社会经济关系。

在发达的商品经济中，货币具有价值尺度、流通手段、贮藏手段、支付手段和世界货币五种职能。其中，价值尺度和流通手段是货币的两种基本职能。

3. 货币流通量是怎么决定的？纸币流通量又是怎么决定的？

答：货币作为流通手段，流通中所需要的货币量取决于两个因素：流通中待售商品的价格总额和货币的流通速度。其中流通中待售商品的价格总额等于各种待售商品的数量和它们各自价格水平的乘积之和。一个国家在一定时期内流通中所需要的货币量与这个国家待售的商品价格总额成正比，与货币的流通速度成反比。用公式表示就是：

$$\text{一定时期内流通中所需要的货币量} = \frac{\text{流通中待售的商品价格总额}}{\text{同一货币单位的平均流通速度（次数）}}$$

货币支付手段职能的产生，对流通中所需要的货币量会产生相应的影响。因此，在货币的支付手段职能产生后，货币流通规律的计算公式应作出如下修正：

$$\text{一定时期内流通中所需要的货币量} = \frac{\text{流通中待售的商品价格总额} - \text{赊销的商品价格总额} + \text{到期支付的货币总额} - \text{相互抵消的支付总额}}{\text{同一货币单位的平均流通速度（次数）}}$$

纸币是由国家发行并强制使用的价值符号。纸币流通规律是以金属货币流通规律为基础的，因此纸币流通规律的基本内容就是：纸币的发行只限于它象征地代表的金或银的实际流通的数量。

4. 影响汇率变动的因素主要有哪些？

答：影响汇率变动的因素是多种多样的，但经济因素是最根本的。第一，国际收支状况对一国汇率的变动会产生直接的影响。第二，一国物价水平会影响其商品、劳务在世界市场上的竞争能力，进而影响汇率的变动。第三，国际利率的差距将引起短期资金的国际移动，从而影响汇率的变动。第四，一国的货币政策特别是利率政策，是影响汇率变动的重要因素。第五，外汇储备的增减也是影响汇率波动的重要因素。第六，财政状况常常是预测汇率变动的重要指标。

5. 货币层次划分的标准和意义是什么？

答：我们根据货币流动性的差别将货币划分为以下不同的层次：

$M_0 =$ 现金（纸币或硬币）

$M_1 = M_0 +$ 所有金融机构的活期存款

$M_2 = M_1 +$ 商业银行的定期存款和储蓄存款

$M_3 = M_2 +$ 其他金融机构的定期存款和储蓄存款

$M_4 = M_3 +$ 其他短期流动资产（如国库券、商业票据、短期公司债券、人寿保单等）

我们通常把 M_0 和 M_1 称为狭义货币，或称为交易货币，即主要为交易的目的而持有的货币，它是现实经济活动中购买能力或支付能力的代表。我们通常把 M_2、M_3、M_4…称为广义货币，它是对货币外延的扩大。广义货币和狭义货币的差别是非本质的差别，它们的差别主要体现在流动性上，随着货币层次的提高，其流动性呈递减的态势。

货币层次划分的目的是为了把握流通中的不同口径货币的特点、性质、运动规律以及它们在整个货币体系中的地位。货币层次的划分对于考察市场均衡，进行宏观调节具有重要意义。由于不同流动性的货币层次对经济活动的影响程度不同，中央银行调控货币流通量时就不能同样对待，应选择流动性强、与经济活动联系最为密切的层次作为控制重点，从而便于进行宏观经济运行监测和货币政策的实施。

本章课后辅导题

一、单项选择题

1. 在原始社会末期出现了偶然的商品交换，此时与之相适应的价值形式是（　　）。

　　A. 简单的或偶然的价值形式　　　　B. 总和的或扩大的价值形式

　　C. 一般价值形式　　　　　　　　　D. 货币形式

2. 在简单的价值形式"1只绵羊＝2把斧子"之中，处在价值形式左端的"绵羊"是（　　）。

　　A. 相对价值形式　　B. 等价形式　　　C. 等价物　　　D. 货币

3. 在简单的价值形式中，处于等价形式上的商品是（　　）。

A. 被表现价值的商品

B. 自我表现价值的商品

C. 用自己的使用价值来表现另一种商品价值的商品

D. 充当一般等价物的商品

4. 在价值形式的发展过程中，一种商品的价值通过一系列的商品表现出来，这种价值形式是（　　）。

A. 简单的或偶然的价值形式　　　　B. 总和的或扩大的价值形式

C. 一般价值形式　　　　　　　　　D. 货币形式

5. 在某商场，一台彩电的标价为 3000 元/台，此时货币执行的是（　　）。

A. 流通手段的职能　　　　　　　　B. 支付手段的职能

C. 价值尺度的职能　　　　　　　　D. 贮藏手段的职能

6. 货币具有价值尺度的职能，是因为货币本身（　　）。

A. 具有使用价值　　　　　　　　　B. 是商品，具有价值

C. 是金属，能够被人们接受　　　　D. 能够划分成若干等份，便于计算

7. 执行流通手段职能的货币（　　）。

A. 可以是想象中的或观念上的货币

B. 必须是现实的货币

C. 必须是金属货币

D. 必须是贵金属的自然形态即金银条块的形态

8. 在金属货币流通的条件下，能自发调节流通中的货币量的货币职能是（　　）。

A. 价值尺度　　　B. 流通手段　　　C. 贮藏手段　　　D. 支付手段

9. 货币用来清偿债务，支付租金、利息、工资等职能，是货币的（　　）。

A. 价值尺度的职能　　　　　　　　B. 流通手段的职能

C. 贮藏手段的职能　　　　　　　　D. 支付手段的职能

10. 由国家发行并强制使用的价值符号指的是（　　）。

A. 金属铸币　　　B. 纸币　　　C. 信用货币　　　D. 电子货币

11. 货币的本质是（　　）。

A. 有使用价值的商品　　　　　　　B. 有价值的商品

C. 能用来交换的商品　　　　　　　D. 固定的充当一般等价物的商品

12. 以下货币中不属于信用货币的是（　　）。

A. 金属货币　　　B. 银行券　　　C. 银行汇票　　　D. 商业期票

13. 在我国货币层次的划分中，一般将现金划入以下哪个层次（　　）。

A. M_0 B. M_1 C. M_2 D. M_3

14. 货币乘数是指中央银行的初始货币供应量与（   ）。

A. 广义货币供应量之间的倍数关系   B. 狭义货币供应量之间的倍数关系

C. 存款准备金之间的倍数关系   D. 实际货币流通量之间的倍数关系

15. 存款准备金率越高，则货币乘数（   ）。

A. 越大   B. 越小   C. 不变   D. 不确定

16. 广义的外汇是指本国所持有的（   ）。

A. 外国货币   B. 外币存款

C. 外币有价证券   D. 一切以外币表示的资产

17. 一国国际收支顺差会使（   ）。

A. 外国对该国货币需求增加，该国货币汇率上升

B. 外国对该国货币需求减少，该国货币汇率下跌

C. 外国对该国货币需求增加，该国货币汇率下跌

D. 外国对该国货币需求减少，该国货币汇率上升

18. 商品价格是（   ）。

A. 商品价值的基础   B. 商品价值的货币表现形式

C. 商品价值的实体   D. 商品价值的物质承担者

19. 若商品的价值不变，而单位货币的价值下降，则该商品的价格（   ）。

A. 上升   B. 下降   C. 不变   D. 变动方向不能确定

20. 如果纸币的发行量超过了流通中所需要的金属货币量，就会导致（   ）。

A. 社会的有效需求不足   B. 物价下降

C. 通货紧缩   D. 通货膨胀

二、多项选择题

1. 价值形式的发展所经历的几个阶段是（   ）。

A. 简单的价值形式   B. 复杂的价值形式   C. 扩大的价值形式

D. 一般价值形式   E. 货币形式

2. 在商品的价值形式中，处于等价形式的商品具有以下特征（   ）。

A. 使用价值成为价值的表现形式

B. 具体劳动成为抽象劳动的表现形式

C. 简单劳动成为复杂劳动的表现形式

D. 私人劳动成为直接形式的社会劳动

E. 商品成为货币的表现形式

3. 在简单的价值形式"1 只绵羊 = 2 把斧子"中（　　）。

A. 绵羊的价值在斧子的商品体上相对地表现出来

B. 斧子的价值在绵羊的商品体上相对地表现出来

C. 绵羊是价值被表现的商品

D. 斧子是价值被表现的商品

E. 绵羊处在相对价值形式的位置上

4. 货币（　　）。

A. 是商品交换发展的结果

B. 是处于相对价值形式的商品

C. 是处于等价形式的商品

D. 是固定地充当一般等价物的特殊商品

E. 体现着物的外壳掩盖下的人与人之间的关系

5. 货币具体形式的演变经历了以下一些形态（　　）。

A. 贵金属的自然形态，即金银条块的形态

B. 金属铸币　　　　　　　　　　C. 纸币

D. 信用货币　　　　　　　　　　E. 电子货币

6. 货币的两种基本职能是（　　）。

A. 价值尺度　B. 流通手段　C. 贮藏手段　D. 支付手段　E. 世界货币

7. 作为贮藏手段的货币（　　）。

A. 可以是想象中的或者观念上的货币　　B. 可以是作为价值符号的纸币

C. 必须是足值的金属货币　　　　　　　D. 它是社会财富的代表

E. 它能够自发地调节流通中的货币量

8. 商品流通和货币流通之间的关系是（　　）。

A. 商品流通是货币流通的基础　　　　　B. 货币流通是商品流通的反映

C. 货币流通不能离开商品流通　　　　　D. 商品流通是由货币流通决定的

E. 商品流通的规模决定货币流通的规模

9. 一定时期内流通中所需要的货币量取决于（　　）。

A. 社会经济制度的性质　　　　　　　　B. 流通中待售商品的数量

C. 商品的价格水平　　　　　　　　　　D. 货币的流通速度

E. 人们的生活水平

10. 商品的价格（　　）。

A. 是商品使用价值的货币表现形式　　　B. 是商品价值的货币表现形式

C. 与商品的价值成正比　　　　　　　　D. 与货币的价值成反比

E. 受商品的供求关系变动的影响

三、判断题（请在括号中填写"对"或"错"）

1. 从总和扩大的价值形式发展到一般价值形式，是价值形式发展过程中的一个质的飞跃。（　　）

2. 金银天然不是货币，但货币天然是金银。（　　）

3. 在金属货币流通的条件下是不会发生通货膨胀的。（　　）

4. 纸币是国家凭借法权的力量发行的，有国家信用作为担保，因此它能起到世界货币的作用。（　　）

5. 不管是广义货币还是狭义货币，它们都是货币的一种存在形式，因此它们之间是不存在任何差别的。（　　）

6. 纸币流通的特殊规律只能从纸币是金的代表这种关系中产生。这一规律简单地说就是：纸币的发行限于它象征地代表的金银的实际流通的数量。（　　）

7. 如果纸币的发行量超过了流通中所需要的金属货币量，就会导致纸币贬值，物价上涨，出现严重的通货膨胀，引起社会经济的动荡。而货币发行不足则不会出现这些问题，不会影响社会经济的正常运行。（　　）

8. 商品的价格不仅取决于商品的价值，而且取决于货币的价值。（　　）

四、计算题

1. 某国年内待销售的商品价格总额为 400 亿元，货币的流通速度为 2 次/年，请问该国流通中所需要的货币量是多少？如果货币流通速度提高到 4 次/年，请问该国流通中所需要的货币量又是多少？

2. 某国年内待实现的商品价格总额为 2800 亿元，其中赊销的商品价格总额为 700 亿元；到期支付的货币总额为 800 亿元，其中相互抵消的支付总额为 500 亿元。根据经验测定该国单位货币的平均流通速度为 8 次/年。假定该国当年发行的纸币额是 600 亿元。试计算：该国当年流通中所需要的货币量是多少？

五、简答题

1. 什么是价值形式？简述价值形式的发展和货币的产生过程。
2. 简述等价形式及其特征。
3. 什么是货币？货币有哪些职能？
4. 简述货币流通规律的基本内容。
5. 简述纸币流通规律的基本内容以及通货膨胀、通货紧缩的含义。

六、论述题

1. 试述马克思的货币学说的主要内容。

2. 试分析汇率的变动对一国经济运行所产生的影响。

本章课后辅导题答案与分析

一、单项选择题

1. A	2. A	3. C	4. B	5. C	6. B	7. B
8. C	9. D	10. B	11. D	12. A	13. A	14. D
15. B	16. D	17. A	18. B	19. A	20. D	

二、多项选择题

1. ACDE	2. ABD	3. ACE	4. ACDE	5. ABCDE
6. AB	7. CDE	8. ABCE	9. BCD	10. BCDE

三、判断题（请在括号中填写"对"或"错"）

1. 对；2. 对；3. 对；4. 错；5. 错；6. 对；7. 错；8. 对。

四、计算题

1. 答：该国原来流通中所需要的货币量为：

$$一定时期内流通中所需要的货币量 = \frac{待售商品的价格总额}{同一货币单位的平均流通速度}$$

$$= \frac{400 \text{亿元}}{2}$$

$$= 200 \text{（亿元）}$$

同理，该国在货币流通速度加快后流通中所需要的货币量为：

$$\frac{400 \text{亿元}}{4} = 100 \text{（亿元）}$$

2. 答：该国当年流通中所需要的货币量为：

$$一定时期内流通中所需要的货币量 = \frac{待售的商品价格总额 - 赊销的商品价格总额 + 到期支付的货币总额 - 相互抵消的支付总额}{同一货币单位的平均流通速度}$$

$$= \frac{2800 \text{亿元} - 700 \text{亿元} + 800 \text{亿元} - 500 \text{亿元}}{8}$$

$$= 300 \text{（亿元）}$$

五、简答题

1. 答：价值形式就是指商品价值的表现形式，即商品的交换价值。随着商品交换的发展，商品的价值形式经历了简单的、个别的或偶然的价值形式，总和的或扩大的价值形式，一般价值形式，最后发展为货币形式，产生了货币。

2. 答：在商品的价值形式中，处在价值形式右端的商品，它是用自身的使用价值作为表现其他商品价值的材料，用来表现其他商品价值的大小，我们说它处于等价形式上，起着等价物的作用。等价形式具有三个特征：第一，使用价值成为价值的表现形式；第二，具体劳动成为抽象劳动的表现形式；第三，私人劳动成为直接形式的社会劳动。

3. 答：货币就是固定地充当一般等价物的特殊商品，它体现了商品生产者之间的社会经济关系。在发达的商品经济中，货币具有价值尺度、流通手段、贮藏手段、支付手段和世界货币五种职能。其中，价值尺度和流通手段是货币的两种基本职能。

4. 答：货币流通规律是指一定时期内流通中所需要的货币量的规律。货币作为流通手段，流通中所需要的货币量取决于两个因素：流通中待售商品的价格总额和货币的流通速度。其中流通中待售商品的价格总额等于各种待售商品的数量和它们各自价格水平的乘积之和。一个国家在一定时期内流通中所需要的货币量与这个国家待售的商品价格总额成正比，与货币的流通速度成反比。用公式表示就是：

$$\text{一定时期内流通中所需要的货币量} = \frac{\text{流通中待售的商品价格总额}}{\text{同一货币单位的平均流通速度（次数）}}$$

货币的支付手段职能的产生，对流通中所需要的货币量会产生相应的影响。因此，在货币的支付手段职能产生后，货币流通规律的计算公式应做出如下修正：

$$\text{一定时期内流通中所需要的货币量} = \frac{\text{流通中待售的商品价格总额} - \text{赊销的商品价格总额} + \text{到期支付的货币总额} - \text{相互抵消的支付总额}}{\text{同一货币单位的平均流通速度（次数）}}$$

5. 答：纸币是由国家发行并强制使用的价值符号。纸币流通规律的基本内容是：纸币的发行只限于它象征地代表的金银的实际流通的数量。如果纸币的发行量超过了流通中所需要的金属货币量，就会引起纸币贬值、物价上涨，这就是通货膨胀。通货紧缩则是一种与通货膨胀相反的经济现象，它表现为社会需求不足，物价水平疲软或下跌。从本质上说，通货紧缩是流通中货币相对不足而引发的一种货币现象。

六、论述题

1. 答：马克思的货币学说主要包括以下几个方面的内容：

（1）马克思分析了价值形式的发展过程，揭示了货币的起源。价值形式就是商品价值的表现形式，即交换价值。随着商品交换的发展，商品的价值形式相应的经过了简单的、个别的或偶然的价值形式，总和的或扩大的价值形式，一般价值形式，最后发展到货币形式，进而产生了货币。

（2）马克思论证了货币的本质。货币就是固定地充当一般等价物的特殊商品。货币之所以能够充当一般等价物，是因为货币本身也是商品，也有价值。货币体现了商品生产者之间的社会生产关系。货币是一个历史的范畴。

（3）马克思论证了货币流通运动的规律。货币流通规律是指一定时期内流通中所需要的货币量的规律。货币作为流通手段，流通中所需要的货币量取决于两个因素：流通中待售商品的价格总额和货币的流通速度，其中流通中待售商品的价格总额等于各种待售商品的数量和它们各自价格水平的乘积之和。一个国家在一定时期内流通中所需要的货币量与这个国家待售的商品价格总额成正比，与货币的流通速度成反比。用公式表示就是：

$$\text{一定时期内流通中所需要的货币量} = \frac{\text{流通中待售的商品价格总额}}{\text{同一货币单位的平均流通速度（次数）}}$$

货币的支付手段职能的产生，对流通中所需要的货币量会产生相应的影响。因此，在货币的支付手段职能产生后，货币流通规律的计算公式应做出相应的修正。

（4）马克思论证了货币本身形式的发展，指出了金银、铸币、纸币的发展过程，并论证了纸币的流通规律。马克思指出："纸币流通的特殊规律只能从纸币是金的代表这种关系中产生。"这一规律简单地说就是：纸币的发行限于它象征地代表的金银的实际流通的数量。

2. 答：汇率的变动是多种因素影响的结果，汇率的变动又会对经济产生影响。第一，当一国的汇率上浮时，进口增加，出口减少，国民收入将会随之减少。反之，如果一国的汇率下浮，在一定程度上会加快一国经济的发展速度，国民收入将会增加。第二，如果一国的汇率上浮，进口增加，出口减少，这样，国内生产特别是工业生产的发展必然受阻，从而国内就业量就会减少。反之，一国的汇率下浮，可以增加其国内就业量。第三，一般而言，汇率上浮的国家，其利率水平必定偏高；汇率下浮的国家，其利率水平必定偏低。第四，若一国汇率上浮，以本币表示的进口商品价格便会下降，进而带动国内用进口原料生产的本国商品的价格下跌；而且，以外币表示的本国出口商品的价格将上升，致使部分出口商品转而内销，进一步促使国内的物价下降。第五，本币的升值或贬值最终会减少或增加本国的外汇储备。第六，汇率变化对国际资本尤其是短期资本流动有很大影响。当本币汇率下跌时，国内资金持有者或外国投资者为了减少因汇率下浮而带来的损失，就要把本币在外汇市场上兑换成汇率较高的外币，实行资本逃避，从而导致资本外流。反之，如果本币汇率上升，资本流动的情形与上述情况相反。

第四章　资本及其循环和周转

本章知识鸟瞰图

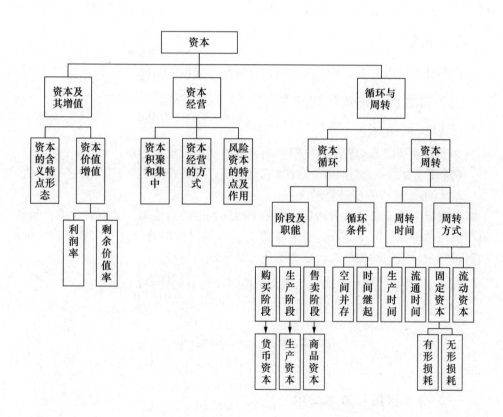

本章重点和难点

第一节 资本及其价值增值

一、资本及其特点

资本是价值的一种特殊形式，是不断地在运动中谋求自身增值的价值，具有增值性、运动性、返还性、风险性的特点。

二、形态

资本分为货币资本、实物资本、无形资本、虚拟资本四种形态。

三、资本价值增值和利润率

1. 必要劳动和剩余劳动

必要劳动是指劳动者用以实现劳动力再生产而付出的劳动。

剩余劳动是指一定时期内劳动者的劳动中超过必要劳动的部分,产生的剩余价值。

2. 利润、利润率与剩余价值率

价值增值额定义为活劳动在剩余劳动时间创造的价值时，是剩余价值；当价值增值与全部预付资本比较，被看作超出全部预付资本的部分时，被称为利润。利润是剩余价值的转化形式，它在本质上是剩余价值。

$$利润率 = \frac{利润额}{预付资本} \times 100\% \qquad 剩余价值率 = \frac{剩余价值}{必要劳动价值} \times 100\%$$

第二节 资本经营

一、资本积聚和资本集中

1. 资本积累

资本积累即剩余价值资本化，资本积累的源泉是剩余价值，资本积累数量的大小最终取决于剩余价值量的大小。

2. 资本积聚和资本集中

资本积聚和资本集中是个别资本增大的两种形式。资本积聚，是指个别资本通过把自身获得的剩余价值转化为资本来实现资本规模增大。资本集中是指把若干个规模相对较小的资本合并重组为规模较大的资本。竞争和信用是资本集中的两个强有力的杠杆。

二、资本经营

1. 资本经营

资本经营就是指资本产权的主体以价值形态的资本为经营对象，通过调整、交易、优化重组等方式，以实现资本价值量的保值、增值的一系列市场行为。

2. 资本经营的主要方式

一是利用产权市场进行资产的收购、出售、托管、租赁等，包括投资性买卖股权；二是利用金融市场进行投机性交易；三是对资产存量或所积累的资产增量进行调整；四是无形资产经营。

三、风险资本的运营

1. 风险资本的运营

风险资本的运营即风险投资，是资本经营的一种特殊类型。

2. 风险投资的主要特点

（1）投资对象是高技术、新兴产业的企业或项目；

（2）追求未来高额资本收益并主动承担高风险；

（3）是一种权益资本，而不是一种借贷资金；

（4）在投资的同时也往往参与管理或提供辅导、咨询等服务；

（5）具有资本主动退出的要求和机制。

3. 风险资本的运营对经济发展的作用

（1）支持科技创新体系的建立，成为高科技企业成长的支撑点和高新技术成果产业化的催化剂；

（2）优化资本配置，促进产业结构的调整和升级；

（3）完善了市场机制，促进了市场经济的发展；

（4）增加了就业机会，推动经济增长。

第三节　资本的循环和周转

一、资本循环

（1）资本依次经过三个阶段（购买、生产、销售），变换三种职能形态（货币资本、生产资本、商品资本），使自身价值增值，最后又回到原来的出发点的运动，叫作资本循环。

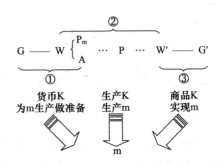

（2）产业资本循环正常进行的条件是：必须使产业资本的三种职能形式和三种循环形式在空间上并存，在时间上继起。

二、资本周转

（1）资本周转，就是资本循环周而复始不间断地进行。

（2）资本的生产时间：包括劳动时间、劳动过程的正常中断时间、生产要素的储备时间。

（3）资本的流通时间：包括购买时间和售卖时间。

（4）固定资本和流动资本的划分。

根据资本不同部分价值周转方式不同，可以把生产资本划分为固定资本和流动资本。

固定资本，是指由厂房、设备、工具等劳动资料构成的那一部分资本。流动资本，是指投在原料、燃料、辅助材料和购买劳动力上的那一部分资本。

（5）固定资本的损耗包括有形损耗和无形损耗。

本章复习与思考题答案

1. 解释下列概念：①资本；②生产成本；③利润；④利润率；⑤资本积聚；⑥资本集中；⑦资本经营；⑧风险投资；⑨资本循环；⑩资本周转；⑪固定资本；⑫流动资本；⑬折旧。

答：①资本是不断地在运动中谋求自身增值的价值。

②生产成本是为生产商品和实现资本价值增值而发生的资本耗费。

③利润是当剩余价值被当作全部预付资本的产物时，剩余价值就转化为

利润。

④利润率是价值增值额与全部预付资本的比例。

⑤资本积聚是指个别资本通过把自身获得的剩余价值转化为资本来实现资本规模增大。

⑥资本集中是已经形成的各个资本的合并。

⑦资本经营就是指资本产权的主体以价值形态的资本为经营对象，通过调整、交易、优化重组等方式，以实现资本价值量的保值、增值的一系列市场行为。

⑧风险投资是将资本投向蕴含高风险、高收益和高成长可能的中小型高技术企业或项目，并以一定方式介入该企业或项目的管理、运行，在取得成功后既获得资本的高额增值又实现资本回收的投资行为。

⑨资本循环是资本依次经过三个阶段（购买、生产、销售），变换三种职能形态（货币资本、生产资本、商品资本），使自身价值增值，最后又回到原来的出发点的运动。

⑩资本周转就是资本循环周而复始不间断地进行。

⑪固定资本是指由厂房、设备、工具等劳动资料构成的那一部分资本。

⑫流动资本是指投在原料、燃料、辅助材料和购买劳动力上的那一部分资本。

⑬折旧是资本所有者依据固定资本的磨损程度逐次以货币形式提取的补偿，它是固定资本进行价值补偿的一种办法。

2. 概述资本的一般特点和主要形态。

答：具有增值性、运动性、返还性、风险性的特点。

其主要形态有：货币资本、实物资本、无形资产、虚拟资本。

3. 谈谈资本经营的特点及主要的资本经营方式。

答：（1）资本经营与一般企业经营不同，具有以下特点：第一，资本经营的内容和对象的差异。一般企业经营所关注的是产品和服务；资本经营则更着眼于价值化、证券化的资本。第二，资本经营的方式的差异。一般企业经营主要使用的手段是技术进步、产品创新、提高效率和市场推广等；资本经营主要通过各种形式的资本的结构调整、资本置换、资本交易、资本扩张与收缩等方式来优化资本。第三，资本经营的市场差异。一般企业经营依托商品或劳务市场；资本经营主要依托资本市场和产权市场等。第四，资本经营的收益和风险较大。

（2）资本经营的主要方式包括：一是利用产权市场进行资产的收购、出售、托管、租赁等；二是利用金融市场进行投机性交易；三是对资产存量或所积累的资产增量进行调整；无形资产经营。

4. 试分析资本循环正常进行的条件和影响资本周转的因素。

答：（1）产业资本循环正常进行的条件是：必须使产业资本的三种职能形式和三种循环形式在空间上并存，在时间上继起。

（2）影响资本总周转有两方面的因素，一是生产资本中固定资本与流动资本的比例，二是固定资本和流动资本各自周转的速度。

本章课后辅导题

一、单项选择题

1. 资本是（   ）。

A. 货币
B. 生产资料
C. 能够带来剩余价值的价值
D. 以物为媒介的交换关系

2. 资本积聚是指（   ）。

A. 单个资本靠剩余价值资本化来扩大资本规模
B. 单个资本靠剥夺小生产者来扩大资本规模
C. 单个资本靠组织股份公司来扩大资本规模
D. 单个资本靠兼并其他资本来扩大资本规模

3. 产业资本的三种职能形式是（   ）。

A. 不变资本、可变资本、生产资本
B. 固定资本、流动资本、货币资本
C. 商品资本、商业资本、借贷资本
D. 货币资本、生产资本、商品资本

4. 产业资本循环具有决定性意义的阶段是（   ）。

A. 流通阶段
B. 销售阶段
C. 生产阶段
D. 购买阶段

5. 资本周转速度（   ）。

A. 与资本周转时间成正比，与资本周转次数成反比
B. 与资本周转时间成反比，与资本周转次数成正比
C. 与资本周转时间成正比，与资本周转次数成正比
D. 与资本周转时间成反比，与资本周转次数成反比

6. 划分固定资本和流动资本的依据是（   ）。

A. 生产资本不同部分在价值形成中的作用不同
B. 生产资本不同部分在剩余价值生产中的作用不同
C. 生产资本不同部分在价值增值过程中的作用不同
D. 生产资本不同部分的价值周转方式不同

7. 资本积聚和资本集中的区别在于，资本积聚会使（   ）。

A. 社会资本总额增加　　　　　　　B. 个别资本规模扩大

C. 剩余价值总量增长　　　　　　　D. 剩余价值率提高

8. 个别资本通过股份制扩大其资本的支配范围属于（　　）。

A. 资本积累　　　B. 资本积聚　　　C. 资本集中　　　D. 资本剥削

9. 资本有机构成是指（　　）。

A. 可变资本与不变资本的比例

B. 固定资本和流动资本的比例

C. 以资本价值构成为基础并反映其变化的资本技术构成

D. 由技术构成决定并反映技术构成变化的资本价值构成

10. 在产业资本循环中，货币资本的循环形式产生的假象是（　　）。

A. 流通环节十分重要　　　　　　　B. 生产是为了剩余价值

C. 剩余价值是在流通中产生的　　　D. 资本主义生产是为了生产而生产

11. 资本积累的源泉是（　　）。

A. 商品生产　　　B. 剩余价值　　　C. 商品流通　　　D. 市场交换

12. 利润率表示（　　）。

A. 资本家对工人的剥削程度　　　　B. 预付总资本的增值程度

C. 预付不变资本的增值程度　　　　D. 预付可变资本的增值程度

13. 资本主义国家的钢铁公司的炼钢炉属于（　　）。

A. 固定资本　　　B. 流动资本　　　C. 可变资本　　　D. 商品资本

14. 产业资本的最根本特征是（　　）。

A. 能够给它的持有者带来利润　　　B. 通过买卖活动获得利润

C. 创造为社会所需要的物质产品　　D. 雇佣工人来创造剩余价值

15. 产业资本不包括的一项是（　　）。

A. 投入制造业的资本　　　　　　　B. 投入建筑业的资本

C. 投入农业的资本　　　　　　　　D. 投入金融保险业的资本

16. 影响资本周转速度的因素中不包括（　　）。

A. 资本家消费剩余价值的多少　　　B. 生产的技术水平高低

C. 市场销售情况　　　　　　　　　D. 固定资本与流动资本的比例

17. 可变资本周转加速可以（　　）。

A. 提高剩余价值率　　　　　　　　B. 提高年剩余价值率

C. 节约预付的不变资本　　　　　　D. 节约实际发挥作用的可变资本

18. 社会资本是（　　）。

A. 相互依存、相互联系的所有个别资本的总和

B. 许多个别资本的总和

C. 产业资本、商业资本、借贷资本的总和

D. 各生产和流通部门资本的总和

19. 版权属于（　　）。

A. 无形资产　　　　B. 实物资本　　　　C. 虚拟资本　　　　D. 可变资本

20. 竞争和信用属于（　　）。

A. 资本积聚的工具　　　　　　　　　B. 资本集中的杠杆

C. 资本循环的途径　　　　　　　　　D. 资本流通的渠道

二、多项选择题

1. 资本积聚和资本集中的联系和区别是（　　）。

A. 都是个别资本增大的途径

B. 资本积聚增大社会资本总量，资本集中不增加社会资本总量

C. 资本积聚和资本集中都增加社会资本总量

D. 资本集中较快，资本积聚较慢

E. 资本积聚受社会财富增长的限制，资本集中不受社会财富增长的限制

2. 资本的流通公式与货币的流通公式的区别在于（　　）。

A. 前者以商品为媒介，后者以货币为媒介

B. 前者以货币为媒介，后者以商品为媒介

C. 前者的目的在于获得使用价值，后者的目的在于获得更多的货币

D. 前者的目的在于获得更多的货币，后者的目的在于获得使用价值

E. 前者是先买后卖，后者是先卖后买

3. 资本的基本特点有（　　）。

A. 增值性　　B. 运动性　　C. 盲目性　　D. 返还性　　E. 风险性

4. 单个资本增大的途径有（　　）。

A. 资本储存　　B. 资本积聚　　C. 资本输入　　D. 资本输出　　E. 资本集中

5. 产业资本循环的形式有（　　）。

A. 固定资本的循环　　　B. 流动资本的循环　　　C. 货币资本的循环

D. 生产资本的循环　　　E. 商品资本的循环

6. 产业资本循环所经过的运动阶段有（　　）。

A. 购买阶段　　B. 生产阶段　　C. 循环阶段　　D. 周转阶段　　E. 销售阶段

7. 资本主义企业使用的机器设备属于（　　）。

A. 不变资本　　B. 可变资本　　C. 生产资本　　D. 流动资本　　E. 固定资本

8. 固定资本是（　　）。

A. 以劳动资料的形式存在的资本

B. 按照其在使用过程中的磨损程度将其价值逐步转移到新产品中的资本

 C. 经过多次生产过程才实现其价值全部周转的资本

 D. 在流通过程中发挥作用的资本

 E. 以原材料形式存在的资本

9. 资本周转速度的快慢取决于（   ）。

 A. 资本周转时间的长短   B. 资本周转次数的多少

 C. 固定资本和流动资本的比例   D. 生产资本的构成

 E. 固定资本和流动资本的周转速度

10. 资本的生产时间包括（   ）。

 A. 购买生产资料的时间   B. 劳动时间   C. 停工维修时间

 D. 自然力独立发挥作用的时间   E. 生产资料储备时间

三、判断题（请在括号中填写"对"或"错"）

1. 在产业资本循环中实现剩余价值的阶段是购买阶段。（   ）

2. 商品资本循环的起点和终点是 W。（   ）

3. 实物资本也称物质资本，可以是生产资料形态表现，也可以是商品形态表现。（   ）

4. 产业资本循环中，购买阶段与售卖阶段的不同在于时间耗费的长短。（   ）

5. 火力发电厂里的煤炭属于不变资本也属于流动资本。（   ）

6. 提高机器设备的利用率会使机器设备的损耗加快，折旧率提高，从而增加无形损耗导致的损失。（   ）

7. 当预付总资本一定时，总资本的周转速度取决于可变资本与不变资本的比例及各自的周转速度。（   ）

8. 流动资本不等同于处于流通领域中的资本。（   ）

9. 资本的生产时间中，生产剩余价值的时间是劳动时间和劳动对象受自然力独立作用的时间。（   ）

10. 资本循环是指资本作周期性运动的过程。（   ）

四、简答题

1. 货币流通公式与资本流通公式的区别有哪些？

2. 影响和决定利润率的主要因素有哪些？

3. 简述固定资本的损耗。

4. 简述企业融资方式的划分。

5. 简述资本的周转时间的构成。

6. 简述 M′与 m′的区别。

五、计算题

1. 某资本家拥有资本 180 万元，资本有机构成是 5∶1，剩余价值率是 120%，该资本家将剩余价值的 50% 用于积累，请计算：

（1）该资本家用于积累的剩余价值是多少？

（2）资本家在积累后的生产中获得剩余价值是多少？

2. 一个企业投资 25 万元购置机器，其使用期为 5 年，50 万元购置厂房，其使用期为 20 年，5 万元购置工具，其使用期为 5 年，10 万元用于购买原材料，10 万元用于支付工资，已知其流动资本一年可周转 5 次，不考虑固定资本精神磨损，求这个企业的预付资本一年中的总周转次数。

3. 填表并计算甲、乙两家企业的年剩余价值率。

企业	年生产 m 量（万元）	每月所需流动资本（万元）	年周转速度（次）	年需预付流动资本总量（万元）
甲	120	10	6	
乙	120	10	2	

六、论述题

1. 论述加快资本周转速度的意义。

2. 论述资本集聚和资本集中的联系和区别。

本章课后辅导题答案与分析

一、单项选择题

1. C   2. A   3. D   4. C   5. B   6. D   7. A

8. C   9. D   10. C   11. B   12. B   13. A   14. D

15. D   16. A   17. B   18. A   19. A   20. B

二、多项选择题

1. ABDE   2. ADE   3. ABDE   4. BE   5. CDE

6. ABE   7. ACE   8. BC   9. ABCDE   10. BCDE

三、判断题（请在括号中填写"对"或"错"）

1. 错；2. 错；3. 对；4. 错；5. 对；6. 错；7. 错；8. 对；9. 错；10. 错。

四、简答题

1. 答：资本价值流通（G－W－G'）与一般货币流通（W－G－W）存在三点区别：流通的形式不同；流通的目的不同；流通的限度不同。

2. 答：劳动的因素，提高剩余劳动占全部活劳动的比例有助于提高利润率；资本的因素，节省资本和加快资本运动速度有助于提高利润率；市场的因素，改善产品的市场实现状况有助于提高利润率。

3. 答：固定资本的损耗包括有形损耗和无形损耗两类。其中有形损耗是指由使用引起的或由自然力作用引起的物质要素的损耗；而无形损耗是指由生产该固定资产的劳动生产率提高引起的或由技术创新带来技术参数更高的新产品引起的原有固定资产的贬值。

4. 答：企业融资方式可按不同角度划分为两类：

一是间接融资和直接融资。间接融资是企业向银行等金融机构融通资金的方式，不与资金的最终所有者发生直接联系；直接融资是指按企业向资金的最终所有者或各类投资者直接融通资金的方式。

二是权益融资和负债融资。权益融资是指通过发行股票等体现权益关系的方式筹集资金；负债融资是指通过向银行申请贷款或通过发行企业债券等负债方式筹集资金。

5. 答：资本周转时间由资本的生产时间和流通时间所构成，资本的生产时间包括劳动时间、劳动过程正常中断时间、生产要素的储备时间；资本的流通时间包括购买时间和售卖时间。

6. 答：①从质上讲，二者反映的关系不同。剩余价值率反映资本家对工人的剥削程度；年剩余价值率反映预付资本的增值程度。②从量上看，二者通常不等值。

五、计算题

1. 解：（1）$c : v = 5 : 1$；$c + v = 180 => c = 150$；$v = 30$

$m = m' \times v = 120\% \times 30 = 36$　积累 $m = 36 \times 50\% = 18$（万元）

（2）积累后的 $m = （30 + 3）\times 120\% = 39.6$（万元）

2. 解：$n = [25/5 + 50/20 + 5/5 + （10 + 10）\times 5]/（25 + 50 + 5 + 10 + 10） = 1.085$（次）

3. 解:

企业	年生产 m 量（万元）	每月所需流动资本（万元）	年周转速度（次）	年需预付流动资本总量（万元）
甲	120	10	6	20
乙	120	10	2	60

$M = m' \cdot v \cdot n = m \cdot n$，可知 $m'_{甲} = 100\%$；$m'_{乙} = 100\%$

年剩余价值率：$M'_{甲} = 600\%$；$M'_{乙} = 200\%$

六、论述题

1. 答：（1）加快资本周转速度，对于资本的利用和资本增值、扩大生产和降低成本、增强经营实力和市场竞争力有着重要的意义。

（2）加快资本周转速度，可以提高资本使用效率，节省资本的投入量。

（3）加快资本周转，可以在一定时期内产生更多的资本增值额，提高资本运营的效益。

（4）加快资本周转速度，可以节省所有资本，降低生产经营成本。

2. 答：（1）资本积聚是指单个资本依靠自身的积累来使实际资本在价值形态和生产要素形态上实现量的扩大。资本集中是指把若干个已有的规模相对较小的资本合并重组为规模较大的资本。资本集中的主要途径有：一是并购（包括兼并、收购）；二是联合，即原有的分散的单个资本联合成新的更大的资本；三是通过向社会发行股票等方式，把社会闲散资金集中起来使之转化为资本。

（2）联系：都能使单个资本的规模增大，且二者相互促进。

区别：①资本积聚以剩余价值的积累为前提，而资本集中不以积累为必要前提。②资本积聚的实现会受到社会所能提供的实际生产要素增长的制约，资本集中若采取原有资本之间的兼并和联合的途径，则较少受社会实际生产要素增长的限制。③资本积聚在增大单个资本的同时，也增大了社会总资本；资本集中若采取原有资本之间的兼并或联合的途径，则一般不能直接增大社会总资本，但可以改变资本的结构和质量。④通过资本积聚方式扩大单个资本规模，一般速度较慢，资本集中则可以用很快的速度实现资本规模的扩大。

第五章　社会总资本再生产和市场实现

本章知识鸟瞰图

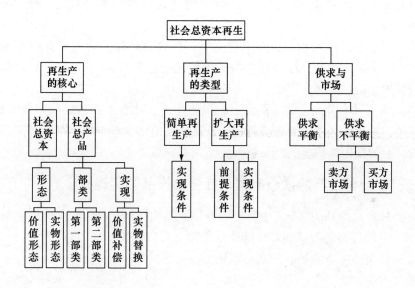

本章重点和难点

第一节　社会总资本再生产的核心问题

一、社会总资本及其运动

1. 社会总资本

社会总资本就是以社会分工和市场交换为条件，相互联系、相互依存、相互制约的全社会各单个资本的总和。

2. 社会总资本的运动特点

社会资本运动的过程是生产和流通过程的统一，并且要在运动中变换资本的职能形式。

（1）不仅包含生产消费，而且包含生活消费。

（2）不仅包含资本流通，而且包含一般商品流通。

（3）不仅包含预付资本价值的运动，而且包含剩余价值的运动。

二、社会总产品和社会生产部门的分类

（1）社会总产品就是社会在一定时期内（通常为一年）所生产的全部物质资料的总和。

（2）社会总产品的构成：从实物上看，社会总产品分为生产资料和消费资料两大类；从价值上看，社会总产品的价值是由不变资本（c）、可变资本（v）和剩余价值（m）三部分构成。

（3）根据社会总产品物质形态上的最终用途，社会生产被划分为两大部类：第一部类，由生产生产资料的部门构成，其产品进入生产领域；第二部类，由生产消费资料的部门构成，其产品进入生活消费领域。

三、社会再生产的核心问题是社会总产品的实现

（1）社会总产品的实现：（W—G）社会总产品的各个部分在价值上得到补偿；（G—W）社会总产品的各个部分在实物上得到替换。

（2）社会再生产的核心问题是市场实现问题。

第二节　社会简单再生产及其实现条件

一、简单再生产条件下两大部类各自的实现条件

1. 社会简单再生产

它是指社会剩余产品是用于消费而不是用于积累，生产维持在原来的规模上重复进行。

2. 社会总产品的实现条件有

$$I(c+v+m) = Ic + IIc$$

$$II(c+v+m) = I(v+m) + II(v+m)$$

二、社会简单再生产的实现过程和基本实现条件

1. 实现过程

社会资本简单再生产条件下社会总产品的实现，要经过多次交换，其交换过程可以概括为三个方面：一是第一部类的 I c 部分，在第一部类内部通过交换来实现；二是第二部类的 II（v + m）部分，在第二部类内部通过交换来实现；三是 I（v + m）、II c 在两大部类间通过交换来实现。

2. 基本实现条件

$$I\ (v + m) = II c$$

第三节　社会扩大再生产及其实现条件

一、社会扩大再生产的前提条件

1. 社会扩大再生产

它是指社会生产在社会总资本循环运动中不断扩大规模。

2. 社会资本扩大再生产的前提条件

第一，I（v + m）> II c，即第一部类的产出必须大于两大部类当年耗费掉的生产资料和服务的总额；第二，II（c +（m − m/x）> I（v + m/x），第二部类生产的消费资料，除了补偿本部类的耗费之外，余下包括积累在内的部分必须大于第一部类现有人员所耗费的生活资料和生活服务的总额。

二、社会扩大再生产的实现条件

1. 社会资本扩大再生产条件下社会总产品的实现

实现过程要经过多次交换，其交换过程可概括为三个方面：一是第一部类内部的交换，即 I（c + △c）在第一部类内部通过交换得以实现；二是第二部类内部的交换，即 II（v + △v + m/x）在第二部类内部通过交换得以实现；三是两大部类之间的交换，即 I（v + △v + m/x）、II（c + △c）在两大部类之间通过交换得以实现。

2. 社会资本扩大再生产条件下社会总产品的实现条件

I（v + △v + m/x）= II（c + △c）这是基本的实现条件，由这个条件可以引出另外两个条件：

$$I（c + v + m）= I（c + △c）+ II（c + △c）$$

$$Ⅱ(c+v+m) = Ⅰ(v + \triangle v + m/x) + Ⅱ(v + \triangle v + m/x)$$

3. 生产资料优先增长原理

在技术进步、资本有机构成提高的条件下，社会资本扩大再生产的实现，要求生产资料的生产优先增长。但是，生产资料的生产也不能孤立地增长，社会各生产部门之间、生产与消费之间仍然必须保持一定的比例关系。

第四节　供求平衡与市场实现

一、供求平衡包括总量平衡和结构平衡

二、市场供求不平衡的两种基本形态：买方市场和卖方市场

本章复习与思考题答案

1. 解释下列概念：①单个资本；②社会资本；③两大部类；④三次产业；⑤卖方市场；⑥买方市场

①单个资本：在社会再生产过程中，独立地进行循环和周转，独立地发挥资本职能，实现价值增值的资本。

②社会资本：以社会分工和市场交换为条件，相互联系、相互依存、相互制约的全社会各单个资本的总和。

③两大部类：生产消费资料的第一部类（Ⅰ）和生产消费资料的第二部类（Ⅱ）。

④三次产业：第一次产业指农业；第二次产业指工业；第三次产业指服务业。

⑤卖方市场：指因产品短缺而供不应求的市场形势，此时卖方在交易中处于有利地位，市场竞争主要表现为买方之间的竞争。

⑥买方市场：指因产品供大于求的市场形势，此时买方在交易中处于有利地位，市场竞争主要表现为卖方之间的竞争。

2. 怎样认识社会资本运动与单个资本运动的联系和区别？

答：联系：①社会资本运动是单个资本运动的有机组合，单个资本运动是社会资本运动的组成因子。

②都是生产过程和流通过程的统一。

③两者都要在运动过程中依次变换资本的职能形式。

区别：①不仅包含生产消费，也包含生活消费。

②不仅包含资本流通，而且包含一般商品流通。

③不仅包含预付资本价值的运动，而且包含剩余价值的运动。

3. 怎样认识社会资本再生产的核心问题？

答：社会总资本再生产的核心问题是社会总产品的实现。社会总产品的实现，包括它的价值补偿和实物补偿。社会总产品的全部实现，一方面，可以使社会再生产过程中已经消耗的价值得到补偿；另一方面，可以使社会再生产过程中已经消耗的实物得到替换。由于这个过程是在市场上完成的，因此，也可以说社会总产品的市场实现是社会总资本再生产的核心问题。

4. 试解释简单再生产和扩大再生产的实现条件及两大部类产出各自的平衡关系如何才能成立。

答：（1）简单再生产。

1）基本实现条件：$I(v+m)=IIc$

该公式体现了两大部类之间的内在联系。要使简单再生产能够正常进行，第I部类为第II部类提供的生产资料同第II部类对生产资料的需求之间，以及第II部类消费资料的生产和第I部类对消费资料的需求之间，必须保持适当的比例关系。

2）第I部类产出的实现条件：$I(c+v+m)=Ic+IIc$

该公式表明生产资料的生产同两大部类对生产资料需求之间的关系。在简单再生产条件下，第I部类的生产资料供给应该同两大部类对生产资料的需要相等。

3）第II部类产出的实现条件：$II(c+v+m)=I(v+m)+II(v+m)$

该公式表明消费资料产品的实现与两大部类工人和资本家个人消费之间的关系。在简单再生产条件下，第II部类生产的消费资料，在价值上应该同全社会工人取得的工资与资本家的剩余价值之和相等，在实物上，应该同工人和资本家所需要的消费资料相适应。

（2）扩大再生产。

1）基本的实现条件：$I(v+\triangle v+m/x)=II(c+\triangle c)$

该公式体现了两大部类之间的内在联系。第I部类可变资本加上追加的可变资本，再加上资本所有者用于消费的剩余价值之和，要等于第II部类原有不变资本加上追加的不变资本之和。

2）第I部类产出的实现条件：$I(c+v+m)=I(c+\triangle c)+II(c+\triangle c)$

该公式表明生产资料的生产同两大部类对生产资料需求之间的关系。这一条件意味着扩大再生产要顺利进行，第Ⅰ部类的产出必须等于两大部类需要补偿的生产资料以及两大部类追加的生产资料之和。

3）第Ⅱ部类产出的实现条件：$Ⅱ(c+v+m)=Ⅰ(v+\triangle v+m/x)+Ⅱ(v+\triangle v+m/x)$

该公式表明消费资料产品的实现与两大部类工人和资本家个人消费之间的关系。这一条件意味着扩大再生产要顺利进行，第Ⅱ部类的产出必须等于两大部类可变资本加上追加的可变资本，再加上资本所有者用于个人消费的剩余价值之和。

5. 结合实际，分析卖方市场和买方市场的特点。

答：（1）卖方市场。卖方市场指因产品短缺而供不应求的市场形势，此时卖方在交易中处于有利地位，市场竞争主要表现为买者之间的竞争。在这种市场形势下，或者是市场价格自由上涨，或者是政府对价格进行管制，乃至对要素和产品实行配给制，以使供求矛盾得到解决。

（2）买方市场。买方市场指供大于求的市场形势，此时买方在交易中处于有利地位，市场竞争主要表现为卖方之间的竞争。在这种市场形势下，价格通常趋于下降。卖方不仅可采用价格手段进行竞争，而且可以通过改善其服务，加快技术创新、产品创新和市场开拓来参与竞争。买方市场是市场经济中的一般市场状况。

（3）特点分析。卖方市场条件下，消费者主权的行使是比较困难的，企业也往往缺乏研究市场需求、改进技术、改善经营管理的动力，社会缺乏活跃的微观经济基础。而在买方市场条件下，消费者的地位上升，市场对企业的约束力加强，市场需求对生产的导向作用明显，企业的竞争意识强烈，创新较为频繁，资源配置优化，微观经济的活跃带来市场的繁荣，因此，一定的买方市场形势是优于卖方市场形势的。但是，若供应过多地超越现实的需求，买方市场的正面作用也会走向反面：大量的产品积压造成社会劳动的浪费，微观和宏观效益下降，失业率会上升、即期需求会趋于消极，发生信用危机的可能性会加大。

本章课后辅导题

一、单项选择题

1. 社会再生产按照其规模来划分，可分为（　　）。
A. 简单再生产和扩大再生产　　　　B. 内涵再生产和外延再生产
C. 物质资料再生产和劳动力再生产　D. 生产关系再生产和劳动力再生产

2. 社会资本简单再生产的基本实现条件是（　　）。
A. $Ⅰ(c+v+m)=Ⅰc+Ⅱc$　　　　B. $Ⅰ(v+m)=Ⅱc$

C. $II(c+v+m) = I(v+m) + II(v+m)$　　D. $I(v+\triangle v + m/x) = II(c+\triangle c)$

3. 社会资本再生产的核心问题是（　　）。

A. 社会生产两大部类的划分问题　　B. 社会总产品的价值构成问题

C. 生产资料生产优先增长问题　　D. 社会总产品的实现问题

4. 简单再生产和扩大再生产的关系是（　　）。

A. 简单再生产是扩大再生产的基础和出发点

B. 扩大再生产是简单再生产的基础和出发点

C. 简单再生产包含扩大再生产

D. 扩大再生产是简单再生产的前提

5. 马克思把社会生产分为两大部类，第II部类是制造（　　）。

A. 消费资料的部类　　　　　　　B. 生产资料的部类

C. 物质产品的部类　　　　　　　D. 非物质产品的部类

6. 社会资本扩大再生产要进行，其前提条件是第一部类向第二部类提供的生产资料（　　）。

A. 必须大于第二部类当年已耗费的生产资料

B. 必须等于第二部类所需要的生产资料

C. 必须等于第二部类所需要的生活资料

D. 必须大于第二部类新增加的生活资料

7. $I(v+m) > IIc$ 公式是表示：（　　）。

A. 社会总资本简单再生产的实现条件

B. 社会总资本简单再生产的前提条件

C. 社会总资本扩大再生产的实现条件

D. 社会总资本扩大再生产的前提条件

8. 正常情况下，下列生产部门，资本有机构成最高的是（　　）。

A. 钢铁生产部门　　　　　　　　B. 纺织生产部门

C. 服装生产部门　　　　　　　　D. 食品生产部门

9. 资本有机构成的提高意味着在全部资本中（　　）。

A. 劳动对象所占比重增加，劳动资料所占比重减少

B. 劳动资料所占比重增加，劳动对象所占比重减少

C. 不变资本所占比重增加，可变资本所占比重减少

D. 可变资本所占比重增加，不变资本所占比重减少

10. 社会资本的扩大再生产要求（　　）。

A. 第I部类独立进行资本积累　　B. 两大部类互相配合进行资本积累

C. 第II部类独立进行资本积累　　D. 两大部类自由进行资本积累

11. 从发展趋势上看，在技术进步的扩大再生产过程中（　　）。

A. 资本的技术构成会提高，资本的价值构成不变

B. 资本的价值构成会提高，资本的技术构成不变

C. 随着资本技术构成的变化，资本有机构成会不断降低

D. 随着资本技术构成的变化，资本有机构成会不断提高

12. 社会总产品是（　　）。

A. 当年新创造价值的总和

B. 一定时期社会各物质生产部门生产的物质资料的总和

C. 当年生产的全部生产资料

D. 当年生产的全部消费资料

13. 社会总产品的实现是指（　　）。

A. 社会总产品各个部分的价值补偿

B. 社会总产品各个部分的实物替换

C. 社会总产品各个部分的价值补偿和实物替换

D. 社会总商品资本的运动

14. 个别资本相互联系、相互依存是通过（　　）。

A. 生产过程发生关系的　　　　　　B. 分配过程发生关系的

C. 消费过程发生关系的　　　　　　D. 流通过程发生关系的

15. 扩大再生产条件下，社会总产品的基本实现条件是（　　）。

A. $\mathrm{I}(c+v+m) = \mathrm{I}(v+\triangle v+m/x) + \mathrm{II}(v+\triangle v+m/x)$

B. $\mathrm{II}(c+v+m) = \mathrm{I}(c+\triangle c) + \mathrm{II}(c+\triangle c)$

C. $\mathrm{I}(v+\triangle v+m/x) = \mathrm{II}(c+\triangle c)$

D. $\mathrm{II}(v+\triangle v+m/x) = \mathrm{I}(c+\triangle c)$

16. 社会总资本简单再生产的特点是（　　）。

A. 生产规模在原有生产基础上扩大　　B. 剩余价值的一部分转化为资本

C. 剩余价值全部用于积累　　　　　　D. 剩余价值全部用于资本家个人消费

17. 依靠追加不变资本和可变资本而使生产规模扩大的再生产是（　　）。

A. 简单再生产　　　　　　　　　　B. 外延扩大再生产

C. 内涵扩大再生产　　　　　　　　D. 社会总资本的扩大再生产

18. 扩大再生产中，M/X 表示（　　）。

A. 剩余价值中资本家用于消费的部分

B. 剩余价值中资本家用于积累的部分

C. 剩余价值中工人用于消费的部分

D. 剩余价值中工人用于积累的部分

19. 资本主义再生产的特征是（　　）。

A. 简单再生产　B. 扩大再生产　C. 物质资料再生产　D. 劳动力再生产

20. 在 $\begin{cases} I\ 4000c + 1000v + 1000m = 6000 \\ II\ 2000c + 500v + 500m = 3000 \end{cases}$ 中,属于两大部类相互交换的是(　　)。

A. I 4000c 与 II 2000c

B. I（1000v + 1000m）与 II 2000c

C. I（1000v + 1000m）与 II（500v + 500m）

D. I 4000c 与 II（500v + 500m）

21. 研究社会资本再生产的出发点和目的是为了说明（　　）。

A. 剩余价值的来源

B. 社会总产品的实现和社会资本再生产的实现条件

C. 剩余价值率怎样才能提高

D. 个别资本循环所必需的内部条件

二、多项选择题

1. 社会总产品的实现，包括（　　）。

A. 劳动力补偿　　　　B. 价值补偿　　　　C. 物质补偿

D. 精神补偿　　　　E. 消费资料的购买

2. 研究社会资本再生产的基本理论前提是（　　）。

A. 社会总产品的生产和实现

B. 社会生产分为第一、第二、第三产业

C. 社会生产分为第 I 部类和第 II 部类

D. 社会总产品的价值由 c、v、m 三部分构成

E. 社会产品分为有形产品和无形产品

3. 社会总资本的运动与单个资本运动的区别在于（　　）。

A. 不仅包括生产消费，而且包括个人消费

B. 只包括生产消费，不包括个人消费

C. 只包括资本流通，不包括一般商品流通

D. 不仅包括资本流通，而且包括一般商品流通

E. 单个资本运动要变换职能，社会资本不用

4. 实现社会总资本扩大再生产所必需的物质条件有（　　）。

A. 追加的生产资料　　　B. 追加的货币准备金　　　C. 追加的消费资料

D. 追加的折旧基金　　　E. 追加的后备基金

5. 社会总产品的实现过程，主要包括（　　）。

A. 第Ⅰ部类内部的交换　　　　B. 第Ⅱ部类内部的交换

C. 两个部类之间的交换　　　　D. 三大产业之间的交换

E. 各个国家之间的交换

6. 在资本有机构成提高条件下，社会资本再生产中（　　　）。

A. 消费资料生产优先增长　　　　B. 生产资料生产优先增长

C. 消费资料与生产资料同步增长　　D. 增长最慢的是消费资料

E. 生产资料生产的增长与消费资料无关

7. 社会总资本扩大再生产的实现条件是（　　　）。

A. $Ⅰ(c+v+m)=Ⅰ(c+\triangle c)+Ⅱ(c+\triangle c)$

B. $Ⅰ(c+v+m)=Ⅰc+Ⅱc$

C. $Ⅱ(c+v+m)=Ⅰ(v+\triangle v+m/x)+Ⅱ(v+\triangle v+m/x)$

D. $Ⅰ(v+\triangle v+m/x)=Ⅱ(c+\triangle c)$

E. $Ⅰ(v+m)=Ⅱc$

8. 社会总资本简单再生产的实现条件是（　　　）。

A. $Ⅰ(v+m)=Ⅱc$

B. $Ⅰ(c+v+m)=Ⅰc+Ⅱc$

C. $Ⅱ(c+v+m)=Ⅰ(v+m)+Ⅱ(v+m)$

D. $Ⅰ(c+v+m)=Ⅰ(v+\triangle c)+Ⅱ(c+\triangle c)$

E. $Ⅰ(v+m)>Ⅱc$

9. 作为市场主体介入市场、参与交换的包括（　　　）。

A. 消费者　　B. 政府　　C. 生产者　　D. 社会机构　　E. 其他组织

10. 社会资本的构成具有（　　　）。

A. 系统性　　B. 排他性　　C. 广泛性　　D. 唯一性　　E. 竞争性

三、判断题（请在括号中填写"对"或"错"）

1. 个人消费不是社会资本运动的一个有机组成部分。（　　　）

2. 资本主义流通的实质，是实现已经生产出来的剩余价值。（　　　）

3. 社会生产各部门之间、生产和消费之间必须保持一定的比例是各单个资本的价值和剩余价值要能顺利实现的根本条件。（　　　）

4. 在市场经济条件下，社会再生产的比例是通过价值规律自发调节的。（　　　）

5. 三次产业的划分反映了社会生产的历史阶段和产业结构的演变规律。（　　　）

6. 现实经济生活中所有的同类部门或企业能简单地归入到一个部类。（　　　）

7. 社会总产出实现的理想状态是供求平衡，包括总量平衡和结构平衡。（　　　）

8. 商品经济条件下，失业、商品积压等经济现象都是市场的产物。（　　　）

9. 扩大再生产所需要追加的生产服务是由第二部类提供的。（　　）

10. 简单再生产条件下，Ⅰ（v + m）> Ⅱc 意味着第二部类的产出相对过剩，简单再生产无法正常进行。（　　）

四、简答题

1. 简述社会总产品的价值形态。

2. 简述两大部类和三次产业划分法的区别。

3. 为什么说社会再生产的核心问题是市场实现问题？

五、计算题

1. 社会生产两大部类在一年中生产的社会总产品构成如下：

Ⅰ（4000c + 1000v + 800m）= 5800

Ⅱ（1800c + 900v + 900m）= 3600

请计算：（1）两大部类的资本有机构成分别是多少？

（2）两大部类的剩余价值率分别是多少？

2. 假定在扩大再生产的第一年，社会总产品的构成是：

Ⅰ（4000c + 1000v + 1000m）= 6000

Ⅱ（1500c + 750v + 750m）= 3000

假定资本有机构成不变，Ⅰ部类资本家用剩余价值中的 500 作为个人消费，其余部分用于扩大再生产。计算：部门间交换的价值额是多少？

3. 假定在扩大再生产的第一年，社会总产品的构成是：

Ⅰ（3000c + 600v + 900m）= 4500

Ⅱ（1000c + 500v + 500m）= 2000

假定资本有机构成不变，现已知Ⅱ部类资本家用剩余价值中的 200 作为个人消费，其余部分用于扩大再生产，计算来年的生产规模。

六、论述题

1. 如何理解当代经济发展过程中生产资料的优先增长？

2. 什么是扩大再生产？分析其类型。

本章课后辅导题答案与分析

一、单项选择题

1. A　　2. B　　3. D　　4. A　　5. A　　6. A　　7. D

8. A   9. C   10. B   11. D   12. B   13. C   14. D

15. C   16. D   17. B   18. A   19. B   20. B   21. B

二、多项选择题

1. BC   2. CD   3. AD   4. AC   5. ABC   6. BD   7. ACD

8. ABC   9. ABCDE   10. AC

三、判断题（请在括号中填写"对"或"错"）

1. 错；2. 对；3. 对；4. 对；5. 对；6. 错；7. 对；8. 对；9. 错；10. 错。

四、简答题

1. 答：社会总产品的价值形态称为社会总产值，包括在产品中的生产资料的转移价值（c），凝结在产品中的由雇佣工人必要劳动创造的价值（v），以及凝结在产品中的由雇佣工人在剩余劳动时间里创造的价值（m）。

2. 答：从方法论上看，前者较后者更为抽象；从分类的依据上看，前者依据产品的最终用途，后者依据生产部门产生和发展的序列；从涵盖面上看，前者以社会总产品的概念涵盖一切物质生产部门，后者以国民生产总值的概念包容社会所有生产部门，特别是包括服务业；从计算口径看，前者包括了原材料等中间产品在内的所有物质产品，后者则只统计各部门的增加值。

3. 答：首先，社会资本再生产反映了资本的现实运动，而资本从商品形态向货币形态的转化，是资本运动之"惊险跳跃"，它表明既有生产过程能否顺利完成，也同时表明下一个生产过程能否正常开始。如果社会总产品能够通过交换，实现其价值和剩余价值，就意味着社会生产所耗费的资本能够在价值上得到相应的补偿，意味着社会资本的周转又回到了原来的出发点，从而可以重新购买生产要素，开始新一轮的再生产。否则，社会再生产就不能正常进行。其次，社会再生产的进行还要保证资本价值所反映的实际生产过程所耗费的生产资料和消费资料得到补偿和替换。这就不仅要求社会资本所获得的价值补偿总量要足以用于重新购买所需补偿和替换的生产要素，而且要求上一生产过程所提供的社会总产品应在使用价值形态上符合再生产继续进行的需要，即使用价值形态的补偿和替换，不仅包括总量补偿和替换问题，还包括需要补偿和替换的使用价值的内部结构问题。如果社会生产的物质产品和服务在实物构成上与所耗费和要补偿的产生不一致，则社会再生产的进行仍然会遇到困难。

五、计算题

1. 解：（1）资本有机构成为 Ⅰ部类 4:1；Ⅱ部类 2:1。

（2）$m'_I = 80\%$；$m'_{II} = 100\%$

2. 解：资本有机构成为 I 部类 $4:1$，积累额为 500，可知 I 部类需与 II 部类交换的价值总额为：$v + \triangle v + M/x = 1000 + 100 + 500 = 1600$

3. 解：II 部类资本有机构成为 $2:1$，积累额为 300，可知 II 部类需与 I 部类交换的价值总额为：$II(c + \triangle c) = 1000 + 200 = 1200 = I(v + \triangle v + M/x)$，又 I 部类资本有机构成为 $5:1$，可知 $I(5\triangle v + \triangle v) = I(M - M/x) = 900 - M/x$

可得 $I \triangle c = 300$；$I \triangle v = 60$。又 $m'_I = 150\%$；$m'_{II} = 100\%$，根据新的投入规模可得 $I(3300c + 660v + 990m) = 4950$

$II(1200c + 600v + 600m) = 2400$ 故来年生产规模为 7350。

六、论述题

1. 答：社会生产中有两大部类，即生产资料的生产部类和消费资料的生产部类。在技术进步、资本有机构成提高的条件下，社会资本扩大再生产的实现，要求生产资料的生产优先增长。首先，增长最快的是制造生产资料的那部分生产资料的生产；其次，是制造消费资料的生产资料的生产，最慢的是消费资料的生产。

尽管两大部类产品的最终经济用途不同，但以货币为媒介的交换可以使它们在实物形态和价值形态上相互得到补偿和实现，然而要使社会再生产得以顺利进行，这种交换的基础是在社会再生产过程中两大部类之间必须保持一定的数量比例关系，即两大部类必须按比例协调发展，以实现两大部类产品的平衡交换。因此，两大部类产品必须协调增长，即第一部类产品的优先增长不能脱离第二部类产品的增长，第二部类产品的增长也不能不顾第一部类产品增长的实际需要，两大部类产品的增长必须保持协调。这是任何社会再生产过程的客观要求和基本规律。

2. 答：扩大再生产是指生产规模较原有基础上有所扩大的再生产。以剩余产品不全部用于个人消费，而把其中的一部分用于积累，作为追加的生产资料和消费资料为前提条件。可分为外延式扩大再生产和内涵式扩大再生产。

内涵的扩大再生产是指依靠生产技术进步和改进生产要素质量来扩大生产规模，提高生产效率。外延的扩大再生产是指在生产技术、劳动效率和生产要素的质量不变的情况下，单纯依靠追加生产要素的数量来扩大原有的生产规模。因为外延式扩大再生产是以向生产的广度发展为特征的，所以人们通常称其为"粗放型"的扩大再生产。

在现实的经济生活中这两种扩大再生产往往结合在一起，但现代经济增长主要依靠内涵式扩大再生产，以提高经济增长的效益和质量。

第六章　信用制度与虚拟资本（略）

第七章　竞争与垄断（略）

第八章 资本主义制度的形成和剩余价值的生产

本章知识鸟瞰图

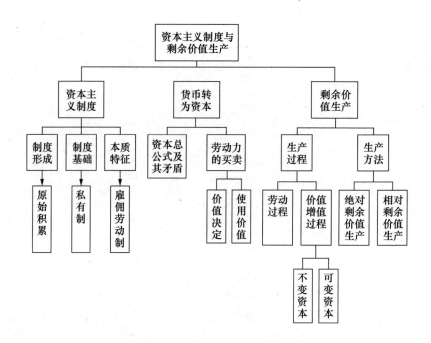

本章重点和难点

第一节 资本主义制度的形成及其本质特征

一、资本主义制度的形成

1. 资本主义制度萌芽

在日益发达的商品经济中，由于市场和价值规律的作用，小手工业生产者发生分化，一小部分成为最早的工业资本家，而大部分成为雇佣劳动者。

2. 资本原始积累

这是一个生产者和生产资料分离的历史过程。这个过程一方面使社会的生活资料和生产资料转化为资本，另一方面使直接生产者转化为雇佣工人。

3. 资本主义制度确立

一方面，工业革命使社会生产方式发生了彻底变革，工厂制度使原来的手工劳动者成为由机器支配的资本关系的附属品；另一方面，资本主义生产方式的胜利排挤了封建地主和大部分中间阶级，社会阶级结构分化为两极、即资产阶级和无产阶级。最终使资本主义制度得以确立。

二、资本主义制度的本质特征

1. 资本主义制度的基础

资本主义制度的基础是生产资料的资本主义私有制。

2. 雇佣劳动制度是资本主义生产方式的本质特征

在资本主义条件下，劳动者与生产资料的结合是以具有人身自由的劳动者向资本家出卖劳动力的方式实现的，资本主义是以雇佣劳动制度为特征的剥削制度。

第二节 货币转化为资本

一、资本总公式及其矛盾

1. 资本总公式

G—W—G′；其中，G′ = G + △G，△G 表示更多的货币，即资本的增值额。

2. 资本总公式的矛盾

从形式上看，资本总公式与价值规律相矛盾。价值规律要求商品交换按照等价原则进行，因而交换的结果只会使价值的表现形式发生变化，而价值量不会发生变化。但资本总公式表明，货币资本在流通过程中发生了增值。

二、劳动力的买和卖

1. 劳动力是指人的劳动能力，是人的体力劳动和脑力劳动的总和

2. 劳动力成为商品的基本条件

（1）劳动力所有者必须有人身自由，可以自由地出卖自己的劳动力。

（2）劳动力所有者丧失了一切生产资料和生活资料，除了自己的劳动力以外一无所有，必须靠出卖劳动力为生。

3. 劳动力商品的价值和使用价值

（1）劳动力商品的价值：劳动力商品的价值是由生产和再生产劳动力所需要的社会必要劳动时间决定的。生产和再生产劳动力所需要的社会必要劳动时间可以还原为三个组成部分的耗费，即维持劳动者自身生存所必需的生活资料价值，这用于再生产劳动力；劳动者繁育后代所必需的价值，这用于延续劳动力的供给；劳动力接受教育和训练所支出的费用，这用于提供适合资本主义再生产需要的劳动力。

（2）劳动力商品的使用价值：即劳动，是创造价值的源泉。

第三节　剩余价值的生产过程

一、劳动过程和价值增值过程

1. 资本主义生产

资本主义生产是以雇佣劳动为基础的商品生产，其生产过程具有两重性：一方面是生产使用价值的劳动过程，另一方面是生产剩余价值的价值增值过程。

2. 资本主义劳动过程的特点

（1）工人的劳动属于资本家，工人在资本家的监督下劳动。

（2）劳动产品全部归属于资本家。

3. 雇佣工人的劳动分为两部分

一部分是必要劳动时间，用于再生产劳动力的价值；另一部分是剩余劳动时

间，用于无偿地为资本家生产剩余价值。

4. 剩余价值

剩余价值就是雇佣工人所创造的并被资本家无偿占有的超过劳动力价值的那部分价值，它是雇佣工人在剩余劳动时间支出的剩余劳动的凝结。

二、不变资本和可变资本

1. 根据资本在剩余价值生产过程或价值增值过程中所起作用的不同，可以区分为不变资本和可变资本

（1）不变资本：是以生产资料的形式存在的那部分资本，这部分资本通过工人的具体劳动被转移到新产品中，在生产过程中不改变自己的价值量，所以叫作不变资本（c）。

（2）可变资本：是用来购买劳动力的那部分资本。劳动力的使用不仅会通过生产过程再生产出劳动力自身的价值，还会生产出剩余价值。以劳动力形式存在的这部分资本价值，在生产过程中发生了价值增值，所以叫作可变资本（v）。

2. 区分不变资本与可变资本的意义

（1）进一步揭示了剩余价值产生的源泉。剩余价值不是由全部资本产生的，也不是由不变资本产生的，而是由可变资本产生的，即雇佣工人的剩余劳动是剩余价值唯一的源泉。

（2）它为确定资本家对雇佣工人的剥削程度提供了科学依据。正确反映剥削程度的概念是剩余价值率。

三、剩余价值率

（1）剩余价值率：为表明资本家对工人的剥削程度，应用剩余价值（m）和可变资本（v）相比，这一比率即为剩余价值率（m′）。表示方法有两种：一种是物化劳动表示法 $m' = 剩余价值/可变资本 = m/v$，表示在雇佣工人的劳动所创造的价值中，资本家和工人各占多少份额；另一种是活劳动表示法 $m' = 剩余劳动时间/必要劳动时间$，表明工人在一个工作日的全部劳动时间中，有多大部分用于补偿劳动力的价值，多大部分用来无偿地给资本家生产剩余价值。

（2）决定资本家获得剩余价值量的因素是剩余价值率的高低（m′）和雇佣工人数量或可变资本总量的多少（v），即 $m = m/v \times v = m' \times v$。

第四节　生产剩余价值的两种基本方法

一、绝对剩余价值生产

1. 绝对剩余价值

绝对剩余价值是指在必要劳动时间不变的条件下，由于延长工作日的长度而产生的剩余价值。提高劳动强度是一种延长工作日时间的隐蔽形式。

2. 绝对剩余价值生产的局限

（1）最低界限：工作日不得小于或等于必要劳动时间。

（2）最高界限：一是劳动时间的生理界限，工人必须每天有一部分时间用于休息、吃饭等，以便恢复劳动力；二是道德的界限，工人在一天内总需要一定的时间用于家务活动、社会活动及文化生活（这种需要的范围和数量取决于社会的经济和文化发展水平）。

（3）在以上因素的制约下，工作日的现实长度取决于无产阶级与资产阶级的力量对比。

二、相对剩余价值生产

1. 相对剩余价值

在工作日长度不变的条件下，资本家通过缩短必要劳动时间而相应延长剩余劳动时间而产生的剩余价值。

2. 相对剩余价值

由于社会劳动生产率的提高，降低了劳动力的价值，从而缩短了必要劳动时间，相应延长了剩余劳动时间而产生的结果。

3. 超额剩余价值

超额剩余价值指企业由于提高劳动生产率而使商品个别价值低于社会价值的差额，超额剩余价值的源泉也是工人的剩余劳动。

4. 相对剩余价值与超额剩余价值的关系

追求超额剩余价值是各单个资本主义企业改进生产技术、提高劳动生产率的直接动机，其结果却是相对剩余价值的形成。

三、生产剩余价值是资本主义的绝对规律

1. 剩余价值规律的基本内容

资本主义的生产目的和动机是追求尽可能多的剩余价值，达到这一目的的手

段是不断扩大和加强对雇佣劳动的剥削。

2. 剩余价值规律是资本主义的绝对规律

（1）剩余价值规律决定着资本主义生产的实质。资本主义生产的实质就是增值资本的价值或者说生产剩余价值。

（2）剩余价值规律决定着资本主义生产发展的一切主要方面和主要过程。资本主义的生产、流通、分配和消费等主要方面和主要过程，都是以获取剩余价值为出发点和归宿点的。

（3）剩余价值规律还决定了资本主义生产方式的发展及其历史趋势。资产阶级为追求剩余价值，推动了资本主义经济的发展，同时也不断激化和深化资本主义社会的生产力与生产关系的矛盾，从而决定了资本主义生产方式最终必然为更适应生产力发展要求的新的生产方式所代替。

本章复习与思考题答案

1. 解释下列概念：①资本原始积累；②雇佣劳动制度；③劳动力商品；④剩余价值；⑤剩余价值率；⑥不变资本；⑦可变资本；⑧剩余价值规律。

①资本原始积累：指资本主义生产方式确立前，通过暴力使劳动者同生产资料分离，生产资料、货币财富在少数人手中积累并变为资本的历史过程。

②雇佣劳动制度：是资本主义生产方式的本质特征，指在资本主义制度下，资本家雇佣劳动者为其生产，并从雇佣劳动者的剩余劳动中获取剩余价值的制度。

③劳动力商品：指成为市场交易对象的人的劳动能力。

④剩余价值：是雇佣工人在生产过程中，新创造的价值超过其劳动力价值的部分，由工人的剩余劳动时间凝结而成，在资本主义社会中，剩余价值被资本家无偿占有，体现了资本家与雇佣工人之间剥削与被剥削的关系。

⑤剩余价值率：指剩余价值（m）和可变资本（v）的比率（m/v），或工人的剩余劳动时间和必要劳动时间的比率，表示资本家对工人的剥削程度。

⑥不变资本：指购买生产资料（厂房、机器、原料等）的那部分资本。在生产过程中，转移而不增大其原有价值，因此叫不变资本。

⑦可变资本：指用于购买劳动力（即用于支付工人工资）的那部分资本。这部分资本在生产过程中发生了量的变化，即发生了价值增值，是剩余价值的来源。

⑧剩余价值规律：即资本主义生产的直接目的和决定动机是追求尽可能多的剩余价值，达到这一目的的手段是不断扩大和加强对雇佣劳动的剥削，也是资本

主义的绝对规律。

2. 如何理解"资本主义社会的经济结构是从封建社会的经济结构中产生的。后者的解体使前者的要素得到解放"?

答：这是马克思在考察资本主义制度形成时提出的论点，包含了如下两层意思：

（1）资本主义制度产生于封建制度内部。根据生产力与生产关系的辩证关系，生产力的发展必然引起生产关系的变革。中世纪晚期西欧城市的兴起，农业和手工业生产力的提高以及商品货币关系的发展，使封建社会的生产关系逐渐解体，为新的资本主义生产关系的产生准备了必要的条件。

封建社会末期，随着生产力和商品经济的发展，城市中一些条件较好的手工作坊的行东转化为最初的资本家；而在竞争中处于不利地位而破产的行东及一些帮工和学徒则成为雇佣工人。与此同时，农村破产的农民也都沦为雇佣工人来源。最初的资本主义生产关系就这样在小商品生产者两极分化的基础上产生。

（2）资本主义制度代替封建制度极大地解放和发展了社会生产力。资本主义制度代表了进步的生产关系，而代表腐朽生产关系的封建主义制度此时就竭力阻碍和限制资本主义制度的发展。资本主义经济的发展，要求冲破封建主义制度的束缚。资本主义制度取代封建主义制度极大地解放和发展了社会生产力，使生产力获得了空前的巨大发展，开创了人类物质文明发展的新时代。

3. 资本主义制度的本质特征是什么？

答：（1）资本主义制度的基础是生产资料的资本主义私有制。资本主义作为一种剥削制度，其基础和历史上存在过的其他剥削制度一样，也是生产资料的私有制，而使资本主义与其他剥削制度相区别的特征，则是雇佣劳动制度。

（2）雇佣劳动制度是资本主义生产方式的本质特征。资本主义制度造成直接生产者与生产资料分离，而劳动者与生产资料的重新结合是在雇佣劳动制度下实现的。由于资本家掌握了生产资料，而劳动者除了自己的劳动力以外一无所有，只有通过将自己的劳动力出卖给资本家，才能与生产资料结合起来进行生产活动。在资本主义劳动过程中，劳动者不仅创造出自己的工资收入，而且无偿地为资本家生产出利润。因此，资本主义的雇佣制度是资本家无偿占有个人劳动成果的剥削制度。

4. 为什么说劳动力成为商品是货币转化为资本的前提？

答：资本是能够带来剩余价值的价值，是在不断地运动过程中谋求自身增值的货币。货币转化为资本是为了使货币资本带来剩余价值。只有劳动力成为商品，货币才能转化为资本。这是因为劳动力成为商品后，具有特殊的使用价值——劳动，劳动是价值的源泉，能创造出大于自身价值的价值。如果劳动力不是商品,货币无法购买到劳动力,则即使资本家占有生产资料也无法使生产资料与劳动力相结合,就没有了剩余价值的来源,货币也就无法发生增值,即无法转化为资本。

5. 剩余价值是如何生产出来的?

答:把资本主义生产过程作为价值形成过程来考察。在生产过程中,劳动者用具体劳动将生产资料的价值转移到商品中去;同时,劳动者的劳动作为抽象劳动,又形成商品的新价值。价值增值过程就是超过一定点的价值形成过程。这个"一定点"就是雇佣工人的活劳动所创造的新价值等于劳动力本身的价值。当资本家把劳动日延长到超过补偿劳动力价值所需时间以上时,新价值就会超过雇佣工人劳动力自身的价值,即产生了剩余价值。简单地说,剩余价值就是雇佣工人剩余劳动时间的凝结,是物化的剩余劳动。

6. 剩余价值生产包括哪两种基本生产方法?

答:按照剩余价值的生产方法,可分为绝对剩余价值和相对剩余价值。绝对剩余价值是指必要劳动时间不变的条件下,通过延长工作日的长度而生产的剩余价值;相对剩余价值是指工作日长度不变的条件下,通过压缩必要劳动时间而相应延长剩余劳动时间而生产的剩余价值。在早期资本主义社会,资本家大都采用绝对剩余价值方法生产剩余价值,但由于劳动者的生理界限以及劳动者的抗争,绝对剩余价值生产的局限性越来越明显,后来资本家改用相对剩余价值方法来生产剩余价值。

7. 为什么说剩余价值规律是资本主义生产方式的基本经济规律?

答:(1)剩余价值规律的基本内容是资本主义的生产目的和动机,是追求尽可能多的剩余价值,达到这一目的的手段是不断扩大和加强对雇佣劳动的剥削。

(2)生产剩余价值是资本主义的基本规律和绝对规律,在资本主义经济规律体系中,剩余价值规律居于支配地位,起决定性作用。

1)剩余价值规律决定着资本主义生产的实质。资本主义生产的实质就是增值资本的价值或者说是生产剩余价值。

2)剩余价值规律决定着资本主义生产发展的一切主要方面和主要过程。

3)剩余价值规律还决定了资本主义生产方式的发展及其历史趋势。

本章课后辅导题

一、单项选择题

1. 货币转化为资本的关键在于(　　　)。

A. 货币的积累　　　B. 劳动力成为商品　　　C. 财产所有权　　　D. 贷放

2. 马克思把资本划分为不变资本和可变资本，其意义在于（　　　）。

A. 揭示了剩余价值的生产规律　　　　　B. 为计算剩余价值率提供了依据

C. 为计算资本周转速度提供了依据　　　D. 为资本有机构成理论奠定了基础

3. 某资本家经营的企业通过改进技术、提高劳动生产率，使其生产商品的个别劳动时间低于社会必要劳动时间，由此形成商品个别价值低于社会价值的那部分是（　　　）。

A. 剩余价值　　　　　　　　　　　　B. 绝对剩余价值

C. 相对剩余价值　　　　　　　　　　D. 超额剩余价值

4. 相对过剩人口是指（　　　）。

A. 人口增长快于生产增长　　　　　　B. 劳动力就业量日益减少

C. 劳动力的供应超过资本对它的需要　D. 生产资料增长赶不上人口增长

5. 资本对劳动力的需求取决于（　　　）。

A. 总资本的大小　　　　　　　　　　B. 不变资本的大小

C. 可变资本的大小　　　　　　　　　D. 生产规模的大小

6. 在 20 世纪后半期较长时间的跨度内，美国制造业的剩余价值率大体上表现为（　　　）。

A. 稳定不变的水平　　　　　　　　　B. 提高的趋势

C. 降低的趋势　　　　　　　　　　　D. 无法确定的状态

7. 资本主义生产的两重性是指（　　　）。

A. 一方面是产品生产，另一方面是商品生产

B. 一方面是具体生产，另一方面是抽象生产

C. 一方面是使用价值的生产，另一方面是价值和剩余价值的生产

D. 一方面是生产资料生产，另一方面是消费资料生产

8. 划分不变资本与可变资本的依据是（　　　）。

A. 在循环中的不同作用　　　　　　　B. 在剩余价值生产中的不同作用

C. 在流通中的速度不同　　　　　　　D. 在生产过程中价值转移的不同方式

9. 绝对剩余价值和相对剩余价值都是依靠（　　　）。

A. 增加资本量而获得的　　　　　　　B. 提高劳动生产率而获得的

C. 节约资本使用量而获得的　　　　　D. 增加剩余劳动时间而获得的

10. 资本家不能通过以下哪一种方法获得更多的剩余价值（　　　）。

A. 提高剥削程度　　　　　　　　　　B. 增加可变资本总量

C. 延长必要劳动时间　　　　　　　　D. 提高剩余价值率

11. 在货币和资本的关系上，正确之论断是（　　　）。

A. 货币本身就是资本

B. 任何数量的货币都能成为资本

C. 凡是用来购买商品的货币都是资本

D. 只有能增值自身价值的货币才是资本

12. 关于价值增值过程和价值形成过程关系的正确表述是（　　　）。

A. 价值增值过程是价值形成过程的基础

B. 价值增值过程和价值形成过程是完全同时同步进行的两个过程

C. 价值增值过程是超过一定点而延长了的价值形成过程

D. 价值形成过程是超过一定点而延长了的价值增值过程

13. 反映资本主义剥削程度的是（　　　）。

A. 剩余价值率　B. 年剩余价值率　C. 利润率　　　　D. 年利润率

14. 资本主义生产方式的本质特征是（　　　）。

A. 私有制　　　B. 剥削　　　　C. 雇佣劳动制度　D. 追逐剩余价值

15. 资本家消费他所购买的劳动力商品的过程是指（　　　）。

A. 所雇劳动者的劳动过程　　　　B. 监督工人的过程

C. 追逐剩余价值的过程　　　　　D. 拿走劳动产品的过程

16. 资本主义生产过程是劳动过程和（　　　）的统一。

A. 财富累积过程　　　　　　　　B. 商品生产过程

C. 价值转移过程　　　　　　　　D. 价值增值过程

17. 资本主义生产过程中，转移原材料价值的劳动是（　　　）。

A. 抽象劳动　B. 必要劳动　　C. 具体劳动　　D. 剩余劳动

18. 必要劳动时间生产的价值（　　　）。

A. 等于资本家支付的劳动力价值　B. 超过原材料的价值

C. 等于产品的新价值　　　　　　D. 超出资本家投资总额的价值

19. 资本主义生产过程中，工人生产的新价值是指（　　　）。

A. v　　　　　　B. $v+m$　　　　C. m　　　　D. $c+v+m$

20. 一般情况下，剩余价值率与工资增长率之间的关系呈（　　　）。

A. 负相关　B. 正相关　　C. 无关　　　　D. 有时相关，有时无关

二、多项选择题

1. 通过对资本主义简单再生产的分析，可以使我们看到从一个孤立的生产过程中看不到的一些内容，进一步暴露出资本主义剥削的实质。这些内容是（　　　）。

A. 剩余价值是工人在剩余劳动时间里创造的

B. 可变资本是工人创造的价值的一部分

C. 全部资本都是工人的劳动创造的

D. 工人的个人消费不过是为资本家再生产劳动力

E. 资本主义再生产不仅是产品的再生产，也是资本主义生产关系的再生产

2. 剩余价值与利润的关系是（　　　）。

A. 利润是剩余价值的转化形式

B. 利润是剩余价值的本质

C. 利润掩盖了剩余价值的真正来源

D. 剩余价值是利润的转化形式

E. 剩余价值掩盖了利润的真正来源

3. 超额剩余价值是（　　　）。

A. 个别企业首先提高劳动生产率的结果

B. 商品的个别价值低于社会价值的差额

C. 本企业工人剩余劳动创造的

D. 绝对剩余价值的特殊表现形式

E. 由先进生产技术运用创造的一种暂时的现象

4. 相对剩余价值的获得是（　　　）。

A. 个别价值低于社会价值的结果

B. 社会劳动生产率提高的结果

C. 工作日不变缩短必要劳动时间的结果

D. 必要劳动时间不变延长工作日的结果

E. 必要劳动时间不变缩短工作日的结果

5. 绝对剩余价值生产与相对剩余价值生产的关系是（　　　）。

A. 它们本质上是一致的

B. 它们本质上是不同的

C. 生产方式存在区别的

D. 绝对剩余价值是相对剩余价值的起点

E. 相对剩余价值是绝对剩余价值的起点

6. 从对货币转化为资本的分析中可以看出（　　　）。

A. 任何情况下货币都能转化为资本

B. 剩余价值是在流通中产生的

C. 货币要转化为资本，必须能带来剩余价值

D. 剩余价值是在生产中产生的

E. 剩余价值不能从流通中产生，但也不能离开流通

7. 以下关于资本的表述哪些是正确的（　　　）。

A. 能带来剩余价值的价值

B. 能以生产资料的形式存在

C. 一个历史的范畴

D. 只能表现为货币形式

E. 包括支付给雇佣工人的工资

8. 资本家增加剩余价值总量的办法有（　　　）。

A. 延长剩余劳动时间

B. 增加雇佣劳动者数量

C. 压低工人工资

D. 加强雇佣工人劳动强度

E. 加强经营管理提高劳动生产率

9. 劳动力商品价值的特点有（　　　）。

A. 其价值所包含的内容的范围和数量会随经济社会的发展而调整

B. 其价值由再生产劳动力所必需之生活资料价值决定

C. 其价值在各国、各历史时期都相同

D. 其价值和其他商品一样会随使用价值的耗费而丧失

E. 在生产中它的使用价值会创造出比自身价值更大的价值

10. 剩余价值（　　　）。

A. 是工人创造的超过劳动力价值的价值

B. 是工人在剩余劳动时间里创造的价值

C. 在资本主义生产关系下，是被资本家无偿占有的那部分价值

D. 在社会主义生产关系下，是公有资本和公共财产的源泉

E. 在任何制度背景下，都是剥削的体现

三、判断题（请在符号中填写"对"或"错"）

1. 在资本主义发展历程中，雇佣劳动制度覆盖的范围是不断扩大的。（　　　）

2. 价值的形成过程就是价值的增值过程。（　　　）

3. 15 世纪初，资本主义在封建社会内部萌芽和成长已是一个相当快速的过程。（　　　）

4. 在劳动力没有进入生产领域之前，货币所有者和劳动力所有者是作为平等权利的商品生产者发生劳动力买卖关系的。（　　　）

5. 机器、厂房能够成为资本是由它们的自然属性决定的。（　　　）

6. 劳动者工作日的最高界限受劳动时间的生理界限和道德界限所制约。（　　　）

7. 繁荣时期，对劳动力需求加大，工人阶级的实际所得，在新价值中比例

下降。（　　）

8. 提高劳动强度等同于延长了工作日。（　　）

9. 降低工人所消费的生活资料的价值就缩短了剩余劳动时间。（　　）

10. 追求相对剩余价值是单个资本主义企业改进生产技术的直接动机。（　　）

四、简答题

1. 简述固定资本和流动资本的划分与不变资本和可变资本的划分的区别。

2. 简述劳动力成为商品必须具备的条件有哪些？

3. 简述劳动力商品的价值和使用价值。

4. 简述马克思区分不变资本和可变资本的意义。

5. 结合前面的知识，分析资本主义生产过程的两重性。

6. 简述绝对剩余价值生产与相对剩余价值生产的相互关系。

五、计算题

1. 某资本家投资 300 万元建筑厂房、购买机器等，平均使用期限为 10 年。30 万元购买原料、燃料、辅助材料，每个月雇佣工人 50 人，月工资 1000 元。流动资本年周转 2 次，年产 4 万件商品，每件商品社会价值为 50 元。请计算：

（1）资本的有机构成是多少？

（2）固定资本和流动资本各是多少？

（3）一个生产周期剩余价值率为多少？

（4）年剩余价值率是多少？

（5）该资本家一年获得多少剩余价值？

2. 假定某企业所雇工人的月工资水平为 200 美元/人，原预付资本总额为 120 万美元，资本有机构成为 5∶1。本月追加资本 15 万元，并同步对企业资本进行重构，将企业的资本有机构成提高为 8∶1。试计算：该企业本月雇佣工人的人数变化？

3. 某资本家投资水泥厂，固定资本投资额为 1.2 亿元，平均使用年限为 10 年；每月消耗原材料等非人工流动资本价值 120 万元；雇佣工人 500 人，每人平均月工资 800 元；剩余价值率为 100%。原来以社会正常的生产条件生产，达到同类生产者平均的劳动生产率，月产水泥 5000 吨。本月由于改进技术，企业个别劳动生产率比社会劳动生产率提高了 30%，除原材料等流动资本（不含可变资本）消耗同比例增加外，其他资本价值消耗没有增加。

试计算：（1）每吨水泥的社会价值是多少？

（2）资本家每月获得超额剩余价值是多少？

六、论述题

1. 为什么说相对剩余价值的生产是资本家竞相追逐超额剩余价值的结果？
2. 如何解决资本总公式的矛盾？

本章课后辅导题答案与分析

一、单项选择题

1. B　　　2. B　　　3. D　　　4. C　　　5. C　　　6. B　　　7. C
8. B　　　9. D　　　10. C　　　11. D　　　12. C　　　13. A　　　14. C
15. A　　　16. D　　　17. C　　　18. A　　　19. B　　　20. A

二、多项选择题

1. ABCDE　　　2. AC　　　3. ABCE　　　4. BC　　　5. ACD
6. CDE　　　7. ABCE　　　8. ABCDE　　　9. ABE　　　10. ABCD

三、判断题（请在括号中填写"对"或"错"）

1. 对；2. 错；3. 错；4. 对；5. 错；6. 对；7. 错；8. 对；9. 错；10. 错。

四、简答题

1. 答：（1）二者划分的依据不同：前者是按资本的不同部分价值的周转方式不同来划分，后者是按资本的不同部分在 m 生产中的作用不同来划分。

（2）二者划分的目的不同：前者是为了揭示生产资本中不同部分的周转速度差异对剩余价值生产的影响，后者是为了揭示剩余价值的真正来源。

（3）二者划分的内容不同：固定资本包括厂房、机器等，流动资本包括原料、燃料、工资等；不变资本包括所有厂房、机器、原料、燃料等非活劳动的投入，可变资本仅仅包括付给劳动力的工资。

2. 答：劳动力成为商品必须具备的两个条件是：①劳动力的所有者必须有人身自由，可以自由处置自己的劳动力，把劳动力当作商品出卖，即劳动力的所有权属于劳动者本人。②劳动力所有者丧失了一切生产资料和生活资料，除了自己的劳动力以外一无所有，他只能把自己的劳动力当作商品来出卖，才能与生产资料相结合，即必须靠出卖劳动力为生。

3. 答：劳动力作为商品，同其他商品一样，也具有价值和使用价值。

劳动力商品的价值是由生产和再生产劳动力所需要的社会必要劳动时间决定的。生产和再生产劳动力所需要的社会必要劳动时间，可以还原为维持劳动者自身生存所需要的生活资料价值，这包括维持劳动者自身生存所必需的生活资料价值，这用于再生产劳动力；劳动者繁育后代所必需的价值，这用于延续劳动力的供给；劳动力接受教育和训练所支出的费用，这用于提供适合资本主义再生产需要的劳动力。

劳动力的使用价值即劳动，是创造价值的源泉，而且能够创造比自身价值更大的价值。因此，劳动力是剩余价值的源泉，体现着资本家剥削雇佣工人的本质关系。

4. 答：①进一步揭示了剩余价值产生的源泉。剩余价值不是由全部资本产生的，也不是由不变资本产生的，而是由可变资本产生的，即雇佣工人的剩余劳动是剩余价值产生的唯一源泉。②它为确定资本家对雇佣工人的剥削程度提供了科学依据。正确反映剥削程度的概念是剩余价值率，又称剥削率。

5. 答：在商品经济条件下，劳动具有二重性，具体劳动创造商品的使用价值，抽象劳动形成商品的价值。资本主义生产是以雇佣劳动为基础的商品生产，其生产过程也具有两重性。

一方面是生产使用价值的劳动过程。不论在什么社会形态下，劳动过程都是劳动者运用劳动资料作用于劳动对象，生产出具有使用价值的产品的过程。资本家让工人在劳动过程中生产商品的使用价值是因为使用价值是价值的物质承担者。另一方面是生产剩余价值的价值增值过程，资本主义生产是高度发达的商品生产，任何商品生产过程都是劳动过程和价值形成过程的统一。但在价值形成过程中，资本家生产商品的目的并不是价值，而是价值增值，即生产剩余价值。因此，资本主义生产过程是劳动过程与价值增值过程的统一。

6. 答：（1）绝对剩余价值生产是剩余价值生产的一般基础。因为只有把工作日绝对延长到必要劳动时间以外，才能产生剩余价值。

（2）绝对剩余价值生产又是相对剩余价值生产的出发点。因为只有在工作日已分割为必要劳动时间和剩余劳动时间的基础上，资本家才能通过提高劳动生产率来缩短必要劳动时间，相对延长剩余劳动时间，生产出更多的剩余价值。

（3）在资本主义发展的不同时期，生产绝对剩余价值和相对剩余价值的方法起着不同作用。在资本主义发展的初期，资本家主要依靠绝对剩余价值生产方法剥削工人。随着资本主义的发展，技术不断发展和劳动生产率不断提高，工人阶级为缩短工作日的抗争取得成果，生产相对剩余价值的方法就逐渐成为主要的剥削方法。

五、计算题

1. 解：（1）$v = 1000 \times 50 \times 6 = 30$（万元）

资本的有机构成 $c : v = (300 + 30) : 30 = 11 : 1$

（2）固定资本为 300 万元；流动资本为 60 万元。

（3）$m' = $ 生产周期的剩余价值量/实际使用的可变资本

$\quad\quad = \left[(50 \text{ 元} \times 20000 \text{ 件}) - (15 \text{ 万} + 15 \text{ 万} + 30 \text{ 万})\right]/30 \text{ 万}$

$\quad\quad = 40 \text{ 万}/30 \text{ 万} = 133.3\%$

（4）年剩余价值率 $M' = m' \times 2 = 266.6\%$

（5）该资本家一年获得的剩余价值 $M = 40 \times 2 = 80$（万元）

2. 解：按原资本有机构成 $5 : 1$，可知可变资本总额为 20 万美元。

原雇佣工人总数 $= 200000/200 = 1000$（人）

当月资本总额变为 1350000 元，且资本有机构成提高到 $8 : 1$

可知本月可变资本 $= 15$ 万美元

调整后可雇佣的工人数 $= 150000/200 = 750$（人）

本月企业解雇的人数为：1000 人 $-$ 750 人 $= 250$（人）

3. 解：（1）∵ 每月固定资产折旧费 $= 120000000/10/12 = 100$（万元）

每月工人工资 $= 800 \times 500 = 40$（万元）

∴ 每月总产值 $= (100 + 120)c + 40v + (40 \times 100\%)m = 300$（万元）

单位商品的社会价值 $= 3000000/5000 = 600$（元/吨）

（2）∵ 劳动生产率提高 30% 即产量增加到 6500 吨，原料耗费为

$120 \times (1 + 30\%) = 156$（万元）

∴ 当月个别价值 $= (100 + 156)c + 40v + (40 \times 100\%)m = 336$（万元）

当月社会价值 $= 6500 \times 600 = 390$（万元）

∴ 本月的超额剩余价值 $= 390 - 336 = 54$（万元）

六、论述题

1. 答：超额剩余价值是商品的个别价值低于社会价值的差额。在现实的经济运行过程中，劳动生产率的提高首先是从个别企业开始的。单个企业提高了劳动生产率，其生产商品的个别劳动时间低于社会必要劳动时间，因而就会产生出超额剩余价值。

追求超额剩余价值是各单个资本主义企业改进生产技术、提高劳动生产率的直接动机，但个别资本家追求超额剩余价值的结果却是相对剩余价值的形成：①为了获取超额剩余价值，资本家之间进行激烈的竞争，竞相采用先进技术，从

而提高部门的平均劳动生产率，此时生产商品的社会必要劳动时间降低，单位商品价值相应下降，个别资本家的超额剩余价值消失；②生活资料以及有关的生产部门的劳动生产率提高以后，引起了劳动力价值下降，工人的必要劳动时间便缩短，剩余劳动时间则相应地延长，整个资本家阶级普遍获得相对剩余价值。可见，相对剩余价值生产是在各个资本家追求超额剩余价值的过程中实现的。

2. 答：（1）资本公式是 G（货币）——W（商品）——G′（更多货币）。

（2）从形式上看，资本总公式是同价值规律相矛盾的。价值规律要求商品交换按照等价原则进行，因而交换的结果不会使价值量发生变化。但资本总公式表明，货币资本在流通过程中发生了增值。这就是资本总公式的矛盾。要解决资本总公式的矛盾，关键在于说明剩余价值是在什么条件下产生的，其来源是什么，即阐明货币是怎样转化为资本的。

（3）剩余价值不能产生于流通过程，但又离不开流通过程，它必须以流通过程为媒介。解决资本总公式的矛盾，就要分析价值增值究竟是从哪里发生的。①价值增值不会发生在 G—W 阶段的货币上，因为此时货币作为购买手段或支付手段只是实现商品的价格，其价值量没有增值。②价值增值也不可能发生在 W—G 阶段上，此时商品的价值是既定的，不会因商品的出卖而发生增值。③价值增值必然发生在 G—W 阶段的商品上。货币所有者必须购买到某种特殊的商品，这种商品有特殊的使用价值——能够创造出比它自身的价值更大的价值，带来了价值增值，这种特殊商品就是劳动力。因此，劳动力成为商品，是解决资本总公式矛盾的条件，是货币转化为资本的前提。

第九章 资本主义的分配

本章知识鸟瞰图

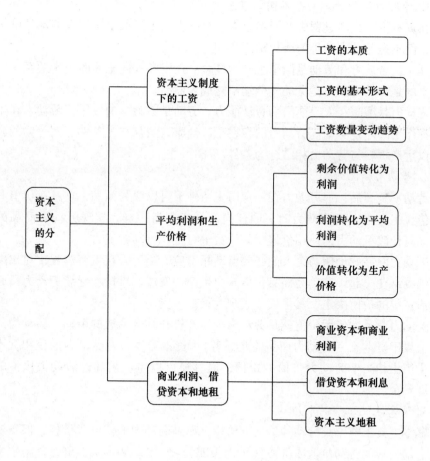

本章重点和难点

第一节 资本主义制度下的工资

一、工资的本质

1. 劳动力和劳动是两个不同的概念

在资本主义生产过程中，资本家支付给工人的工资似乎是工人劳动的价值或价格，而不是劳动力的价值或价格。

其实，劳动力和劳动是两个不同的概念。在资本家同工人的买卖关系中，工人出卖的是劳动力而不是劳动，劳动不能成为商品。

劳动力是潜藏在人身体内的劳动能力。劳动是劳动力的使用，劳动力在生产中发挥作用时才是劳动。劳动力的存在是以健康人的存在为条件，而劳动的实现必须以生产资料与劳动力相结合为条件。

2. 劳动力商品

劳动不是商品，但劳动力在一定历史条件下可以成为商品，它具有价值和使用价值。工人在出卖劳动力时，同任何商品出卖者一样，实现劳动力商品的价值，同时让渡劳动力的使用价值，即让渡进行生产劳动的能力。

劳动力商品的价值与工人的必要劳动相对应，由工人在生产过程中付出的必要劳动凝结在一起，劳动力商品价值是由生产、发展、维持和延续劳动力所必需的生活资料的价值决定，其最底限表现为最低工资。

劳动力商品的使用价值就是劳动力与生产资料结合形成的劳动，劳动力的使用价值属于资本家（劳动力商品的购买者），资本家通过对劳动力的使用，不仅可以生产出相当于劳动力价值的价值，而且还可以生产出超过劳动力价值的价值，即剩余价值。

3. 资本主义工资的本质

资本主义工资不是劳动的价值或价格，而是劳动力的价值或价格，但工资在现象上却表现为劳动价值或价格（劳动报酬）。所以，从本质上讲，资本主义工资是劳动力价值或价格的转化形式。

由于劳动力价值或价格转化为工资，表现为劳动的价值或价格，消灭了工作日划分为必要劳动时间和剩余劳动时间、劳动分为有酬劳动和无酬劳动，全部劳动表现为必要劳动或有酬劳动，因而掩盖了资本主义的剥削关系。

二、工资的基本形式

资本主义工资的形式多种多样，但它的基本形式不外乎两种：计时工资和计件工资。

计时工资是按一定的劳动时间来支付的工资，其实质是劳动力的月价值、周价值、日价值的转化形式。实行计时工资对资本家十分有利。

计件工资则是按工人完成的产品数量或完成的工作量来支付的工资，它是计时工资的转化形式。

随着技术的进步和资本主义的发展，还出现了血汗工资制度。

三、工资的数量变动趋势

名义工资即货币工资，是指工人出卖劳动力所得到的货币数量。实际工资是指工人用货币工资实际买到的各类生活资料和服务的数量。

名义工资和实际工资有着密切的联系：在其他条件不变的情况下，两者的变动是一致的，即名义工资越高，实际工资也就越高；反之亦然。但两者常常不一致，即名义工资虽然不变甚至提高，实际工资却可能降低。这是因为，实际工资的多少不仅取决于名义工资的高低，而且还取决于物价的高低。如果名义工资不变，物价水平上涨，或者名义工资的增长速度赶不上物价的上涨速度，实际工资就会降低。

资本主义工资的变动趋势具有以下特征：第一，名义工资一般呈递增趋势。第二，从资本主义发展的历程来看，实际工资则有时降低有时提高。但是，实际工资的提高并不意味着工人受剥削的程度减轻了。

第二节 平均利润和生产价格

一、剩余价值转化为利润

1. 成本价格

资本主义企业生产的商品的价值（W）包括三部分：不变资本价值（c）、可变资本价值（v）和剩余价值（m），即 $W = c + v + m$。这是按劳动耗费计算的生产商品的实际耗费，它包括物化劳动耗费（c）和活劳动耗费（v + m）两个部分。但是，生产商品实际耗费的劳动量，同资本家生产商品所耗费的费用是两个完全不同的量，对于资本家来说，生产商品所耗费的只是他的资本价值（c＋v），剩余价值（m）是资本家无偿获得的。因此，c＋v构成商品的生产成本或成本价格，用K表示。

由于价值中的c＋v转化为成本价格，商品价值就等于成本价格和剩余价值之和，W＝K＋m。显然，成本价格小于商品的价值，两者之间的差额为剩余价值。

2. 剩余价值转化为利润

当不把剩余价值看作是雇佣工人剩余劳动的产物，而是把它看作是全部预付资本的产物或增加额时，剩余价值便转化为利润。这样，商品价值就等于成本价格加利润。如果用p表示利润，商品价值的公式就从W＝c＋v＋m＝K＋m，进一步变为W＝K＋p。

利润本质上就是剩余价值，但在现象上表示为全部预付资本的产物，因此剩余价值转化为利润掩盖了资本主义的剥削关系。

3. 利润率与剩余价值率

剩余价值与全部预付资本的比率叫利润率。利润率是剩余价值率的转化形式，是同一剩余价值量用不同的方法计算出来的另一种比率。

剩余价值率是剩余价值与可变资本的比率，而利润率则是剩余价值与全部资本的比率。二者是完全不同的范畴：剩余价值率揭示的是资本家对工人的剥削程度，而利润率是表示全部预付资本的增值程度。利润率在量上也总是小于剩余价值率，它掩盖了资本家对雇佣工人的剥削程度。

4. 影响利润率变动的主要因素

①剩余价值率；②资本的有机构成；③资本周转速度；④不变资本的节省状况。

二、利润转化为平均利润

在资本主义发展的早期，不同部门的利润率高低存在差别。随着资本主义发展到较高阶段出现了这样的趋势：等量资本获得等量利润。

平均利润的形成是部门之间竞争的结果。投资于不同生产部门的资本家为了获得更高的利润率，相互之间必然展开激烈的竞争。竞争的手段是进行资本转移，即把资本从利润率低的部门撤出，转移到利润率高的部门。资本转移的过程以及由此带来的价格和利润率的变动要一直到两个部门的利润率大体平均的时候才暂时停下来，这样便形成了平均利润。

平均利润是把不同部分的资本家通过竞争重新瓜分剩余价值的结果。平均利润率实质上就是把社会总资本作为一个整体看待时所得到的利润率，可用公式表示为：

平均利润率＝剩余价值总额/社会总资本

在利润平均化的条件下，各部门的资本家便可以根据平均利润率获得与其投资量大小相适应的平均利润：

平均利润＝预付资本×平均利润率

平均利润率的高低取决于两个因素：第一，各部门的利润率水平。第二，社会总资本在各部门之间的分配，即投在各部门的资本在社会总资本中所占比重的大小。

平均利润的形成过程，实际上是全社会的剩余价值在各部门的资本家之间重新分配的结果。

等量资本获取等量利润，似乎利润的多少只和资本量有关，这就完全掩盖了利润的本质和来源。

三、价值转化为生产价格

在平均利润形成以前，商品按照价值出卖。随着利润转化为平均利润，商品的价值就转化为生产价格，即商品不再是按照成本价格加剩余价值的价值出售，而是按照生产成本加平均利润的价格来出售了。这种由商品的成本价格（K）和平均利润（p）构成的价格就是生产价格，用公式表示为：

生产价格＝K＋p

生产价格的形成是以平均利润的形成为前提的。利润转化为平均利润，商品价值便转化为生产价格。

资本有机构成高的部门，其产品的生产价格高于价值；资本有机构成低的部门，其产品的生产价格低于价值。

生产价格形成以前，价值规律专用的形式是生产价格围绕价值上下波动。生产价格形成以后，生产价格成为商品交换的基础，市场价格这时不再以价值为中心，而是以生产价格为中心上下波动。

第三节　商业利润、借贷资本和地租

一、商品资本和商业利润

商品资本的职能从产业中独立出来后就形成了资本主义的商业资本。所谓商业资本就是从产业资本中分离出来专门从事商品买卖的，以获取商业利润为目的的资本。它是处于流通领域的商品资本的转化形式。

商业资本在流通领域中活动，从事商品的买卖，是不会创造价值和剩余价值的，因为价值和剩余价值都只能在生产领域中才产生。但是，商业资本又取得了利润。商业利润从何而来？

商业利润仍然是生产领域中产业工人创造的剩余价值的一部分，是由产业资本家转让给商业资本家的。

商业利润的确立受平均利润率的支配。如果商业利润低于平均利润率，那么商业资本家就会将商业资本转移到产业部门去；同样，商业资本的利润率也不能高于产业资本的利润率，否则产业资本家的资本也会转移到商业资本中去。

商业资本参与剩余价值的分配后，平均利润率的公式变为：

平均利润率 = 社会剩余价值总额/（产业资本总额 + 商业资本总额）

二、借贷资本和利息

借贷资本是为了取得利息而暂时借给另一些资本家使用的货币资本。其对象主要是职能资本家，即产业资本家和商业资本家。

借贷资本的出现使资本取得了双重的存在，即发生了资本所有权和资本使用权的分离。与此相适应，职能资本家使用借贷资本所获得的平均利润也相应地分为两部分：一部分作为对借贷资本家出让资本使用权的报酬，采取了利息的形式；另一部分归职能资本家所有，采取了企业利润形式。

由于平均利润是剩余价值的转化形式，因此借贷利息实质上是产业工人创造的、由职能资本家让渡给借贷资本家的一部分剩余价值的特殊转化形式，它体现了借贷资本家和职能资本家瓜分剩余价值的关系。

利息率是一定时期内的利息量和借贷资本量之间的比率。

三、资本主义地租

资本主义制度下，土地是私有的。大土地所有者把土地出租给农业资本家，由农业资本家投资经营。地租是由农业雇佣工人创造的剩余价值的一种转化形式：农业雇佣工人创造的剩余价值，一部分以平均利润的形式被农业资本家无偿占有，超过平均利润以上的那部分剩余价值则以地租的形式被大土地所有者无偿占有。

资本主义地租有两种形式：级差地租和绝对地租。

与土地等级相联系的地租形式就是级差地租，它是农产品的个别生产价格低于社会生产价格的差额。

土地的有限性所引起的土地经营的资本主义垄断是级差地租形成的原因。

级差地租由于形成的条件不同而分为两种形态：级差地租Ⅰ和级差地租Ⅱ。级差地租Ⅰ是由于土地肥沃程度和地理位置不同而产生的级差地租；级差地租Ⅱ是由于在同一块土地上连续追加投资的资本生产率不同而产生的级差地租。级差地租Ⅰ是级差地租Ⅱ的基础。

绝对地租是由于土地私有权的存在，农业资本家租用任何土地都必须缴纳的地租。绝对地租形成的条件是农业资本有机构成低于社会平均资本有机构成。

本章复习与思考题答案

1. 解释下列概念：①工资；②平均利润；③生产价格；④利息率；⑤资本有机构成；⑥借贷利息；⑦级差地租；⑧绝对地租。

①工资。资本主义工资在现象上表现为劳动的价值或价格，但从本质上讲，资本主义工资不是劳动的价值或价格，而是劳动力的价值或价格，是劳动力价值或价格的转化形式。

②平均利润。平均利润率实质上也就是把社会总资本作为一个整体看待时所得到的利润率，用公式表示为：平均利润率 = 剩余价值总额/社会总资本

平均利润 = 预付资本 × 平均利润率

平均利润是不同部门的资本家通过竞争重新瓜分剩余价值的结果。

③生产价格。由商品的成本价格（K）和平均利润（p）构成的价格，就是生产价格，用公式表示为：生产价格 = K + p

④利息率。它是一定时期内的利息量和借贷资本量之间的比率。

⑤资本有机构成。由资本技术构成决定并反映技术构成变化的资本价值构成（不变资本与可变资本的比例），叫作资本的有机构成，用公式表示为 C∶V。

⑥借贷利息。实质上是产业工人创造的、由职能资本家让渡给借贷资本家的一部分剩余价值的特殊的转化形式。

⑦级差地租。与土地等级相联系的地租形式，它是农产品的个别生产价格低于社会生产价格的差额。土地的有限性和资本主义垄断经营是级差地租产生的原因。级差地租反映的是农业资本家和大土地所有者共同剥削农业雇佣工人的关系。

⑧绝对地租。由于土地私有权的存在，农业资本家租用任何土地都必须缴纳的地租，就是绝对地租。绝对地租形成的条件是农业资本有机构成低于社会平均资本有机构成。

2. 如何理解工资的本质是劳动生产力的价值或价格，而不是劳动的价值或价格？

答：劳动力和劳动是两个不同的概念。在资本家同个人的买卖关系中，工人

出卖的是劳动力，而不是劳动。劳动根本不能成为商品，能成为商品的只能是劳动力，劳动力在一定条件下可以成为商品，它具有价值和使用价值。工人在出卖劳动力时，同任何商品出卖者一样，实现劳动力商品的价值，同时让渡劳动力商品的使用价值，即进行生产劳动的能力。资本主义工资在本质上讲，是劳动力的价值或价格，不是劳动的价值或价格。

3. 为什么说剩余价值率与利润率是两个完全不同的范畴？

答：剩余价值率和利润率是同一剩余价值量以不同的计算方法得出的不同比率。剩余价值同可变资本相比是剩余价值率，同全部预付资本相比是利润率。二者所表示的关系完全不同：剩余价值率表示资本家对工人的剥削程度，利润率表示预付资本的增值程度。二者在量上也有差别，由于预付总资本在量上大于可变资本，从而使利润率总是小于剩余价值率。剩余价值率表明了剩余价值的真正来源是可变资本，而利润率则表示剩余价值是全部预付资本带来的；利润率掩盖了资本主义的剥削程度。可见，剩余价值率与利润率是两个完全不同的范畴。

4. 商品的价值是如何转化为生产价格的？

答：在平均利润形成以前，商品按照价值出卖。随着利润转化为平均利润，商品的价值就转化为生产价格，即商品不再是按照成本价格加剩余价值的价值出售，而是按照生产成本加平均利润的价格来出售的。

5. 商业利润、借贷利息和地租的本质是什么？它们是如何形成的？

答：商业利润的本质是生产领域中产业工人创造的剩余价值的一部分，是由产业资本家转让给商业资本家的。商业利润的形成过程是：产业资本家按照低于生产价格的价格把商品让渡给商业资本家，然后商业资本家再按照生产价格把商品卖给消费者。这种售价大于买价之差，就是商业资本家所获得的商业利润。

借贷利息的本质是产业工人创造的，由职能资本家让渡给借贷资本家的一部分剩余价值的特殊转化形式。借贷利息的形成过程是：职能资本家把利用借贷资本获得的平均利润分割成两部分：一部分作为对借贷资本家出让资本使用权的报酬，采取了借贷利息的形式；另一部分归职能资本家所有，采取企业利润的形式。

地租的本质是农业雇佣工人创造的、超过平均利润以上的、被大土地所有者无偿占有的剩余价值。地租的形成过程是：土地的有限性所引起的土地经营的资本主义垄断，加上土地肥沃程度和地理位置等存在差异的条件，形成了级差地租；土地私有权的存在，以及农业资本有机构成低于社会平均资本有机构成的条件，形成了绝对地租。

本章课后辅导题

一、单项选择题

1. 资本主义工资的实质是（   ）。

A. 工人的劳动报酬

B. 工人的劳动价值（或价格）的转化形式

C. 工人的劳动力价值（或价格）的转化形式

D. 工人的使用价值报酬

2. 在资本主义生产方式下，工人在市场上出卖的是（   ）。

A. 劳动   B. 商品   C. 劳动力   D. 价值

3. 资本主义"血汗工资制度"的典型代表是（   ）。

A. 私有制   B. 计件工资   C. 计时工资   D. 福特制和泰罗制

4. 下列描述正确的选项是（   ）。

A. 名义工资相当于工人出卖劳动的价值

B. 名义工资是工人出卖劳动力得到的货币数量

C. 实际工资是工人实际得到的货币工资

D. 实际工资与物价变动没有关系

5. 构成商品的生产成本或成本价格的是（   ）。

A. c   B. v   C. c + v + m   D. c + v

6. 平均利润的形成是（   ）。

A. 部门之间竞争的结果   B. 部门内部竞争的结果

C. 反映了资本主义剥削关系   D. 剩余价值生产的结果

7. 利润率是（   ）。

A. 利润与预付总资本的比率   B. 利润与所费资本的比率

C. 利润与可变资本的比率   D. 利润与不变资本的比率

8. 平均利润率是（   ）。

A. 社会利润总量和社会预付总资本的比率

B. 社会利润总量和社会预付可变资本的比率

C. 年利润总量和年预付可变资本总量的比率

D. 社会平均利润总量和社会预付可变资本的比率

9. 平均利润形成以后，在各生产部门内部（   ）。

A. 一切企业都只能得到平均利润

B. 所有企业都不能得到超额利润

C. 所有企业都能够得到超额利润

D. 少数技术先进的企业仍然能够得到超额利润

10. 随着利润转化为平均利润，商品的价值就转化为（　　）。

A. 生产成本　　　B. 垄断价格　　　C. 企业利润　　　D. 生产价格

11. 资本有机构成高的部门，其产品的生产价格是（　　）。

A. 等于价值　　　B. 高于价值　　　C. 低于价值　　　D. 成本价格

12. 生产价格是指（　　）。

A. 生产成本　　　　　　　　　B. 成本价格

C. 成本价格 + 剩余价值　　　　D. 成本价格 + 平均利润

13. 生产价格的形成是以（　　）为前提的。

A. 部门之间的竞争　　　　　　B. 平均利润的形成

C. 平均利润率的形成　　　　　D. 等量资本获取等量利润

14. 商业利润（　　）。

A. 来源于贱买贵卖　　　　　　B. 来源于商业店员的剩余劳动

C. 来源于流通　　　　　　　　D. 来源于生产工人创造的剩余价值

15. 利息在实质上是（　　）。

A. 借贷资本获得的报酬

B. 银行店员剩余劳动创造的

C. 借贷资本家经营创造的

D. 产业工人创造的剩余价值的特殊转化形式

16. 在资本主义社会，级差地租形成的原因是（　　）。

A. 土地的有限性所引起的土地经营的资本主义垄断

B. 土地的肥沃程度不同

C. 土地的地理位置不同

D. 农业资本有机构成低于社会平均资本有机构成

二、多项选择题

1. 决定劳动力价值的最底限或最低工资的因素主要有（　　）。

A. 工人的必要劳动时间

B. 生产和维持劳动力所必需的生活资料的价值

C. 劳动力发展所需要的生活资料价值

D. 延续劳动力所必需的生活资料的价值

E. 工人的剩余劳动时间

2. 在资本主义国家，发给工人的工资在量化时，一般采取的形式有（　　）。

A. 计时工资　B. 标准工资　C. 计件工资　D. 名义工资　E. 实际工资

3. 对资本主义工资的变动趋势，描述正确的有（　　　）。

A. 名义工资一般呈增加趋势

B. 实际工资一直呈下降趋势

C. 名义工资和实际工资都在增加

D. 名义工资基本上没变化

E. 实际工资跟社会经济状况呈现交替性的升降

4. 在资本量一定的情况下，影响利润率变动的因素主要有（　　）。

A. 剩余价值率　　　　B. 资本的有机构成　　　C. 资本的周转速度

D. 不变资本的节省　　E. 市场的竞争状况

5. 资本主义地租的基本形式包括（　　　）。

A. 相对地租　　　　　B. 绝对地租　　　　　C. 条件地租

D. 级差地租　　　　　E. 等级地租

6. 生产成本对企业的影响是（　　　）。

A. 生产成本是衡量企业盈亏的界限

B. 生产成本的高低是决定企业在竞争中胜败的关键

C. 生产成本是商品销售价格的最低界限

D. 商品售价高于生产成本就能获得超额利润

E. 销售商品收回生产成本才能补偿实际劳动耗费

7. 平均利润率形成的途径是（　　　）。

A. 部门内部的竞争

B. 部门之间的竞争

C. 通过资本在部门之间的转移实现的

D. 通过资本在部门内部的转移实现的

E. 通过改进技术实现的

三、判断题（请在括号中填写"对"或"错"）

1. 在资本主义生产方式下，工资体现了劳动的价值，是工人的劳动报酬。（　　）

2. 劳动力和劳动是两个不同的概念，在资本主义生产方式下，劳动力可以是商品，劳动根本不能成为商品。（　　　）

3. 工人为资本家打工，就是在出卖自己的劳动。（　　　）

4. 劳动力价值与工人的必要劳动相对应，由工人在生产过程中付出的必要劳动凝结而成。（　　）

5. 在物价水平上涨的情况下，名义工资不变，实际工资也是上涨的。（　　）

6. 当剩余价值不被看作是雇佣工人剩余劳动的产物，而是被看作是全部预付资本的产物时，剩余价值就转化成为利润。（　　）

7. 剩余价值和利润在数量上是相等的，但在本质上是有区别的。（　　）

8. 利润率是剩余价值率的转化形式，利润率总是小于剩余价值率。（　　）

9. 平均利润的形成是行业内部竞争的结果。（　　）

10. 生产价格 = 生产成本 + 利润。（　　）

11. 资本有机构成高的部门，其产品的生产价格会高于价值。（　　）

12. 在预付资本和剩余价值率相同的情况下，资本有机构成低的部门生产的剩余价值会低于资本有机构成高的部门。（　　）

13. 商业利润的来源是生产领域工人创造的剩余价值的一部分，是产业资本家转让给商业资本家的。（　　）

14. 级差地租形成的条件是土地私有权的存在。（　　）

15. 地租从本质上讲，是农业雇佣工人创造的剩余价值的一部分。（　　）

四、问答题

1. 劳动力价值是如何决定的？

2. 为什么说资本主义工资掩盖了资本主义的剥削关系？

3. 剩余价值如何转化为利润？

4. 影响利润率变动的因素有哪些？

5. 何谓成本价格？它对资本主义企业有何实际意义？

本章课后辅导题答案与分析

一、单项选择题

1. C　　2. C　　3. D　　4. B　　5. D　　6. A　　7. A

8. A　　9. D　　10. D　　11. B　　12. D　　13. C　　14. D

15. D　　16. A

二、多项选择题

1. BCD　2. AC　3. AE　4. ABCD　5. BD　6. ABC　7. BC

三、判断题（请在括号中填写"对"或"错"）

1. 错；2. 对；3. 对；4. 错；5. 对；6. 错；7. 错；8. 错；9. 错；10. 错；11. 对；12. 错；13. 对；14. 错；15. 对。

四、问答题

1. 答：劳动力价值与工人的必要劳动相对应，由工人在生产过程中付出的必要劳动凝结而成，其最底限即最低工资，由生产、发展、维持和延续劳动力所必需的生活资料的价值决定。

2. 答：资本主义工资的本质是劳动力的价值或价格。但由于资本主义工资很容易使人们误认为工资是劳动所得或劳动报酬，这样，劳动力的价值或价格转化为工资，在现象上表现为劳动的价值或价格，消灭了工作日划分为必要劳动时间和剩余劳动时间、劳动分为有酬劳动和无酬劳动，全部劳动表现为必要劳动或有酬劳动，因而掩盖了资本主义的剥削关系。

3. 答：当不把剩余价值看作是雇佣工人剩余劳动的产物，而是把它看作是全部预付资本的产物或增加额时，剩余价值便转化为利润。

4. 答：①剩余价值率；②资本的有机构成；③资本周转速度；④不变资本的节省状况。

5. 答：①它是资本家生产商品时所耗费不变资本和可变资本之和，是资本家所耗费资本补偿价值的转化形式。以 K 表示成本价格，商品价值构成就由 c + v + m 转化为 K + m。②成本价格对资本家的经营活动具有重要的实际意义：它的补偿是实现资本主义再生产的保证；它是商品出售价格的最低界限，是资本家经营盈亏的分界线；它的高低是资本家竞争成败的关键。

第十章　资本主义条件下的企业

本章知识鸟瞰图

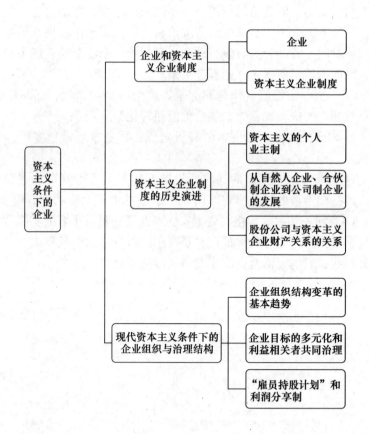

本章重点和难点

第一节 企业和资本主义企业制度

一、企业

企业是生产组织的一种形式，是社会生产力发展到一定阶段的产物。

企业是与分工相联系的一种劳动组织形式，但是这里所说的分工是指工场内部的分工而不是社会的分工。社会分工是不同劳动者之间生产不同产品的分工，它的结果是形成众多的劳动部门。工场内部分工则是生产同一产品的不同操作环节之间的分工，它的结果是形成一定的劳动规模。社会分工是市场组织存在的基础，工场内部分工则是企业组织存在的基础。

企业既是生产的一种技术组织形式，又是一种社会组织形式。从技术关系看，企业是社会化大生产条件下，以生产过程内部各工序和操作的专业化为基础劳动的技术组织；从经济关系看，企业是生产资料和劳动力结合的一种社会组织，反映人们在生产过程中的经济关系。

企业制度是一个多层次的制度体系，它包括企业产权制度、分配制度和管理制度等内容。产权制度是企业制度的基础，反映了企业的所有制关系；分配制度是支配企业收入分配的具体规则，它是企业产权制度的表现；管理制度也是产权制度的实现形式，它表明了企业内部各经济主体之间在企业经营过程中的全力安排。企业制度的产生和发展归根到底是由生产方式决定的。

二、资本主义企业制度

1. **资本主义企业制度的基本特征**

第一，资本主义企业是以资本与雇佣劳动的交换或劳动力的自由买卖为前提；第二，资本主义企业的治理机构是以资本所有权为中心的；第三，资本主义企业的分配制度是以剩余价值规律为基础的。

2. **资本主义企业制度的具体形式**

资本主义企业制度的具体形式是随着生产力和企业技术组织形式的发展而发展的。从生产力的组织形式看，资本主义企业制度经历了简单协作、工场手工业和机器大工业三个生产力的发展阶段。与此相适应，资本主义企业制度也逐步形成了从个人业主制向公司制和其他社会化程度较高的企业制度的过渡。

第二节 资本主义企业制度的历史演进

一、资本主义的个人业主制企业

1. 个人业主制企业

它是由单个资本家出资，完全归个人所有和控制的企业。这种企业在法律上称为自然人企业。这种企业一般生产规模都较小，生产经营结构单一，其发展初期一般都以小工场、小作坊、小商店形式存在。单个资本的业主企业是资本主义经济中最初出现的形式，在工场手工业和机器大工业初期得到了广泛的发展。

2. 个人业主制的缺陷

一是企业的信用和资金来源有限；二是企业承担无限的清偿责任；三是企业的寿命有限。因此随着生产社会化发展，这种企业制度的地位逐渐降低。

二、从自然人企业、合伙制企业到公司制企业的发展

1. 合伙制企业

合伙制企业是由多个作为自然人的资本所有者共同投资、共同所有、共同经营、共担风险和分享利润的企业。合伙制企业的出现是生产力发展的要求。

合伙制企业的特点是：第一，合伙人要承担无限连带责任，这就限制了合伙者的范围，从而也限制了资本集中于企业的规模；第二，合伙制企业中个人的所有权是无法转让和出售的，因为他们全体共同承担着一切经营责任和债务。因此，企业缺乏连续性和长久的生命力仍然是合伙制企业的最大问题。

2. 公司制企业

股份公司是一种通过发行股票的方式把分散的和独立的单个私人资本组织起来统一经营的企业制度，它是资本主义企业制度的创新。与自然人企业（业主制）和合伙制企业相比，公司制企业有三个特点：第一，出资人只承担有限责任；第二，资本的股份化和可自由转让；第三，公司制企业作为法人组织，不是以自然人的名义，而是以组织的名义来行使法定权利和承担义务，因而企业具有独立寿命，可以永久存在。

三、股份公司与资本主义企业的财产关系的变化

1. 股份公司的所有权即股权的分散化

20 世纪蓬勃发展的科技革命促进了生产力大发展和生产社会化程度的大大

提高，股份公司制在欧美市场经济国家迅速发展，国家经济实力迅速集中在少数大股份公司手中。但经济实力的集中，却是与股份公司的所有权即产权的分散相并进的。第二次世界大战以后，股份公司所有权分散的趋势仍在发展，但同时出现的一个现象就是企业法人持股和机构法人持股的比例上升。

股份公司所有权的分散是同生产社会化和市场化相联系的。

现代股份公司产权关系的特征就是资本所有权与控制权（经营权）的分离。股份公司实际上发生了两种不同的"两权分离"过程：第一是真实资本与所有权的分离；第二是管理职能与所有权职能的分离。

资本的单纯所有权与经济所有权（经营权）的分离，反映了一种由现代社会化大生产所决定的社会经济职能日益专门化的必然趋势。

2. 资本主义企业财产关系的新变化、新特点

第一，资本主义企业雇佣工人劳动仍然是企业所有制关系的本质，但是，在现代股份公司高度分散的产权结构中，工人、管理人员通过持有一定比例的股份也兼有资本私有者的身份；第二，企业所有权的分散化，以及同此相联系的所有权证券化、市场化使得任何一个所有者都无法绝对控制、支配企业；第三，本来意义的资本所有权包括所有、占有、收益、处置等完整的权利；第四，股份所有权与控制权的分离，意味着股东对公司经营活动、财产处置的实际控制力降低，但这并不意味着所有权控制力已经不存在。

第三节　现代资本主义条件下的企业组织与治理机构

一、企业组织机构变革的基本趋势

当今世界经济发展出现了三大趋势：一是全球化；二是网络化；三是知识化。在以下三方面产生着重大影响力：第一，20世纪末网络技术的应用和互联网在世界范围的快速发展，使产品和信息在国家之间的流动变得非常容易和方便，是资金、技术和商品的流通区域全球化。第二，信息技术和网络技术不仅改变了企业配置生产资源的方式，发展了全球性的要素市场，还创造了一个互动的、迅速变化的、与现代物质世界并行的信息世界，实现企业与企业之间、企业与个人之间、企业与政府之间的瞬时沟通。第三，高新技术发展和知识创新的时代，知识创造财富的能力正在超过资本，经济增长的约束条件不再主要是土地和资本，而是生产和消费知识产品的人力资源。因此，企业之间的竞争也将主要是人才竞争。

随着知识经济、网络化、信息化向整个经济领域的渗透，现代资本主义企业正在同时发生着两种根本的变革：一种是技术性的变革，即企业技术创新；另一种是企业组织形式的创新。

企业组织创新主要表现在：企业组织结构扁平化、企业组织的小型化、虚拟企业的出现。

二、企业目标的多元化和利益相关者共同治理

在现代资本主义条件下，公司成为一个开放的体系，公司被看作是和它的组成利益群体之间的一种契约，公司要承担更多的社会责任，利润只是实现公司利益的一种手段。在此背景下，在公司治理中提出了利益相关者理论。

利益相关者就是在某一企业里享有一种或多种利益关系，并在企业相互作用、相互影响的个体或群体。在现代商业社会中，有众多的个体或群体是企业的利益相关者：一是内部相关者，包括股东和雇员；二是外部相关者，包括消费者、供应商、社区成员和政府等。

公司治理结构是现代企业制度中最重要的构架。一个现代公司能不能搞好，在很大程度上取决于它的治理结构是否有效。

在现代企业中，利益相关者共同治理已成为一种基本趋势。

三、"雇员持股计划"和利润分享制

20 世纪 70 年代以后，资本主义企业中开始实行一种"利润分享制"。20 世纪 80 年代以来，在日本、德国、美国和英国等市场经济国家的公司制企业中，分享制更多地用来提高组织效率，降低代理成本。

分享制在现代公司中的实践主要有职工持股制度和利润分享制。前者是职工（雇员）凭借拥有部分股权而参与企业剩余利润分配，而后者职工无股权，实际上是年终根据企业利润情况而发放奖金。

职工持股制度在各国公司制企业中有不同模式。

实行职工持股、利润分享和股票期权是资本主义生产关系的一种局部调整，这些措施在一定程度上缓和了资本主义企业中劳资双方的利益矛盾；但是，雇员持股、利润分享和股票期权并没有改变私有财产制度以及资本与劳动之间的根本关系。

本章复习与思考题答案

1. 解释下列概念：①企业制度；②虚拟企业；③利益相关者。

①企业制度。它是指企业劳动者与生产资料结合的社会形式，是调节企业内工人与工人、资本家、企业家之间关系的各种社会规则。

②虚拟企业。它是指某一企业或若干企业以一种或多种优势资源为核心，为实现特定的企业目标，仅保留企业中最关键的功能和职能部门，而将其他的功能和职能虚设，实现资源的最佳组合而建立起来的企业组织。

③利益相关者。它是在某一企业里享有一种或多种利益相关，并与企业相互作用、相互影响的个体或群体。

2. 从生产力和生产关系两个方面论述资本主义企业制度的特征。

答：资本主义企业制度是建立在资本主义生产方式的基础之上的。从生产力方面看，资本主义企业制度的具体形式是随着社会生产力和企业技术组织形式的发展而发展的。从生产力的组织形式看，资本主义企业制度经历了简单协作、工场手工业和机器大工业三个生产力的发展阶段，资本主义企业制度也逐步形成了从个人业主制向公司制和其他社会化程度更高的企业制度的过渡。从生产关系方面看，资本主义的企业制度具有以下三个基本特征：资本主义企业是以资本与雇佣劳动的交换或劳动力的自由买卖为前提的；资本主义企业的治理结构是以资本所有权为中心的，作为资本的所有者，资本家拥有对企业进行监督和指挥的绝对权力，这种权力是资本所有权中派生出现的，是资本的属性和职能；资本主义企业的分配制度是以剩余价值规律为基础的，它的基本特点是：生产出来的产品属于资本家，而不属于工人，其中一部分产品价值作为劳动力的价值支付给工人，超过劳动力价值以外的剩余价值归资本家占有，尽可能多的占有剩余价值是资本主义企业发展的根本动力。

3. 为什么说"两权分离"并没有改变资本主义所有制的本质？

答：①资本雇佣劳动仍然是企业所有制关系的本质，但是，在现代股份公司高度分散化的产权结构中，工人、管理人员通过持有一定份额的股份也兼有资本所有者的身份。②企业所有权的分散化，以及同样相联系的所有权证券化、市场化，使得任何一个所有者都无法绝对控制、支配企业，也没有必要去支配、控制企业资产，所有者通过委托代理关系将自己的财产交给最会经营管理企业的人来管理，以实现财产价值的增值。③本来意义的资本所有权包括所有、占有、收益、处置等完整的权利。在现代股份公司，企业出资者或资本所有者的所有权主要体现在分享收益和最终处置财产的权利上，不能直接支配、任意使用企业的财产。④股份公司所有权与控制权的分离，并不意味着所有权控制力已经不存在了。在公司的治理结构中，索取企业剩余利润仍然是资本的本性。股份制的出现，一方面适应了生产社会化的发展，提高了资本社会化的程度，改变了资本主义企业的内部结构；另一方面它并没有从根本上改变资本主义企业制度的本质，也没有从根本上解决资本主义生产方式的基本矛盾。

4. 当代高新技术条件下，资本主义企业组织形式发生了哪些变化？

答：①企业组织的扁平化。即企业正在从自上而下实现纵向命令和控制的多层级的管理转向减少中间层次的扁平式的结构。这是因为：信息网络技术的发展使信息可以在同一层次上快速传递和共享，过去传递信息和命令的中间环节变得多余了；随着计算机技术的发展，大量基于网络的管理软件在企业中得到应用，传统的中层经理的组织和协调功能已经被计算机网络所代替；更加激烈的市场竞争、技术创新和产品生命周期的缩短，也要求企业快速对市场做出反应，从而要求信息传递方式的改变。②企业组织的小型化。企业规模的过度扩张往往会降低组织效率，降低对市场的应变能力。③虚拟企业的出现。随着知识经济和信息网络技术的发展，以及产品创新周期的缩短和个性化的需要，一个企业必须发挥自己的核心优势，而不是像过去那样把各个环节的业务都做完。在这种形势下，将单个企业的优势以比较灵活的方式结合起来，建立比较松散、动态的跨企业间的合作关系，就形成了虚拟企业。虚拟企业主要有网络型、品牌型和联盟型三种。

5. 为什么说职工持股和股票期权制是资本主义生产关系的一种局部调整？

答：职工持股、利润分享和股票期权是资本主义生产关系的一种局部调整，这些措施在一定程度上缓和了资本主义企业中劳资双方的利益矛盾。具体表现在：①随着西方国家年龄老年化问题的加重、工作时间的减少和各种福利的增加，劳动力供给已成为一个不容企业家忽视的问题，且掌握先进技术知识的专业人才已成为企业赖以生存和发展的决定性力量。保证企业员工的稳定，激发其持久的创造力和积极性已成为企业的头等大事，而雇员持股和股票期权为此提供了一条切实可行之路。②随着社会经济的发达和人均收入水平的提高，当代资本主义国家中的企业职工现在更为关注的是社会的、尊重的和自我实现的需求，满足这些需求能够带给他们较大的激励。而拥有企业股份为以上三种需求的满足提供了一定的客观条件，其激励作用较明显和持久。③雇员持股、利润分享和股票期权并没有改变私有财产制度以及资本与劳动之间的根本关系，资本主义生产关系的缺陷和这种经济制度的不合理性，是不会通过职工持股就能够消除的。

本章课后辅导题

一、单项选择题

1. 企业是与分工相联系的劳动组织形式，这种分工是指（　　）。

A. 社会分工　　　B. 工场内部分工　　　C. 自然分工　　　D. 家庭分工

2. 企业制度的基础是（　　　）。

A. 产权制度　　　　B. 分配制度　　　　C. 管理制度　　　D. 社会制度

3. 由单个资本家个人投资、个人经营的企业被称为（　　　）。

A. 个人业主制企业　B. 个体户　　　　C. 公司制企业　D. 合伙制企业

4. 资本主义经济中最早出现的企业形式是（　　　）。

A. 股份制　　　　B. 合伙制　　　　C. 私有制　　　　D. 个人业主制

5. 个人业主制存在的缺陷是（　　　）。

A. 资金来源很广　　　　　　　　B. 承担无限责任

C. 承担有限责任　　　　　　　　D. 企业寿命很长

6. 下列选项中属于合伙制企业特点的是（　　　）。

A. 个人拥有的股份可以自由转让　B. 合伙人承担有限责任

C. 合伙人承担无限责任　　　　　D. 企业具有独立寿命，可以永久存在

7. 下列选项中属于公司制企业特点的是（　　　）。

A. 资金来源有限　　　　　　　　B. 承担无限责任

C. 承担有限责任　　　　　　　　D. 企业寿命有限

8. 现代股份公司产权关系的特征是（　　　）。

A. 资本所有权与经营权统一　　　B. 资本所有权与经营权分离

C. 承担有限责任　　　　　　　　D. 承担无限责任

二、多项选择题

1. 现代资本主义企业组织创新的主要表现是（　　　）。

A. 企业组织结构扁平化　　　　　B. 企业组织的小型化

C. 个人业主制的出现　　　　　　D. 虚拟企业的出现

E. 股份公司的出现

2. 公司制企业的特点包括（　　　）。

A. 出资者承担无限责任　　　　　B. 出资者承担有限责任

C. 资本的股份化和自由转让　　　D. 信用和资金来源有限

E. 企业有独立寿命，可以永久存在

3. 下列选项中属于企业利益相关者的是（　　　）。

A. 股东　　　B. 雇员　　　C. 消费者　　　D. 政府　　　E. 供应商

4. 单个资本的个人业主制存在的缺陷包括（　　　）。

A. 出资者承担有限责任　　　　　B. 企业承担无限责任

C. 资本可以自由转让　　　　　　D. 企业的寿命有限

E. 企业的信用和资金来源有限

三、判断题（请在括号中填写"对"或"错"）

1. 企业是以分工协作为基础并实行严格的集中化管理的生产组织形式。（   ）
2. 企业制度的基础是产权制度。（   ）
3. 资本主义的个人业主制企业最大的优越性在于企业承担无限责任。（   ）
4. 公司制企业出资人承担有限责任，降低和分散了投资于企业的风险。（   ）
5. 在现代企业中，利益相关者共同治理已成为一种基本趋势。（   ）

四、问答题

1. 简述资本主义企业制度的基本特征。
2. 个人业主制企业有何特点？
3. 合伙制企业有哪些特点？
4. 公司制企业有哪些特点？

本章课后辅导题答案与分析

一、单项选择题

1. B   2. A   3. A   4. D   5. B   6. C   7. C   8. B

二、多项选择题

1. ABD   2. BCE   3. ABCDE   4. BDE

三、判断题（请在括号中填写"对"或"错"）

1. 对；2. 对；3. 错；4. 对；5. 对。

四、问答题

1. 答：①资本主义企业是以资本与雇佣劳动的交换或劳动力的自由买卖为前提的；②资本主义企业的治理结构是以资本所有权为中心的，作为资本的所有者，资本家拥有对企业进行监督和指挥的绝对权力；③资本主义企业的分配制度是以剩余价值规律为基础的。

2. 答：个人业主制企业是由单个资本家出资，完全归个人所有和控制的企业。法律上称为自然人企业。单个资本的个人业主制企业突破了传统家庭经营、生产、消费与家庭生活不分的状况，创设了一种与家庭生产单位不同的独立的生产经营组织，从而使生产经营活动的规模、再生产过程的组织以及内部管理能够超越血缘关系和家庭组织的限制，从而推动了商品经济的发展。但是，个人业主制存在三个缺陷：一是企业的信用和资金来源有限；二是企业承担无限的清偿责任；三是企业的寿命有限，这种自然人企业随着业主的死亡或家庭无人继承而终止，即它与企业的业主共生共灭，缺乏连续性和永久存在的基础。

3. 答：合伙制企业的特点是：①合伙人要承担无限的连带法律责任。随着合伙人的增加，这种无限清偿责任所固有的风险也随之增加，这就限制了合伙者的范围，从而也限制了资本集中于企业的规模。②合伙制企业中个人的所有权（股份）是无法转让和出售的，因为他们全体共同承担着一切经营责任，包括债务，如果遇到任何一个合伙人死亡或退出，合伙制企业就可能自动解体，或者重新组伙。因此，企业缺乏连续性和长久的生命力仍然是合伙制企业的最大问题。

4. 答：公司制企业有三个特点：①出资人的有限责任。在公司制企业中，所有的出资人都以自己的出资额为限对公司债务承担有限的清偿责任。②资本的股份化和自由转让。股份公司把资本划分为一个个等额的股份并向公众出售，从而形成众多的出资者（购买股份的人）或财产主体，利用股票市场，公司股份还可以自由转让，这样就使私人拥有的财产权利更具有流动性。③企业具有独立寿命，可以永久存在。公司制企业作为法人组织，不是以自然人而是以一个组织的名义来行使法定权利和承担义务，不论企业的出资人如何变动，转让股份，都不会影响公司的经营和存在，公司的生命可以永远延续。

第十一章　国家垄断资本主义
以及对经济的干预

本章知识鸟瞰图

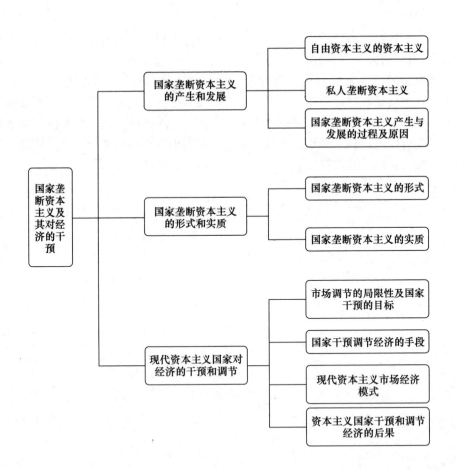

本章重点和难点

第一节　国家垄断资本主义的产生和发展

一、自由竞争的资本主义

从资本主义生产方式确立到 19 世纪 70 年代，是资本主义发展的自由竞争阶段。

自由竞争资本主义的基本特征是：

第一，生产资料为资本主义私人所占有，资本家既是生产资料的直接所有者，也是资本主义生产的直接组织者。

第二，在资本主义生产的各个生产部门，都存在着实力不相上下的各种不同的企业，任何一个企业都不能在该生产部门居于垄断地位。

第三，资本和劳动力的流动非常频繁，可以自由转移。

第四，市场已经形成一个广泛的、有机的体系。

第五，统一的国内市场和世界市场都已经形成，充分体现出市场的开放性、竞争性、平等性的特点。

第六，资本集聚与资本集中程度都较低。

第七，社会经济运行主要靠市场价格这只"看不见的手"来调节，国家不对微观和宏观经济活动进行干预。

第八，市场机制发挥着对经济的全面调节作用。

自由竞争资本主义建立在私人资本所有制和雇佣劳动的基础上，资本和雇佣劳动之间存在着尖锐的矛盾。

二、私人垄断资本主义

19 世纪 70 年代，自由竞争资本主义发展到了顶峰，开始向垄断资本主义转变。自由竞争引起生产集中和资本集中，生产集中和资本集中发展到一定阶段必然引起垄断，这是资本主义发展的客观规律。

生产集中是指生产资料、劳动力和商品的生产日益集中在少数大企业的过程，其结果是大企业所占有的比重不断增加。

资本集中是指大资本吞并小资本，或由许多小资本合并而成为大资本的过程，其结果是越来越多的资本为少数大资本家所支配。

生产集中和资本集中自然而然地引起垄断。所谓垄断，是指少数大企业为了获得高额垄断利润，通过协议、联盟和联合，对某一部门或若干部门的生产、销售和价格进行操纵和控制的状况。

垄断是通过一定的垄断组织形式实现的，垄断组织的形式多种多样，而且在各个国家、各个时期也不相同。比较常见的形式主要有四种：卡特尔、辛迪加、托拉斯和康采恩。

尽管垄断组织的形式多种多样，且不断发展变化，但是它们在本质上是一样的，即通过联合达到独占和瓜分商品生产和销售市场，操纵垄断价格，以攫取高额垄断利润。

垄断是从自由竞争中形成的，但是垄断并不能消除竞争，反而使竞争变得更加复杂和剧烈。垄断条件下的竞争，不仅规模大、时间长、手段残酷、程度更加激烈，而且具有一定的破坏性。

随着资本主义产业部门的生产集中和资本集中的发展，资本主义银行业的集中也在发展。银行业的集中达到一定程度也必然产生垄断。银行垄断一经形成，其作用便具有新的特征：第一，银行对工业企业加强了监督和控制；第二，大银行促进了生产集中和工业垄断组织的形成和发展；第三，大银行加强了对社会经济的支配和调节。

银行垄断资本和工业垄断资本，通过金融联系、资本参与和人事参与，密切地融合在一起，产生了一种新型的垄断资本，即金融资本。

金融资本的形成及其垄断，是垄断资本主义的重要标志，它意味着垄断资本主义与自由竞争资本主义的最大区别，就在于占统治地位的不是工业资本，而是金融资本。

在金融资本形成的基础上，产生了金融寡头。金融寡头是指操纵国民经济命脉，并在实际上控制国家政权的少数垄断资本家或垄断资本家集团。

列宁指出了垄断资本主义的五个基本特征：①垄断组织在经济生活中起决定作用；②在金融资本的基础上形成金融寡头的统治；③资本输出有了特别重要的意义；④瓜分世界的资本家国际垄断同盟已经形成；⑤最大资本主义列强已把世界上的领土分割完毕。这些特征集中体现了垄断资本主义的实质，即垄断资本凭借垄断地位，获取高额垄断利润。

三、国家垄断资本主义产生和发展的过程和原因

国家垄断资本主义是国家和私人垄断资本相结合的一种垄断资本主义。

国家垄断资本主义的产生和发展大体经历了三个时期：

第一，19 世纪 70 年代到第一次世界大战，是国家垄断资本主义的产生时期。这一时期，国家垄断资本主义主要表现为国家通过直接投资和将私人企业国有化，建立国有经济以及对整个国民经济实行集中统制。

第二，第一次世界大战结束到第二次世界大战结束。这一时期，国家垄断资本主义表现为国家对整个国民经济进行干预和调节。

第三，第二次世界大战后的新发展。这一时期，在所有发达资本主义国家，国家垄断资本主义无论在广度和深度上都有了更加迅速、更普遍的发展。

国家垄断资本主义产生和发展的主要原因是：

第一，社会生产力的发展，要求资本主义生产资料占有形式发生变化，这是国家垄断资本主义产生的物质基础。

第二，第二次世界大战后经济恢复重建，要求建立国家垄断资本主义。

第三，为了克服经济危机，实现经济的稳定发展，需要发展国家垄断资本主义。

第四，国际市场竞争日趋激烈，要求发展国家垄断资本主义。

第二节　国家垄断资本主义的形式和实质

一、国家垄断资本主义的形式

根据国家与垄断资本结合的不同情况，国家垄断资本主义的具体形式可区分为以下四种：

（1）国家所有并直接经营的国有企业是国家垄断资本主义的典型形式。

（2）国私共有合营企业是第二次世界大战后一个时期国家垄断资本主义的主要形式。

（3）国家通过多种形式参与私人垄断资本的再生产过程也是一种重要形式，主要包括政府采购、直接或间接的各种形式的对私人垄断企业的津贴和补贴、国家的社会福利开支。

（4）第二次世界大战后以宏观调控和微观管制为表现形式的国家垄断资本主义是又一种形式。

二、国家垄断资本主义的实质

国家垄断资本主义的各种形式，归结起来其实质都是一样的，即仍然属于私人资本主义或垄断资本主义的性质。

首先，国有企业的实质仍然是为私人垄断资本服务；其次，国私共有合营企业，其实质是通过这种形式，可以使私人垄断资本直接利用国家资本来增强自己的经济实力和竞争能力，以利于它们攫取高额垄断利润；最后，国家通过多种方式参与私人资本的再生产过程这种形式，其有利于私人垄断资本是十分明显的。

第三节　现代资本主义国家对经济的干预和调节

一、市场调节的局限性及国家干预的目标

发达资本主义国家对宏观经济的调控，是由市场调节的局限性所决定的。

市场调节的局限性主要表现在：第一，外部性问题难以得到解决；第二，市场运行主体行为目标具有短视性；第三，市场调节具有自发性、盲目性和滞后性；第四，市场调节会造成人们收入分配上的不公平；第五，市场调节不能解决社会再生产中的矛盾。

社会再生产中的主要矛盾是：①总供给和总需求的矛盾；②产业结构和经济协调发生的矛盾；③资本周转与社会再生产的矛盾。

发达资本主义国家宏观经济调控的目标主要是：①谋求国民经济的协调发展；②实现充分就业；③谋求稳定的国民经济增长率；④平抑经济波动，防止经济萧条或衰退；⑤稳定物价，防止和抑制通货膨胀；⑥谋求公平与效率，改善国民福利。

二、国家干预经济的手段

主要以各种政策措施为手段，具体的政策措施主要有财政政策和货币政策。

财政政策的调节，是指通过财政收入（主要是税收）政策和财政支出政策来影响社会消费总量和投资总量，以求得社会经济的稳定增长。根据财政政策对经济运行的不同影响，可以把财政政策区分为扩张性（松的）财政政策和紧缩性（紧的）财政政策。多数情况下，财政政策采取"逆经济风向行事"的调节方式。

货币政策的调节，是指由国家银行即中央银行增加或减少货币供应量，扩大或紧缩信贷，以影响利息率，进而通过利息率的升降来减少或增加投资，促进社会经济的稳定发展。在市场经济条件下，实施货币政策的工具主要有：利率、法定存款准备金率、再贴现率、公开市场业务等。

三、现代资本主义市场经济模式

现代资本主义国家经济体制的基础性资源配置依然是市场机制，国家干预和调节只是一种辅助性资源配置手段。概括起来主要有三种模式：美国的市场经济模式、德国的市场经济模式、日本的市场经济模式。

美国的市场经济模式是一种有调节的市场模式。与其他模式相比，美国模式的国家干预色彩并不十分浓厚，经济运行主要依靠市场机制的自发调节来实现。

德国的市场经济模式被称为"社会市场经济"，顾名思义，就是有社会指导的市场经济。这里的社会指导主要体现为国家在市场经济中发挥重要作用。

日本的市场经济体制是一种政府主导型市场经济模式，该模式最大的特点是政府对经济生活进行广泛而深入的干预，政府与企业之间保持非常紧密的联系。

四、资本主义国家干预和调节经济的后果

国家干预和调节经济在一定程度上缓解了社会生产中的矛盾，刺激和推动了经济的发展，对"二战"后发达资本主义国家的经济在较长一段时期里的相对稳定和较快发展起了积极作用。但是，资本主义国家的宏观经济调节是建立在私有制基础上的，其干预和调节经济的成效是有限的，它只能在一定程度上缓和资本主义经济发展中的一些矛盾，不可能根本消除经济危机。

本章复习与思考题答案

1. 解释下列概念：①垄断价格；②垄断利润；③国家垄断资本主义；④凯恩斯主义；⑤国家干预。

①垄断价格是指垄断组织在销售或购买商品时，凭借其垄断地位所规定的，旨在保证获得最大限度利润的市场价格。

②垄断利润是指垄断资本凭借其在社会生产和流通中的垄断地位，而获得的超过平均利润的高额利润。

③国家垄断资本主义是自由资本主义进一步发展的产物，是国家政权和私人垄断相结合的垄断资本主义。

④凯恩斯主义是由英国经济学家 J. M. 凯恩斯提出，并由其追随者发展与运用的一套主张国家干预经济的理论与政策。

⑤国家干预是指在以市场机制为基础的市场经济条件下，为了克服市场失灵，国家运用管制和宏观调控等手段规范市场主体的行为，以矫正、补充市场缺陷的活动的学称。

2. 资本主义垄断是如何形成的？

答：①垄断的形成是社会生产力发展的结果，科技的发展为生产集中和垄断提供了需要和可能；②生产和资本的集中自然而然地引起了垄断；③竞争和信用是生产集中和垄断的两个强有力的杠杆。

3. 什么是国家垄断资本主义？它是如何形成的？

答：国家垄断资本主义是指国家和私人垄断资本相结合的一种垄断资本主义。其表现是国家干预和调节社会经济成为经常和一般的现象，国家的经济职能已经和市场机制紧密地结合在一起，共同维护和保证现代资本主义经济的稳定运行和发展。国家垄断资本主义是科技进步和生产社会化程度进一步提高的产物，是资本主义基本矛盾进一步尖锐化的必然结果。

4. 国家垄断资本主义的本质是什么？它有哪些形式？

答：国家垄断资本主义虽然有多种形式，但本质是一样的，都属于私人资本主义或垄断资本主义的性质。具体形式可以区分为以下四种：国家所有并直接经营的国有企业、国私共有合营企业、国家通过多种形式参与私人垄断资本的再生产过程、"二战"后的宏观调控和微观管制。

5. 资本主义市场调节具有哪些局限性？

答：①外部性问题难以得到解决。②市场运行主体的行为目标具有短视性。③市场调节具有自发性、盲目性和滞后性。④市场调节会造成人们收入分配上的不公平。⑤市场调节不能解决社会再生产中的矛盾。这些矛盾主要有：总供给和总需求的矛盾；产业结构和经济协调发展的矛盾；资本周转与社会再生产的矛盾。

6. 资本主义宏观调控有哪些手段？

答：①财政政策：指通过财政收入政策（主要是税收政策）和财政支出政策（主要是政府购买支出和转移支付）来影响社会消费总量和投资总量，以求得社会经济的稳定增长。包括扩张性财政政策和紧缩性财政政策。②货币政策：指由国家银行或中央银行增加或减少货币供应量，扩大或紧缩信贷，以影响利息率，进而通过利息率的升降来增加或减少投资，促进社会经济的稳定发展。在市场经济条件下，实施货币政策的工具主要有：利率、法定存款准备金比率、再贴现率、公开市场业务等。③产业政策：即国家通过确定扶持、鼓励哪些产业，限制哪些产业，以促进经济结构合理化和组织结构合理化的政策。④收入政策：是指通过控制工资水平来控制通货膨胀，进而抑制失业上升和经济衰退。

7. 资本主义国家干预具有什么作用？为什么说资本主义国家干预不能从根本上消除资本主义基本矛盾和经济危机？

答：①有利于协调部门比例，改进地区结构，推进产业结构高级化，改善生态平衡和环境污染，弥补单纯市场调节的不足和弱点，促使微观效益和宏观效益得到一定程度的结合；②通过国有垄断资本的活动和各项经济政策，特别是财政政策和货币政策的运用和经济计划的实施，使再生产周期发生了变化，经济危机的时间缩短，程度减轻；③可以集中大量的资金投入科技研究，投入私人无力承担或不愿承担的大型工程或耗资巨大、技术密集的新兴工业部门，使战后新技术、新产业迅速发展起来；④国家用其巨额投资，促使垄断资本加强科技的研究和在生产中的应用，改造传统工业部门，建立现代化基础设施，加快了资本主义经济的发展；⑤可以建立和发展数额巨大的国有经济，可以在整个社会范围内发挥巨大的作用，这是任何私人垄断资本所无法比拟的；⑥国家用其强大的经济力量参与社会资本再生产，组织、参与、兴办一些投资大、风险大、利润无保障的事业，为私人垄断资本的发展创造有利条件；⑦国家利用经济计划在一定程度上对国民经济的发展规模、结构和方向进行调节，对社会生产的无政府状态具有一定的制约作用；⑧在一定程度上缓解了劳资矛盾，工人生活条件有所改善。

　　资本主义国家的宏观调控是建立在私有制基础上的，其干预和调节经济的成效是有限的，它只在一定程度上缓和资本主义经济发展中的一些矛盾，不可能从根本上消除经济危机。资本主义国家宏观经济干预和调节虽然对经济发展起了积极作用，可以改变资本主义再生产周期的表现形式，却不能改变资本主义再生产周期性发展规律，无法根除资本主义基本矛盾和经济危机。

本章课后辅导题

一、单项选择题

1. 在资本主义条件下，加速资本集中的两个强有力的杠杆是（　　）。
A. 价格和利润　　　　　　　　　B. 工资和利润
C. 竞争和垄断　　　　　　　　　D. 竞争和信用

2. 生产集中和资本集中会自然而然地引起（　　）。
A. 竞争　　　B. 垄断　　　C. 利润集中　　　D. 利润趋于平均化

3. 垄断资本主义的最高形式是（　　）。
A. 帝国主义　　　B. 军国主义　　　C. 垄断资本　　　D. 金融资本

4. 垄断资本攫取垄断利润的最重要手段是（　　）。
A. 大资本兼并小资本　　　　　　B. 垄断价格
C. 垄断生产　　　　　　　　　　D. 政府干预

5. 国家垄断资本主义是（　　　）。

A. 国家垄断社会生产的全部　　　　B. 国家垄断市场

C. 国家和私人垄断资本相结合　　　D. 国家兴办国有企业

6. 国家垄断资本主义理论基础产生的标志是（　　　）。

A. 凯恩斯主义　　　　　　　　　　B. 货币主义

C. 帝国主义　　　　　　　　　　　D. 罗斯福新政

7. 下列中不属于资本主义国家微观经济管制的选项是（　　　）。

A. 货币政策管制　　　　　　　　　B. 反托拉斯法

C. 社会经济管制　　　　　　　　　D. 公共事业管制

8. 扩张性的财政政策是（　　　）。

A. 增发货币　　　　　　　　　　　B. 降低利率

C. 增加财政支出和减税　　　　　　D. 增加税负和削减财政支出

9. 紧缩性的财政政策是（　　　）。

A. 削减财政支出　　　　　　　　　B. 增加财政支出

C. 减税　　　　　　　　　　　　　D. 提高利率

10. 凯恩斯将资本主义经济危机的原因归结为（　　　）。

A. 市场萧条　　　　　　　　　　　B. 工厂开工不足

C. 资本主义基本矛盾　　　　　　　D. 有效需求不足

二、多项选择题

1. 第二次世界大战后，国家垄断资本主义的表现是（　　　）。

A. 国家不干预经济

B. 国家干预经济成为经常现象

C. 国家的经济职能向直接管理企业发展

D. 国家的经济职能和市场机制紧密结合在一起

E. 在所有发达资本主义都出现了国家垄断资本主义

2. 国家垄断资本主义的具体形式包括（　　　）。

A. 国有企业

B. 私人企业

C. 国私共有合营企业

D. 国家通过政府采购等形式参与私人垄断资本的再生产过程

E. 国家的宏观调控和微观管制

3. 垄断性企业可通过（　　　）等方法，达到控制或操纵一个甚至几个部门的生产和流通。

A. 协定　　　　B. 同盟　　　　C. 联合　　　　D. 参股　　　　E. 竞争

4. 资本主义国家的微观经济管制类型主要是（　　　）。

A. 财政政策　　　　B. 反托拉斯法　　　　C. 公共事业管制

D. 货币政策　　　　E. 社会经济管制

5. 资本主义国家宏观经济调控的目标主要是（　　　）。

A. 实现充分就业　　　B. 防止和抑制通货膨胀　　　C. 平抑经济波动

D. 谋求稳定的国民经济增长　　　　E. 改善国民福利

6. 资本主义国家实施货币政策的工具主要有（　　　）。

A. 利率　　　　B. 法定存款准备金率　　　C. 税率

D. 再贴现率　　　　E. 公开市场业务

三、判断题（请在括号中填写"对"或"错"）

1. 自由竞争资本主义向垄断资本主义转变，是在 18 世纪工业革命发生后开始的。（　　）

2. 资本集聚与资本集中程度较高，是自由竞争资本主义的基本特征之一。（　　）

3. 生产集中和资本集中自然而然地产生垄断。（　　）

4. 银行资本与工业垄断资本密切融合，形成了一种新型垄断资本，即金融资本。（　　）

5. 垄断资本主义的重要标志或特点是金融资本的形成及其垄断。（　　）

6. 国家垄断资本主义最典型、最深层次的形式是政府采购。（　　）

7. 国家垄断资本主义的实质就是国家对资本主义经济的垄断控制。（　　）

8. 发达资本主义国家对宏观经济的调控，是由市场调节的局限性所决定的。（　　）

四、问答题

1. 列宁曾经指出的垄断资本主义具有的五个基本特征是什么？

2. 国家垄断资本主义产生和发展的主要原因是什么？

3. 简述市场调节的局限性。

4. 国家垄断资本主义的形式有哪些？

5. 资本主义国家调节干预经济主要有哪些手段？

6. 资本主义国家宏观调控的目标主要有哪些？

7. 分析国家垄断资本主义产生和发展的主要原因。

8. 请分析国家垄断资本主义的实质。

本章课后辅导题答案与分析

一、单项选择题

1. D   2. B   3. D   4. B   5. C

6. A   7. A   8. C   9. A   10. D

二、多项选择题

1. BDE   2. ACDE   3. ABCD   4. BCE   5. ABCDE   6. ABDE

三、判断题（请在括号中填写"对"或"错"）

1. 错；2. 错；3. 对；4. 对；5. 对；6. 错；7. 错；8. 对。

四、问答题

1. 答：①垄断组织在经济生活中起决定作用；②在金融资本的基础上形成金融寡头的统治；③资本输出有了特别重要的意义；④瓜分世界的资本家国际垄断同盟已经形成；⑤最大资本主义列强把世界上的领土分割完毕。

2. 答：①社会生产力发展是国家垄断资本主义产生的物质基础；②战后经济恢复，要求建立国家垄断资本主义；③为克服经济危机，需要发展国家垄断资本主义；④国际市场竞争日趋激烈，要求发展国家垄断资本主义。

3. 答：①外部性问题难以得到解决；②市场运行主体行为目标具有短视性；③市场调节具有自发性、盲目性和滞后性；④市场调节会造成收入分配上的不公平；⑤市场调节不能解决社会再生产中的矛盾。

4. 答：①国家所有并直接经营的国有企业是典型形式；②国私共有合营企业；③国家通过多种形式参与私人垄断资本的再生产过程；④国家对经济的宏观调控和微观管制。

5. 答：①财政政策；②货币政策；③产业政策；④收入政策。

6. 答：①谋求国民经济的协调发展；②实现充分就业；③谋求稳定的经济增长率；④平抑经济波动；⑤稳定物价，防止和抑制通货膨胀；⑥改善国民福利。

7. 答：国家垄断资本主义的产生和发展不是偶然的，它是科技进步和生产社会化进一步提高的产物，是资本主义基本矛盾进一步尖锐化的必然产物。具体来讲，有以下主要原因：①社会生产力发展，要求资本主义生产资料占有形式发生变化，这是国家资本主义产生的物质基础；②战后经济恢复，要求建立国家垄断资本主义；③为克服经济危机，实现经济的稳定发展，需要发展国家垄断资本主义；④国际市场竞争日趋激烈，要求发展国家垄断资本主义。

8. 答：仍然属于私人资本主义或垄断资本主义的性质。首先，国有企业从表面上看是"公有"的，但其实质仍然是垄断资本主义所有制，是为垄断资本服务的，只不过不是为某一个个别垄断资本服务，而是为垄断资本家总体服务；其次，国私共有合营，可以使私人垄断资本直接利用国家资本来增强自己的经济实力和竞争力；最后，国家参与私人资本的再生产过程更有利于私人垄断资本。

第十二章 经济全球化和资本主义国际经济关系

本章知识鸟瞰图

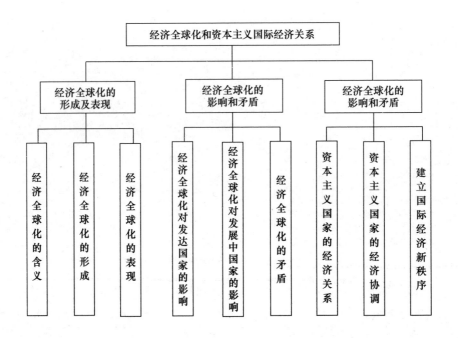

本章重点和难点

第一节 经济全球化的形成及表现

一、经济全球化的含义

经济全球化是以资本、技术、信息等各类生产要素在全球范围内进行流动和配置，各国经济相互联系、相互依赖的一体化过程。

二、经济全球化的形成

严格地讲，经济全球化并不完全是一个新的现象。事实上，自从资本主义来到这个世界以后，经济全球化的过程就开始了。经济的全球化是与资本主义生产方式在全球的扩展相伴随的。

第二次世界大战后，经济全球化的第二次高潮是从 20 世纪 80 年代开始的，在 90 年代逐渐加速发展。经济全球化已经成为一个世界性潮流。具体来讲，引起经济全球化的主要原因有以下三点：

（1）科学技术的进步。科学技术，特别是信息技术的出现，为经济全球化提供了坚实的技术基础。

（2）跨国公司的发展。跨国公司为经济全球化提供了适宜的企业组织形式。任何人类的经济活动都是与特定的经济组织形式相联系的。与其他经济组织形式相比，跨国公司是与经济全球化联系最为密切的经济组织形式。

（3）市场经济体制成为各国的选择。经济全球化赖以存在的资源配置机制是市场经济。

三、经济全球化的表现

经济全球化作为世界各国经济的一体化过程，其表现是多方面的，其中最主要的是：

1. 生产全球化

人类的生产活动是以分工和协作的方式进行的，市场则起着分工媒介的作用。分工深化的程度反映着生产社会化的程度。传统的国际分工是一种垂直型分工。水平型国际分工则是高层次生产的专业化形式。

2. 贸易全球化

贸易全球化主要表现为国际贸易迅速扩大，服务贸易发展迅速，参与贸易的国家急剧增加。国际贸易迅速扩大的标志是国际贸易增长率大大高于世界经济增长率。

3. 金融全球化

基于生产和贸易的全球化，金融全球化的进程也在大大加快。首先，国际债券市场融资规模迅速扩大。其次，国际股票市场和基金市场迅速发展。最后，金融市场高度一体化。

4. 企业经营全球化

企业经营全球化的重要标志是跨国公司成为世界经济的主体。跨国公司的迅速发展，使生产、资本和商品的国际化进一步深化，极大地推动了经济全球化进程。

第二节　经济全球化的影响和矛盾

一、经济全球化对发达国家的影响

发达资本主义国家作为经济全球化的发源地，从经济全球化中获得了大量的利益。这主要表现在以下方面：

第一，发达资本主义国家通过制定规则而获得好处。

第二，发达资本主义国家通过贸易获得好处。

第三，发达资本主义国家从国际资本流动中获得好处。

由上可见，对发达资本主义国家来说，经济全球化的影响并不像某些西方学者所说的那样损害了发达资本主义国家的利益。恰恰相反，发达资本主义国家通过不对等的国际制度，可以获取更大的收益和承担更少的成本。这反过来又进一步加强了发达国家的优势地位和对国际制度的主导权。也就是说，发达资本主义国家不仅因历史延续可以在经济全球化中获取更多的利益，而且这种状况在一定程度上是可以自我加强和自我维持的。

二、经济全球化对发展中国家的影响

由于发展中国家的后发性，经济全球化给发展中国家既带来了巨大的发展机遇，又带来了严峻的挑战。带来的机遇表现在：①改善资金和先进技术不足的局面；②推动产业结构的调整和优化；③推动对外贸易的扩大；④在参与国际合作

中维护自己的权益；⑤促进经济和社会的发展。

经济全球化的利益是不容否认的，但是对于广大发展中国家来讲，经济全球化是一把"双刃剑"，它既给发展中国家带来利益，也给发展中国家带来巨大的风险。在当今经济全球化条件下，发达资本主义国家与发展中国家的国际经济地位仍然存在着巨大的差距，目前的国际经济机制在很大程度上是发达国家政策协调的结果。大多数国际规则都对发达资本主义国家有利，或者干脆就由发达资本主义国家制定出来要求发展中国家接受和服从。此外，全球化还给发展中国家经济发展带来了许多新的挑战，如资本流动的冲击；冲击发展中国家的市场，使他们的民族经济面临越来越大的压力和挑战；降低国内政策的有效性。

因此，经济全球化对于发展中国家而言，既是机遇，又是挑战。发展中国家必须抓住机遇，迎接挑战，努力在 21 世纪的世界经济新格局中求得更大发展。

三、经济全球化的矛盾

经济全球化具有二重性，是一个充满矛盾的进程。

一方面，它促进生产社会化进一步发展，带给当今世界积极变化。第一，全球市场加速形成，商品、服务、资本、劳动力等生产要素市场早已超出国家和地区的界限在全球范围内迅猛扩大，其发展速度与规模可谓史无前例。第二，跨国公司高度发展，全世界 4 万多家跨国公司已控制世界生产的 40% 和世界贸易的60%，跨国公司的国际生产和经营正在实现全球范围内的资源配置和生产要素组合。第三，科技进步，尤其是以电子计算机和互联网等为主的信息技术使生产力发展出现新的飞跃，国际分工进一步深化，世界范围的生产和流通已被联结成一个不可分割的整体。第四，世界各国和地区之间的经济相互依赖关系空前强化，几乎所有国家都不同程度地卷入国际性或区域性经济合作组织之中。经济全球化的这种发展推动了整个人类社会生产力的发展，促进了资源在全世界范围内的有效配置。

另一方面，经济全球化又会产生消极的后果，其表现主要是：第一，在经济增长中忽视社会进步，环境恶化与经济全球化有可能同时发生。第二，各国特别是相对落后国家原有的体制、政府领导能力、社会设施、政策体系、价值观念和文化都面临着全球化的冲击，国家内部和国际社会都出现不同程度的治理危机。第三，经济全球化使各国的产业结构调整变成一种全球行为，它既为一国经济竞争力的提高提供了条件，同时也存在着对别国形成依赖的危险。第四，各国经济发展的不平衡不断加剧，贫者愈贫、富者愈富的现象继续发展。

第三节　经济全球化条件下的资本主义国际经济关系

一、资本主义国家的经济关系

（1）发达资本主义国家之间的经济关系。在经济全球化条件下，资本主义发展不平衡规律依然在起作用，发达资本主义国家之间的经济优势发生了新的变化，彼此之间的经济矛盾也不断加剧，这些经济矛盾主要表现为贸易冲突、投资冲突和金融冲突。

（2）发达资本主义国家与发展中国家之间的经济关系。发达资本主义国家与不发达国家即发展中国家之间的经济关系，是资本主义世界体系中经济关系的重要方面。随着经济全球化的发展，发达资本主义国家与发展中国家之间的相互依存、相互联系不断增强，但它们之间的矛盾和冲突也日益突出。发达资本主义国家与发展中国家之间经济关系的实质，是剥削与反剥削、控制与反控制之间的经济关系。

二、资本主义的国际经济协调

资本主义国际经济协调的形式主要有三种：国际经济组织的协调；区域经济联盟的协调；政府首脑会晤的协调。

1. 国际经济组织的协调

国际经济组织按照其活动区域和影响力分为：世界经济组织和区域性经济组织。其中，世界经济组织的地位较高、作用较大。在当今具有较大影响的世界经济组织主要有世界贸易组织、国际货币基金组织以及世界银行。

2. 区域经济联盟的协调

20 世纪 80 年代末以来，在经济全球化的大背景下，区域经济联盟有了长足的发展。美、日、欧三大区域经济中心的较量越来越激烈、复杂，直接推动了西欧、北美、亚太经济区域化的发展。区域经济联盟使区域经济协调成为可能。

除了三大区域化组织外，还有众多的经济集团遍布世界各地。目前世界上主要的区域集团组织有 30 多个，涉及将近 2/3 的国家。

3. 政府首脑会晤的协调

其主要形式是西方八国首脑会议。西方八国首脑会议的形成，首先着眼于少数几个发达资本主义国家关系的协调，同时反映了经济全球化条件下协调全球经济运行的客观需要，它对全球的影响已经从经济层面扩展到政治层面直至全球问题，成为了与联合国、世界贸易组织、国际货币基金组织和世界银行等国际组织并行的国际协调机制。

尽管"二战"后资本主义国际协调有了较大的发展，但从总体上讲，经济全球化条件下的国际协调仍远远滞后于经济全球化水平，具体表现在如下四个方面：

第一，全球经济的游戏规则仍然以发达国家的利益为核心，许多制度安排未将发展中国家考虑进去。

第二，国际组织在促进各国经济联系加强的同时，并没有找到一条适应经济全球化发展的模式。

第三，经济全球化程度低于区域经济一体化程度。

第四，经济全球化规则最终影响经济全球化的利益分配。

三、建立国际经济新秩序

（1）时代的主题。当今世界，和平与发展是时代的主题。要和平稳定，不要战争动乱，要繁荣进步，不要贫穷落后，是各国人民的共同心愿。

（2）发展中国家为建立新的国际经济秩序而努力。国际秩序是指以一定世界格局为基础所形成的国际行为规范和相应的保障机制，通常包括国际规则、国际协议、国际惯例和国际组织等。在现存的国际经济秩序中，发展中国家与发达国家之间是不平等的关系。广大发展中国家在第二次世界大战后虽然取得了政治上的独立，但在国际交往中处于不平等、受剥削的地位，这是南北关系的基本特征。

（3）建立新的国际经济秩序的目标和原则。国际经济新秩序是相对于国际经济旧秩序而言的。它是指在国际经济交往中消灭剥削和控制，建立起真正体现平等互利、互助合作原则的世界经济体系。

本章复习与思考题答案

1. 解释下列概念：①经济全球化；②布雷顿森林体系。

①经济全球化是以资本、技术、信息等各类生产要素在全球范围内进行流动和配置，各国经济相互联系、相互依赖的一体化过程。

②1944 年，美、英、法等 44 国共同参加了布雷顿森林会议，建立旨在稳定国际金融、改善国际贸易环境的国际货币基金组织和国际复兴开发银行，建立了以美元为中心的货币体系，该体系被称为布雷顿森林体系。

2. 经济全球化的含义和表现是什么？它是如何形成的？

答：（1）经济全球化是以资本、技术、信息等各类生产要素在全球范围内进行流动和配置，各国经济相互联系、相互依赖的一体化过程。经济全球化作为世界各国经济的一体化过程，其表现是多方面的，其中最主要的是：①生产全球化；②贸易全球化；③金融全球化；④企业经营全球化。

（2）严格地讲，经济全球化并不完全是一个新的现象，事实上，自从资本主义来到这个世界以后，经济全球化的过程就开始了。经济全球化是与资本主义生产方式在全球的扩展相伴随的。

15世纪初，随着商品经济的发展，地中海沿岸出现了资本主义的萌芽，意大利北部的城市，如威尼斯、热那亚等已成为欧洲贸易中心。15世纪末16世纪初，地理上的大发现以及海外殖民地的开拓，使欧洲贸易中心从地中海扩展到大西洋沿岸。

18世纪中期至19世纪中期，以蒸汽机和纺织机的发明和使用为重要标志的第一次工业革命，使资本主义生产由工场手工业过渡到机器大工业，工业革命奠定了资本主义制度的物质基础，确定了资本主义制度在全球的统治。19世纪后半期发生了以电力和电动机的发明和使用为标志、以重化工业的兴起为核心的第二次工业革命，它极大地促进了世界经济的发展，推动了经济的全球化，并对资本主义国际分工体系的最终形成起了决定性作用。

19世纪末20世纪初，资本主义进入垄断阶段，布雷顿森林体系建立之后出现了50年代和60年代战后资本主义的黄金时期。从20世纪50年代到70年代，各个国家都逐渐降低关税贸易壁垒，减少各种限额，使世界经济逐渐出现了一个经济一体化程度更高的资本主义全球经济。战后经济全球化的第二次高潮是从20世纪80年代开始的，在90年代逐渐加速发展，经济全球化已经成为一个世界性潮流。

3. 经济全球化对不同的国家有什么影响？

答：（1）经济全球化对发达国家的影响。发达资本主义国家从经济全球化中获得了大量的利益，主要表现在以下几个方面：①发达资本主义国家通过制定规则而获得好处。②发达资本主义国家通过贸易获得好处。③发达资本主义国家从国际资本流动获得好处。由上可见，发达资本主义国家通过不对等的国际制度，可以获取更大的收益和承担更少的成本。这反过来又进一步加强发达国家的优势地位和对国际制度的主导权。

（2）经济全球化对发展中国家的影响。经济全球化对发展中国家而言，是把"双刃剑"，既给发展中国家带来机遇，又使发展中国家面临着挑战。经济全球化给发展中国家带来的机遇有：①改善资金和先进技术不足的局面。②推动产业结构的调整和优化。③推动对外贸易的扩大。目前世界贸易发展出现一个新特点，即制成品贸易在世界贸易中所占比重越来越大，而发展中国家在制成品贸易中的比重大幅度增长。④在参与国际合作中维护自己的权益。⑤促进经济和社会发展。同时，经济全球化给发展中国家带来的挑战有：①资本流动的冲击。②冲击发展中国家的市场，使他们的民族经济面临越来越大的压力和挑战。③降低国内政策的有效性。

4. 为什么说资本主义国际经济协调不能消除资本主义国家经济关系中的矛盾？

答：战后资本主义国际经济协调有了较大的发展，但从本质上来说，经济全球化条件下的国际协调不能消除资本主义国家经济关系中的矛盾，主要原因有以下几个方面：①全球经济的游戏规则仍然以发达国家的利益为核心，许多制度安排未将发展中国家考虑进去。②国际组织在促进各国经济联系加强的同时，并没有找到一条适应经济全球化发展的模式。③全球一体化程度低于区域一体化程度。④全球经济一体化规则最终影响经济全球化的利益分配。

可见，在经济全球化条件下，国际经济协调的加强是大势所趋。但是，各发达资本主义国家之间在经济发展中的经济关系表现为矛盾与协调并存，又因为发达资本主义国家之间的经济协调作用是十分有限的，经过调节，旧的矛盾得到缓解，但新的矛盾还会产生，协调不断进行，也不断被破坏。因此，协调过后是更为剧烈的摩擦。综上所述，资本主义国际经济协调不能消除资本主义国家经济关系中的矛盾。

5. 建立国际经济新秩序的目标和原则是什么？

答：（1）建立国际经济新秩序的目标：

1）变革现有的国际生产体系、国际贸易体系和国际金融体系，让发展中国家以平等的地位参加国际分工；要求发达资本主义国家降低对发展中国家出口的关税或非关税壁垒，提高发展中国家初级产品的价格和竞争能力；要求为发展中国家解决货币与发展资金问题，增加技术的转让，使发展中国家的产品顺利进入世界市场。

2）确保发展中国家能够有效地控制本国的资源，并享有限制和监督跨国公司行为的权利，取消发达资本主义国家对发展中国家不利的限制性商业活动。

3）使发展中国家能够充分、平等地参与国际经济事务的决策；改组现有的国际机构；加强联合国在国际经济合作方面的作用。

（2）建立国际经济新秩序的原则：

1）各国在政治上互相尊重、共同协商，经济上相互促进、共同发展，文化上相互借鉴、共同繁荣，安全上相互信任。

2）以互信、互利、平等、协作为核心，通过平等对话增进相互信任，通过互利合作促进共同安全，反对各种霸权形式、霸权主义和强权政治。

3）维护世界多样性，提倡国际关系民主化和发展模式多样化，实现不同社会制度和发展道路合作竞争、取长补短、求同存异、共同发展。

4）国家不分大小、强弱、贫富，都拥有平等参与国际事务的权利，任何国家都不应该谋求霸权，推行强权政治。

5）以和平方式解决国家之间的一切分歧或争端，通过对话协商增进相互了解和信任，通过多边、双边协调合作逐步解决彼此间的矛盾和问题。

6）在平等互利基础上加强和扩大经济、科技、文化的交流与合作，促进共同发展与繁荣，反对经贸交往中不平等现象和各种歧视性政策与做法，更不允许动辄对别国进行所谓的经济制裁。

本章课后辅导题

一、单项选择题

1. 与经济全球化联系最为密切的经济组织形式是（　　）。

A. 连锁公司　　　　　　　　B. 跨国公司

C. 外贸企业　　　　　　　　D. 混合所有制企业

2. 经济全球化赖以存在的资源配置机制是（　　）。

A. 生产社会化　　B. 贸易全球化　　C. 计划经济　　D. 市场经济

3. 传统的国际分工是一种（　　）。

A. 自然分工　　　　　　　　B. 水平型国际分工

C. 垂直型国际分工　　　　　D. 家庭式分工

4. 为各国平等参与国际分工和国际竞争提供了机会和条件的是（　　）。

A. 水平型国际分工　　　　　B. 产业分工

C. 家庭式分工　　　　　　　D. 垂直型国际分工

5. 经济全球化的矛盾反映的是（　　）。

A. 发达国家与发展中国家的矛盾　　B. 资本主义国家之间的矛盾

C. 资本主义基本矛盾　　　　　　　D. 市场供求矛盾

6. 当今世界，时代的主题是（　　）。

A. 平等与合作　　　　　　　B. 互信与交流

C. 共赢与共生　　　　　　　D. 和平与发展

7. 经济全球化条件下发达国家之间的矛盾和争夺主要集中在（　　）。

A. 经济领域　　　　　　　　B. 政治领域

C. 争夺世界霸权　　　　　　D. 重新分割世界领土

8. 布雷顿森林体系建立了（　　）的货币体系。

A. 以黄金为中心　　　　　　　　B. 以 SDR（特别提款权）为中心

C. 以美元为中心　　　　　　　　D. 以一揽子货币为中心

9. 唯一规范国际资本流动的全球性多边组织是（　　　）。

A. 世界贸易组织　　　　　　　　B. 世界银行

C. 国际货币基金组织　　　　　　D. 国际复兴开发银行

10. 中国主张在（　　　）的基础上建立和平、稳定、公正、合理的国际新秩序。

A. 联合国宪章　　　　　　　　　B. 和平共处五项原则

C. 各主要国际组织规则　　　　　D. 国际法体系

11. 第一个南北经济合作组织是（　　　）。

A. 世界贸易组织　　　　　　　　B. "七十七国集团"

C. 世界银行　　　　　　　　　　D. 北美自由贸易区

12. 下面哪项不属于三大区域化组织（　　　）。

A. 欧盟　　　　　　　　　　　　B. 八国首脑会议

C. 北美自由贸易区　　　　　　　D. 亚太经合组织

二、多项选择题

1. 经济全球化的具体表现为（　　　）。

A. 贸易自由化程度提高　　　　　B. 全球生产经营网络形成

C. 金融国际化趋势增强　　　　　D. 国际合作与联系日益加强

E. 贸易保护主义合法化

2. 引起经济全球化的原因主要有（　　　）。

A. 科学技术的进步　　　　　　　B. 跨国公司的发展

C. 贸易保护主义抬头　　　　　　D. 市场经济体制成为各国的选择

E. 全球贫富差别的显现

3. 经济全球化条件下，发达资本主义国家之间经济矛盾不断加剧，主要表现为（　　　）。

A. 贸易冲突　　　　　B. 生态冲突　　　　　C. 投资冲突

D. 金融冲突　　　　　E. 技术壁垒

4. 发达资本主义国家与发展中国家之间经济关系的实质，是（　　　）之间的经济关系。

A. 剥削与反剥削　　　B. 统治与反统治　　　C. 控制与反控制

D. 先进与落后　　　　E. 开放与封闭

5. 经济全球化给发展中国家带来的新挑战是（　　　）。

A. 对国外资本的过度依赖

B. "数字鸿沟"的出现

C. 冲击国内市场

D. 冲击国内产业

E. 降低国内政策的有效性

6. 资本主义国际经济协调的形式主要有（　　）。

A. 国际经济组织的协调　　　　　　B. 区域经济联盟的协调

C. 世界市场机制的协调　　　　　　D. 政府首脑会晤的协调

E. 国际法体系的协调

7. 当今具有较大影响的世界经济组织主要有（　　）。

A. 国际货币基金组织　　　　　　　B. 亚太经济合作组织

C. 世界银行　　　　　　　　　　　D. 八国首脑会议

E. 世界贸易组织

8. 我们还不能说当今世界已经是和平与发展的世界，这是因为（　　）。

A. 世界和平还受到霸权主义以及恐怖主义等的威胁

B. 局部战争和动乱还存在

C. 世界各国经济发展还存在诸多问题，南北差距还在扩大

D. 一些关系到全人类的问题还很突出和严峻

E. 不公平、不合理的国际政治经济旧秩序还没有完全废除

三、判断题（请在括号中填写"对"或"错"）

1. 国际贸易增长率大大高于世界经济增长率是国际贸易迅速扩大的标志。（　　）

2. 垂直型国际分工构成了经济全球化的基础。（　　）

3. 水平型国际分工相较垂直型国际分工，是高层次的生产专业化形式。（　　）

4. 世界银行的基本宗旨和首要任务是保持汇率的稳定和维持国际收支平衡。（　　）

5. "二战"以后，全球经济的游戏规则仍然以发达国家的利益为核心。（　　）

6. 随着一系列国际组织的建立，经济全球化程度要大大高于区域经济一体化程度。（　　）

7. 在国际经济组织中，区域经济组织的地位较高、作用较大。（　　）

8. 经济全球化使得各国经济发展的不平衡不断加剧，贫者愈贫、富者愈富的现象继续发展。（　　）

四、简答题

1. 简述经济全球化形成的原因。

2. 我国主张在和平共处五项原则的基础上建立国际新秩序，请简述其原因。

3. 发达资本主义国家如何从制定规则中获得好处？

4. 简述经济全球化条件下发达资本主义国家对发展中国家进行剥削掠夺的主要形式。

本章课后辅导题答案与分析

一、单项选择题

1. B　　2. D　　3. C　　4. A　　5. C　　6. D

7. A　　8. C　　9. C　　10. B　　11. D　　12. B

二、多项选择题

1. ABCD　2. ABD　3. ACD　4. AC　5. ACDE　6. ABD　7. ACE　8. ABCD

三、判断题（请在括号中填写"对"或"错"）

1. 对；2. 错；3. 对；4. 错；5. 对；6. 错；7. 错；8. 对。

四、简答题

1. 答：①科学技术的进步。科学技术为经济全球化提供了坚实的技术基础。②跨国公司的发展。跨国公司为经济全球化提供了适宜的企业组织形式。③市场经济体制成为各国的选择。经济全球化赖以存在的资源配置机制是市场经济。

2. 答：①和平共处五项原则是正确处理国家间关系最基本的国际关系准则，反映了新型国际关系的本质特征，符合联合国宪章的宗旨和原则；②和平共处五项原则是一套完整的行为规范，比其他国际性、区域性的法律原则更全面更合理，是国际社会能够普遍接受的行之有效的原则；③它是和平与发展两大主题的要求，是由多极化趋势和多样化世界的现实所决定的，是同霸权主义和强权政治针锋相对的，最能反映世界各国特别是广大发展中国家的共同愿望，最符合所有国家和人民的利益；④和平共处五项原则经受住了历史的考验，国际关系的历史和现实证明了建立在和平共处五项原则基础上的国际新秩序是完全可行的。

3. 答：全球经济化的过程是生产社会化程度不断提高的过程，社会分工得以在更大的范围内进行，资源可以在更大范围内追求最优配置，这可以带来巨大的分工利益。但因为经济全球化，全球经济仍处于发达资本主义国家占主导地位的状态，这意味着支撑经济全球化的制度、规则必然也是西方化的。发达资本主义国家经过数百年的发展，拥有较为成熟的经济制度、市场经济体制和市场经济运行机制，也有着完备的宏观调控体系。对发达资本主义国家来说，在国内，它们有相对成熟而又稳定的制度；在国际上，国际通行的制度是由它们主导的，国际规则在很大程度上体现了其国内规则的特点，其不存在与国外规则的严重冲突。这样，当这些国家的政府、企业或其他经济主体在不同市场上开展活动时，就不会面临规则的冲突及由此产生的不确定性。它们也可以利用在国内行之有效的手段和措施来应对国际市场的风险和不确定性，降低交易成本。

4. 答：在经济全球化条件下，发达资本主义国家对发展中国家进行剥削和掠夺的方式，仍然是新殖民主义，其主要形式有：首先，通过直接投资，加强对发展中国家各产业部门的渗透，极力维持旧的国际分工体系，使发展中国家在经济结构上保持对它们的依附性。其次，通过对现代科学技术的垄断，在技术转让中对发展中国家实行种种限制，以保持发展中国家在技术方面对它们的依附关系。再次，对世界市场和产品价格的垄断，对发展中国家进行不等价交换，从中剥削、掠夺，并使发展中国家在贸易上依附于发达资本主义国家。最后，通过对国际货币和金融的垄断，并借助政府和国际金融机构，保持发展中国家对发达资本主义国家在金融方面的依附关系。

第十三章 资本主义的历史地位和发展趋势

本章知识鸟瞰图

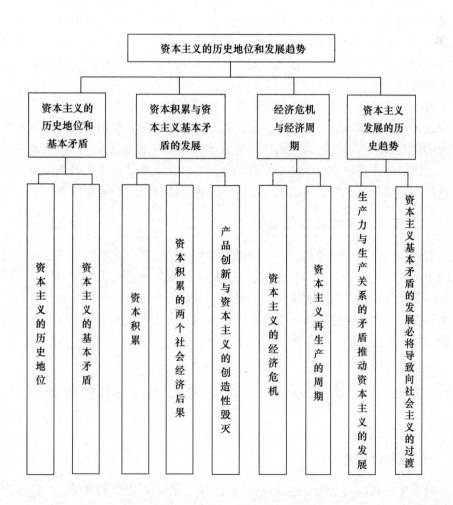

本章重点和难点

第一节 资本主义的历史地位和基本矛盾

一、资本主义的历史地位

资本主义经济制度是一种以生产资料私有制为基础、以资本家占有工人剩余劳动为本质的剥削制度。承认资本主义制度是一种剥削制度并不意味着否定资本主义制度的历史功绩。在政治经济学理论中，剥削不是一个伦理概念，而指的是依靠所有权而占有他人劳动的一种生产关系。在一定历史条件下，剥削制度可以成为社会生产力发展的巨大杠杆。对于资本主义制度的历史作用，马克思主义经典作家曾经给予过极高的评价。

资本主义首先造成了商品关系的普遍化。对剩余价值的无止境贪欲，驱使资产阶级奔走于全球各地，到处落户，到处开发，到处建立联系。它冲破了各民族之间的相互封闭状态，把人类的历史变成了真正的"世界历史"。在资本主义社会，由于商品关系的普遍化特别是劳动力的商品化，劳动者摆脱了类似奴隶制和封建制下的那种对统治阶级的人身依附，实现了法律上的平等和自由。

二、资本主义的基本矛盾

对剩余价值无止境地追求，一方面推动了劳动生产率的不断提高和生产社会化的不断发展，另一方面又对生产社会化的进一步发展造成了严重障碍。生产力与生产关系的矛盾在资本主义生产方式中，表现为生产的社会化与生产资料资本主义私人占有之间的这个基本矛盾。这个基本矛盾不是从天上掉下来的，而是商品经济基本矛盾发展到一定阶段的必然产物。

第二节 资本积累与资本主义基本矛盾的发展

一、资本积累

社会生产是周而复始、连续进行的再生产。根据再生产的规模，可以分为简单再生产和扩大再生产。简单再生产是在维持原有的规模基础上的再生产；扩大再生产是在规模扩大基础上进行的再生产。

扩大再生产有两种类型：外延扩大再生产和内涵扩大再生产。依靠投入的增加而推动产出同比例增长的扩大再生产，即外延扩大再生产；依靠生产要素的使用效率提高，而不是依靠投入增加来推动的产出增长，即内涵扩大再生产。在现实中，增加投入和提高效率，这两种方式是相互区别又相互联系的，投入的合理增加有可能带来效率的提高，而效率提高的过程也需要一定投入的增加，其中，科技含量的提高是关键性的因素。在扩大再生产需要增加投资的情况下，把剩余价值转化为资本，叫作资本积累。资本积累是资本扩大再生产的重要源泉，剩余价值或利润是资本积累的唯一源泉。

二、资本积累的两个社会经济后果

伴随着资本有机构成的不断提高，资本积累导致了以下两个重要的社会经济后果。

1. 相对人口过剩

随着资本积累的发展和资本有机构成的提高，社会总资本中不变部分和可变部分的比例会发生变化，可变资本部分相对减少，不变资本部分相对增加。

从表面上看，总资本的可变部分的相对减少，好像是由于工人人口的绝对增长总是比可变资本增长得快。但事实是资本主义积累不断地，并且同它的能力和规模成比例的生产出相对的，即超过资本增值的平均需要的，因而是过剩的或追加的工人人口。这种人口过剩既不是绝对的，也不是自然的，而是由资本主义制度造成的相对于资本增值需要而言的人口过剩。

相对过剩人口的存在意味着，在资本主义经济制度下，失业问题是制度性的，是资本主义制度的顽疾。

2. 平均利润下降趋势

资本积累一方面导致了相对人口过剩和两极分化，另一方面导致了平均利润率的下降趋势。

积累的不断增大、有机构成的不断提高，又会进一步造成利润率下降的压力，为了减少这种压力，资本家只得更多地积累。正是这样一种机制推动着资本主义经济的不断发展，同时又不断加剧着资本主义经济制度的内在矛盾。

首先，利润率下降的规律表现为剩余价值的生产和剩余价值的实现之间的矛盾。其次，平均利润率下降规律还表现为生产的扩大和价值增值之间的矛盾。最后，平均利润率的下降过程中还引起人口过剩时的资本过剩。

三、产品创新与资本主义的"创造性毁灭"

在讨论相对人口过剩和平均利润率下降趋势时，我们假定生产部门是既定的，没有考虑产品创新和由此带来的部门创新问题。但是，现实的资本积累是在部门不断创新和分工体系不断扩大的条件下进行的，创新是资本主义的动力所在，只有不断进行产品的创新，才能为资本家带来超额利润，为资本主义发展创造新的市场需求。这种不断破坏旧结构，创造新结构的过程，被有的经济学家称作是"创造性的毁灭"的过程。在考虑技术创新的条件下，社会生产力的发展就不仅仅表现为个别产品劳动生产率和有机构成的提高，更重要的是体现为劳动分工的发展，体现为新产品和新部门的出现。产品创新是一把"双刃剑"，它一方面阻止了平均利润率的下降，另一方面又在更大的程度上促使了平均利润率的下降，由此导致了资本积累和资本主义经济的大规模波动。

第三节　经济危机与经济周期

一、资本主义经济危机

所谓资本主义经济危机，是指与资本主义经济制度直接有关，由资本主义经济制度因素引起的经济危机，即生产相对过剩的经济危机。生产相对过剩的危机是资本主义矛盾的集中表现。

由于资本主义生产的目的是追求价值的增值而不是使用价值，因而，资本主义生产就突破了资本家自身消费的限制而具有无限扩大的趋势，这主要是由两方面原因造成的：一方面，追求剩余价值是资本主义生产的目的，这种绝对的致富欲是无止境和无限制的；另一方面，竞争作为资本主义生产方式的内在规律从外部强制支配着每一个资本家，迫使他们不断积累，进行扩大再生产，力图在竞争中获得生存和发展。对剩余价值无止境地追求与竞争的外在压力相对结合，使生产具有无限扩大的趋势，生产的商品越来越多，劳动生产率越来越高，物质产品越来越丰富。

二、资本主义再生产的周期

资本主义再生产过程的危机在马克思生活的年代，大概平均 10 年左右爆发一次，在以后的发展中有逐渐缩短的趋势。从一次危机的开始到下一次危机的开始为一个再生产周期。一般情况下，一个再生产周期包括危机、萧条、复苏和高涨四个阶段，其中危机是再生产周期的决定性阶段，它既是上一周期的结束点，又是新周期的起点。

马克思之后，资本主义经济危机周期性发生且日益严重的现实，使马克思主义经济学的研究者和非马克思主义经济学的研究者均对经济发展的周期性现象进行过深入、细致的研究，并且取得了十分有价值的研究成果。其中影响较大且有代表性的成果主要有：①主周期，又称朱格拉周期（7～11年）。②次周期，又称基钦周期（3～5年）。③库兹涅茨周期，又称建筑周期（15～25年）。④长波或称康德拉捷夫周期（45～60年）。

第四节　资本主义发展的历史趋势

一、生产力与生产关系的矛盾推动资本主义的发展

资本主义制度像人类社会所有的制度一样，是在生产力与生产关系的矛盾运动中向前发展的。自由放任的资本主义是资本主义制度的最初形态。在自由放任的资本主义经济中，经济运行完全是靠市场价格来调节的。国家的作用仅限于维护法律和秩序，最多也只是承担某些公共工程和最低限度的社会保障，而不是对经济运行过程进行干预。自由放任的资本主义对于打破封建制度的束缚，促进市场经济和生产力的发展，起到了积极的推动作用。但是，随着机器大工业的生产和社会化大生产的发展，自由市场经济的问题就逐步暴露出来了。

二、资本主义基本矛盾的发展必将导致向社会主义的过渡

社会主义是资本主义基本矛盾长期运动的产物。马克思、恩格斯作为科学社会主义的创始人，与历史上空想社会主义者有着根本不同，他们不是从人类公平、正义等理性原则出发来批判资本主义，并在此基础上构想未来的理想王国，而是依据历史唯物主义的科学方法，通过对资本主义生产方式内在矛盾和运动规律的深刻分析，从中发现否定资本主义经济关系的种种物质因素，从正在瓦解的经济运动形式内部，发现未来的、能够消除这些弊病的、新的生产组织和交换组织的因素，发现未来社会主义经济关系的最基本的特征。社会主义不是人们头脑中的主观想象，而是依据资本主义生产方式矛盾运动本身提出的、用以解决这种矛盾的必然方式。

本章复习与思考题答案

1. 解释下列概念：①相对人口过剩；②创造性毁灭；③资本主义经济危机；④再生产周期；⑤资本有机构成；⑥资本积累的历史趋势。

①相对人口过剩是指资本主义社会中相对于资本需要而呈现多余的劳动人口。这种人口过剩既不是绝对的，也不是自然的，而是由资本主义制度造成的相对于资本增值需要而言的人口过剩。

②创造性毁灭是指由于创新而带来的不断地从经济体系内部革新经济结构的过程，即不断地破坏旧结构、不断地创造新结构的过程。这一概念是著名的美籍奥地利经济学家熊彼特提出的，他用这一概念来描述资本主义的本质和发展过程。

③资本主义经济危机是指与资本主义经济制度直接有关，由资本主义经济制度因素引起的经济危机，即生产相对过剩的经济危机。

④再生产周期是指资本主义再生产过程从一次危机开始到另一次危机开始之间的时期。一般包括危机、萧条、复苏、高涨四个阶段。

⑤资本有机构成是指由资本技术构成决定并反映资本技术构成变化的资本价值构成。

⑥资本积累的历史趋势是指资本主义必然要过渡到社会主义，资本主义私有制必将被社会主义公有制所代替的历史发展趋势。马克思指出，资本主义生产由于自然过程的必要性，造成了对自身的否定，这是否定之否定。这种否定不是重新建立私有制，而是在资本主义时代成就的基础上，重新建立个人所有制。

2. 如何理解资本主义的历史地位？

答：资本主义经济制度是一种以生产资料私有制为基础、以资本家占有工人剩余劳动为本质的剥削制度。承认资本主义制度是一种剥削制度并不意味着否定资本主义制度的历史功绩。在政治经济学理论中，剥削不是一个伦理概念，而指的是依靠所有权而占有他人劳动的一种生产关系。在一定历史条件下，剥削制度可以成为社会生产力发展的巨大杠杆。对于资本主义制度的历史作用，马克思主义经典作家曾经给予过极高的评价。

资本主义首先造成了商品关系的普遍化。对剩余价值的无止境贪欲驱使资产阶级奔走于全球各地，到处落户，到处开发，到处建立联系。它冲破了各民族之间的相互封闭状态，把人类的历史变成了真正的"世界历史"。在资本主义社会，由于商品关系的普遍化，特别是劳动力的商品化，劳动者摆脱了类似奴隶制度和封建制度下的那种对统治阶级的人身依附，实现了法律上的平等和自由。

3. 什么是资本主义制度的基本矛盾？它在资本主义经济中集中体现为哪些方面？

答：资本主义的基本矛盾是生产的社会化与生产资料资本主义私人占有之间的矛盾。这一基本矛盾是商品经济基本矛盾发展到一定阶段的必然产物。商品经济是建立在社会分工基础之上的，社会分工一方面造成了不同的生产者的相互分离，另一方面造成了它们之间的全面的相互依赖，由此导致了劳动的个体性与社会性之间的矛盾。随着简单商品经济发展到资本主义商品经济，私人劳动与社会劳动的矛盾就进一步发展为资本主义的基本矛盾。这一基本矛盾在资本主义经济中，通过平均利润率下降、资本和人口相对过剩以及生产过剩的经济危机等方面得以体现。

4. 为什么说"相对人口过剩"和"平均利润率下降"是资本积累的两大社会经济后果？

答：（1）"相对人口过剩"是资本积累的社会经济后果，这主要是因为随着资本积累的发展和资本有机构成的提高，社会总资本中不变部分和可变部分的比例会发生变化，可变资本部分相对减少，不变资本部分相对增加。因为对劳动的需求不是由总资本的大小决定的，而是由总资本中可变部分的大小决定的。所以在资本有机构成提高的条件下，它随着总资本的增长而按比例地减少。对劳动的需求，同资本量相比相对地减少，并且随着总资本量的增长以递减的速度减少。因而，出现了相对过剩人口。

（2）"平均利润率下降"是资本积累的社会经济后果，这是因为：资本家为了追求更多的剩余价值，必须不断把剩余价值转化为资本，这必然会导致劳动生产率和资本有机构成的不断提高。由于可变资本相对下降，而剩余价值是由可变资本所生产的，所以剩余价值下降，平均利润率下降。

5. 为什么说资本主义经济危机是资本主义基本矛盾的必然产物？

答：资本主义经济危机是指与资本主义经济制度直接相关的，由资本主义经济制度因素引起的经济危机，即生产相对过剩的经济危机。资本主义经济危机是资本主义基本矛盾的必然产物，这是因为：生产相对过剩的危机是资本主义基本矛盾的集中表现。从一般意义上说，只要存在私有制和商品生产，就有经济危机发生的可能性。因为，货币出现之后，商品交换的公式由直接的物物交换即 W—W 转变为了 W—G—W，流通过程就有出现中断的可能性。在商品货币关系发展到一定历史阶段时，货币就不仅表现为流通手段，而且具有了支付手段的职能。信用的出现使危机出现的可能性进一步加强。在资本主义商品生产中，价值的增值是生产和交换的唯一目的，而使用价值则仅仅成了价值增值的一种手段。资本主义经济制度的这个根本特征必然导致生产和消费的严重冲突。

对于剩余价值无止境地追求与竞争的外在压力相对结合，使生产具有了无限扩大的趋势，生产的商品越来越多，劳动生产率越来越高，物质产品越来越丰富。生产的不断扩大和使用价值的大量增加，需要社会购买力的相应增加作为保证，没有社会需要的相应增加，社会再生产过程就会中断。在资本主义生产方式中，雇佣工人既是生产者，又是自主的消费者。工人阶级在资本主义社会中的这种双重地位，带来了资本主义生产方式的一个矛盾——每个资本家在自己的工厂内部剥削工人越成功，对总体资本家而言，其商品实现越困难，资本积累的发展使社会财富日益集中在少数人手中，工人阶级在社会总财富中所占的份额相对资本家阶级在不断缩小，社会财富分配的两极分化现象日益严重，有支付能力的购买力跟不上生产能力的增长。生产和需要的这种矛盾发展到一定程度之后，就会导致生产普遍过剩的经济危机。危机既是资本主义基本矛盾的表现形式，又是这一矛盾得以强制性地缓解的方式。

6. 如何理解固定资本更新是资本主义经济危机周期性存在的物质基础？

答：固定资本更新之所以能够成为经济危机周期性发生的物质基础，其原因主要表现在以下两方面：

第一，固定资本的大规模更新为暂时摆脱危机，促进复苏和高涨阶段的到来准备了物质条件。当经济进入停滞阶段，出于竞争的需要，资本家开始了新一轮投资，对原有设备进行大规模的技术改造，并大量增加新的技术含量更高的技术设备。大规模的投资带动了经济的增长，从而使生产摆脱危机，但是，随着经济的复苏，投资以加速的方式进行，把经济迅速推向繁荣的极限，从而为下一次经济的全面失衡创造了条件。

第二，固定资本的大规模更新在推动了生产增长的同时，又为下一次危机的到来准备了物质条件。大规模的技术更新为资本主义基本矛盾在更进一步的层次上激化创造了条件，这表现在：一方面，新的、效率更高的技术设备的采用，进一步推动了生产社会化水平的提高；另一方面，日益提高的资本有机构成使资本对劳动力的需求相对或绝对减少，这又进一步推动了相对过剩人口的增加，从而使劳动者有支付能力的需求进一步减少。这两方面因素的发展，使资本主义基本矛盾日趋尖锐化，并孕育着下一次危机的到来。

7. 为什么说资本主义基本矛盾必然导致资本主义向社会主义过渡？

答：社会主义不是人们头脑中的主观想象，而是依据资本主义生产方式矛盾运动本身提出的、用以解决这种矛盾的必然方式。社会主义是资本主义基本矛盾长期运动的产物，是生产社会化发展的历史要求。资本主义基本矛盾必然导致资本主义向社会主义过渡，这种必然性可以通过以下几方面进行说明。

（1）资本主义生产的社会化发展主要表现在以下几个方面：第一，由于资本积累的发展，单个资本日益膨胀，出现了成千上万工人在一起共同进行生产的资本主义大企业。在这种大企业中，由于机器大工业技术上的必要性决定了工厂内部生产资料使用的社会化。第二，在机器大工业基础上形成了各个部门和各个企业之间的分工协作的高度发展和相互联系的日益紧密。第三，由于生产规模的扩大和社会分工的发展，狭隘分散的地方市场逐步发展成为统一的国内市场，进而发展成为世界市场。生产的社会化与生产资料的私人占有是矛盾的，生产资料的社会占有是解决这一矛盾的基本途径。

（2）生产的社会化发展到一定程度必然导致资本的社会化。资本的社会化是生产的社会化在资本主义占有方式内部的必然表现，同时它又进一步证明了资本主义占有方式的历史局限性。以股份公司这种形式出现的资本的社会化使资本主义私人占有的财产制度失去了最后存在的理由。

（3）资本主义经济从自由竞争向垄断、从垄断向国家垄断、从国家垄断向国际垄断的发展表明，与生产的社会化相联系的生产的集中代表着社会化大生产发展的主流。与生产的集中相联系的生产资料占有的社会化不仅没有失去意义，而且具有了更加坚实的基础。随着不断生产的社会化，资本社会化的程度也有了空前的发展。无论是股份公司，还是国有化在资本主义经济中都获得了更加巨大的发展，由社会占有代替私人占有社会化资本的可能性大大增强。

由此可见，资本主义生产本身发展的规律性，造成了对它自身的否定。这种否定不是要重新建立私有制，而是在生产资料的集中和劳动的社会化基础上，重新建立个人所有制。因此，资本主义基本矛盾是社会主义取代资本主义的一种必然趋势。

本章课后辅导题

一、单项选择题

1. 资本主义生产关系的前提条件是（　　）。

A. 剩余价值生产　　　　　　　B. 劳动力转化为商品

C. 等价交换　　　　　　　　　D. 商品生产

2. 推动危机周期性发生的物质基础是（　　）。

A. 生产剩余价值　　　　　　　B. 固定资本的更新

C. 市场的调节能力　　　　　　D. 生产力的不断提升

3. 下列哪种类型的经济周期时间最长（　　）。

A. 次周期　　　　　　　　　　B. 主周期

C. 康德拉捷夫周期　　　　　　D. 库兹涅茨周期

4. 库兹涅茨周期的时间跨期是（　　）。

A. 7～11 年　　　B. 3～5 年　　　C. 15～25 年　　　D. 45～60 年

5. 资本主义世界爆发第一次经济危机的时间是（　　）年。

A. 1825　　　B. 1845　　　C. 1847　　　D. 1929

6. 资本社会化的最高形式（　　）。

A. 股份化　　　B. 私有化　　　C. 国有化　　　D. 集体化

7. 提出主周期理论的经济学家是（　　）。

A. 基钦　　　　　　　　B. 朱格拉

C. 康德拉捷夫　　　　　D. 库兹涅茨

8. 能够短暂阻止平均利润率下降的是（　　）。

A. 提高资本有机构成　　　B. 降低可变资本比重

C. 促进产品创新　　　　　D. 提高产品产量

9. 现代资本主义混合经济的实际，证实了马克思、恩格斯关于（　　）的理论逻辑科学性。

A. 资本周转　　　　　　B. 剩余价值学说

C. 生产社会化　　　　　D. 经济危机

10. 资本主义经济一定程度上克服私人资本主义生产盲目性，依靠的是（　　）。

A. 国家干预的广泛发展　　　B. 市场调节的不断完备

C. 垄断趋势的日渐削弱　　　D. 科技创新的不断推进

二、多项选择题

1. 资本主义基本矛盾在资本积累过程中的具体表现有（　　）。

A. 贫富差距拉大

B. 平均利润率下降

C. 资本和人口的相对过剩

D. 生产过剩的经济危机

E. 私人劳动与社会劳动的矛盾

2. 资本的构成包括（　　）。

A. 资本有机构成　　　　　B. 价值构成

C. 技术构成　　　　　　　D. 实物构成

E. 利润构成

3. 一个再生产周期包括（　　）。

A. 生产　　　B. 危机　　　C. 复苏　　　D. 萧条　　　E. 高涨

4. "二战"后资本主义与经济危机的新特点是（　　）。

A. 再生产周期缩短

B. 再生产周期延长

C. 复苏与萧条阶段不易区分

D. 危机与通货膨胀并存

E. 各周期界限不明显

5. 代表性的经济周期理论成果有哪些（　　　）。

A. 次周期　　　　　　　　B. 主周期

C. 康德拉捷夫周期　　　　D. 再生产周期

E. 建筑周期

三、判断题（请在括号中填写"对"或"错"）

1. 社会分工造成了劳动的个体性与社会性之间的矛盾。（　　　）

2. 依靠投入的增加而推动产出同比例增长的扩大再生产是内涵扩大再生产。（　　　）

3. 资本主义的失业问题是制度性的，是自身制度的顽疾。（　　　）

4. 剩余价值等于利润，剩余价值率等于利润率。（　　　）

5. 生产的社会化发展到一定程度必然导致资本的社会化。（　　　）

6. 对劳动的需求是由总资本的大小决定的。（　　　）

7. 在一定历史条件下，剥削制度可以成为社会生产力发展的巨大杠杆。（　　　）

8. 资本主义生产本身发展的规律性，造成了对它自身的否定。（　　　）

四、简答题

1. 简述资本主义制度下资本有机构成不断提高的原因。

2. 简述资本的社会化的两种基本形式。

五、论述题

论述再生产周期的各个阶段具有哪些特征？

本章课后辅导题答案与分析

一、单项选择题

1. B　　　2. B　　　3. C　　　4. C　　　5. A

6. C　　　7. B　　　8. C　　　9. C　　　10. A

二、多项选择题

1. BCD　2. BC　3. BCDE　　4. ACDE　5. ABCE

三、判断题（请在括号中填写"对"或"错"）

1. 对；2. 错；3. 对；4. 错；5. 对；6. 错；7. 对；8. 对。

四、简答题

1. 答：在资本主义制度下，资本有机构成有不断提高的趋势。这是因为，资本主义生产的目的是无止境地追求剩余价值，增加剩余价值的方式不外乎两种，即绝对剩余价值和相对剩余价值。由于绝对剩余价值生产受生理和社会条件的制约呈不断下降的趋势，因而，不断地提高劳动生产率，通过缩短必要劳动时间来相对增加剩余劳动时间的方式就成了增加剩余价值的主要手段。在不考虑土地的肥力和独立生产者的技能等因素的条件下，劳动生产率的提高，表现为劳动的量比它所推动的生产资料的量相对减少，或者说，表现为劳动过程的主观因素的量比它的客观因素的量相对减少。资本技术构成的这一变化反映在资本的价值构成上，是资本价值的不变部分的增加和可变部分的减少。资本价值构成对于资本技术构成的反映虽然只是近似的，不完全是按比例的，但是，从总体和产期的趋势看，资本的有机构成随着劳动生产率的提高具有不断上升的趋势。

2. 答：资本的社会化有两种基本的形式：一是股份公司，二是国有化。国有化是资本社会化的最高形式，它虽然没有最终解决生产的社会化与资本主义私人占有间的矛盾，但是已经为这一矛盾的解决指明了基本方向和线索。而在股份公司中，一方面，资本已经突破了单个资本的局限，变成了联合起来的个人资本，与单个人的资本相比，资本在这里具有社会性，从而可以在更大程度上适应生产社会化或集中化的要求；另一方面，所有权与管理权分离了，资本的管理从资本的私人所有者手中转移到了管理者手中，资本的使用社会化了。

五、论述题

答：再生产周期的各个阶段具有以下特征：

（1）危机阶段，作为生产周期的开始阶段，生产力的破坏以暴风骤雨般的形式表现出来，与此相伴随的特征突出地表现在：商品生产过剩，没有销路，价格猛跌，利息率上升，支付手段奇缺，信用关系遭到破坏，交易所倒闭并造成大量破产，生产急剧缩小，失业急剧增长，工资下降。

（2）萧条阶段，生产的下降、商品价格的下跌、企业的倒闭、失业队伍的增加等都已停止，但是，社会购买力水平仍然很低，商品销售仍然困难。与此同时，游资充斥，利率低下，社会信贷关系处于停滞的状态。在生产下降已达谷底并经历了一段时间的停滞后，当过剩的商品在市场上已被清除，竞争力差的和经济实力差的厂商因破产或被兼并而消失后，这时市场（国内的和国外的）上对商品的需求开始出现增加的趋向。

（3）复苏阶段，实现了经济的全面恢复。市场的销售量全面恢复，物价开始回升，生产逐步扩大，就业人数逐渐增加，有支付能力的需求随之提高，随着企业利润的增长，信贷关系也活跃起来，促使资本家进一步扩大生产经营，当社会生产达到并超过危机前所达到的最高点时，经济周期的复苏阶段就进入了高涨阶段。

（4）高涨阶段，消费日渐旺盛，市场容量增加迅猛，推动着生产迅速膨胀，新建企业层出不穷，工业就业人数也随之增加；尽管商品大量增加，但价格也在逐步上升；在资本家的利润急剧增长的同时，工人的收入也有所增长，但相对于前者，后者的收入相对减少了；金融市场活跃，信用膨胀，证券价格上升，证券市场活跃，利率虽有上升但只是缓慢上升。由于整个生产过程呈现出购销两旺的势头，这种情况诱使资本家把生产的增长推到狂热的程度。这一切使生产和商业规模扩大，又大大地超出了有支付能力的需求，为下一次生产过剩危机的到来提供了条件。

第十四章　社会主义经济制度的建立与发展

本章知识鸟瞰图

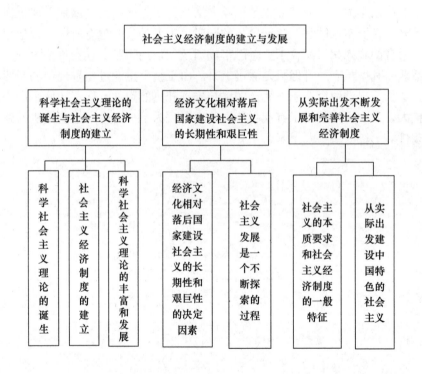

本章重点和难点

第一节　科学社会主义理论的诞生与
社会主义经济制度的建立

一、科学社会主义理论的诞生

社会主义经济制度是在科学社会主义理论指导下建立的，而科学社会主义理论是在科学的总结和揭示人类历史发展规律、批判地继承人类已有的思想成果的基础上产生的。社会主义是资本主义相对立的一种思想体系、一种社会制度。同任何一种新的学说一样，社会主义思想的发展经历了由浅到深、由片面到全面、由初级到高级的发展过程。

在人类社会从封建主义社会向资本主义社会过渡的进程中，产生了空想社会主义的思想。从莫尔 1516 年发表的《乌托邦》一书开始到 19 世纪中叶，是空想社会主义的产生和发展阶段。1848 年马克思、恩格斯发表《共产党宣言》，标志着科学社会主义理论的诞生。唯物史观和剩余价值学说是马克思主义的两个伟大发现。因为这两个伟大的发现，资本主义必然被社会主义所代替，它不再仅仅是一种猜想，而是现实生产力与生产关系、无产阶级与资产阶级矛盾运动的必然结果。

二、社会主义经济制度的建立

在科学社会主义理论的指引下，社会主义作为一种现实的运动在世界范围内开展起来。经过艰苦卓绝的探索，苏联、中国等一批国家先后在 20 世纪初期和中期建立了社会主义经济制度，走上了社会主义道路。

1871 年巴黎公社的成立，第一次塑造了社会主义国家的雏形，在国际共产主义运动中开创了建立工人阶级政权的先例。1917 年，以列宁为代表的布尔什维克继承和发展了马克思主义，领导并取得了俄国十月革命的胜利，缔造了世界上第一个社会主义国家苏联。在苏联社会主义制度的鼓舞下，第二次世界大战期间和之后，欧洲、亚洲一批国家发生了革命并取得了胜利，逐步建立了社会主义经济制度，走上了社会主义道路。其中，中国革命的成功和社会主义制度的建立是最具重大意义的历史事件。

三、科学社会主义理论的丰富和发展

按照科学社会主义理论和社会发展的一般规律，人类社会是由低级到高级向前发展的。社会主义社会是比资本主义社会更高的社会发展阶段，社会主义革命应该在发达的资本主义国家发生。但苏联和中国等国家的实践却是社会主义革命率先在经济文化相对落后国家发生并取得成功，社会主义经济制度率先在经济文化相对落后国家建立。

社会主义革命率先在苏联和中国等经济文化相对落后国家发生并取得成功，社会主义经济制度率先在经济文化相对落后国家建立，是国际资本主义内部不可克服的基本矛盾逐渐激化的必然结果，是这种基本矛盾转嫁到经济文化相对落后国家使其具备了发生革命的全部客观依据的必然结果，是对科学社会主义理论的验证和在实践中的丰富和发展。

从历史上看，经济落后国家越过特定的发展阶段，跳跃式地进入更高的历史阶段并不少见。之所以发生经济落后国家越过特定的社会发展阶段，跳跃式地进入更高的社会历史阶段，其原因依然是社会生产力发展与生产关系矛盾的结果，只是由于当时这些国家国内外经济、政治、社会等多种特定原因的综合作用，使其社会发展的具体形式打破了社会更替的常规，而以一种特定的跳跃方式进行。

第二节　经济文化相对落后国家建设社会主义的长期性和艰巨性

一、经济文化相对落后国家建设社会主义的长期性和艰巨性的决定因素

第一，生产力落后因素的制约。建立社会主义制度的国家在社会主义制度建立之前，都发生过长期的帝国主义国家与帝国主义国家之间、帝国主义国家与殖民地国家之间以及国内各种力量之间的战争，这些战争使原本落后的生产力遭到严重的破坏，从而更加落后。

第二，经济基础和上层建筑的制约。在世界历史上，每一次社会制度的变革都要经过曲折、反复的斗争，每一个新生的社会制度都有一个从不成熟到逐步成熟的发展过程，社会主义经济制度也不例外。

第三，国际环境的严峻挑战。作为一种与资本主义相对立的崭新的经济制度，社会主义一诞生就处于强大的资本主义世界的包围之中，受到资本主义国家

的遏制和扼杀，面临异常严峻的国际环境。

二、社会主义发展是一个不断探索的过程

社会主义经济制度确立之后，怎样建设社会主义，怎样发展社会主义，理论上没有既定的答案可供遵循，实践中也没有现成的经验可供借鉴。科学社会主义理论揭示了人类社会发展的一般规律和社会主义取代资本主义的历史必然性，但并没有也不可能为某个国家具体规划社会主义建设和发展的道路。实践中的社会主义究竟应该是一幅什么样的图景，将走什么样的道路，完全应该从各国的实际情况出发，根据各国的历史条件来决定。

第三节　从实际出发不断发展和完善 社会主义经济制度

一、社会主义的本质要求和社会主义经济制度的一般特征

根据已有的社会主义各国的实践经验，特别是根据中国建设社会主义的实践经验，可以对社会主义经济制度的基本特征作如下的概括：①解放和发展生产力，创造高度发达的生产力和比资本主义更高的劳动生产率。②建立和完善生产资料公有制，逐步消灭剥削，消除两极分化，达到共同富裕。③对个人消费品实行"各尽所能，按劳分配"制度。生产资料所有制关系决定分配关系。④在马克思主义政党领导下，建立工人阶级和劳动人民的政权，发展社会主义民主政治，建设社会主义政治文明。⑤大力发展社会主义文化，建设社会主义精神文明。⑥以人为本，构建和谐社会。

社会主义经济制度的基本特征的诸方面是一个相互联系的有机整体，是社会主义制度优于资本主义制度的本质表现。在对社会主义基本特征的理解中，最重要的是以公有制为主体和共同富裕，这是必须坚持的社会主义的根本原则，是社会主义制度优越性的根本体现。

二、从实际出发建设中国特色的社会主义

社会主义各国的具体国情是不同的，社会主义制度赖以建立的基础条件、生产力发展水平、社会发展阶段等都有差异。所以，在进行社会主义建设的过程中，在遵循社会主义的本质规定性的同时，必须从本国的国情出发，建设适合本国国情的社会主义。

在几十年的探索中，我国历经千辛万苦，付出各种代价，取得了革命建设改革开放伟大胜利，建立了新中国，开创和发展了中国特色社会主义，从根本上改变了中国人民和中华民族的前途命运。在改革开放 30 多年一以贯之的接力探索中，我们坚定不移地高举中国特色社会主义伟大旗帜，坚持中国特色社会主义道路，中国特色社会主义理论体系，中国特色社会主义制度，并且把中国特色社会主义道路作为实现途径，把中国特色社会主义理论体系作为行动指南，把中国特色社会主义制度作为根本保障，将三者统一于中国特色社会主义的伟大实践，因此取得了建设社会主义、发展社会主义的新胜利，形成了我国建设社会主义的最鲜明特色。

本章复习与思考题答案

1. 怎样运用马克思主义的基本原理认识社会主义制度首先在经济文化相对落后国家建立的历史事实？

答：社会主义经济制度率先在经济文化相对落后国家建立不是对科学社会主义理论的背离和对社会发展一般规律的违反。这是因为：

从苏联、中国等国家当时的国内情况看，一方面，资本主义的发展使社会生产力从手工作坊向大工业发展，由此造就了代表先进生产力发展要求的无产阶级；另一方面，先进生产力的发展在落后国家遇到了最反动的生产关系和上层建筑的严重阻碍。

从国际条件看，一方面，国际垄断资本主义内部不可克服的基本矛盾逐渐激化，帝国主义列强之间为争夺势力范围而发动了两次世界大战，极大地削弱了国际资本主义的力量；另一方面，帝国主义对本国人民和殖民地国家的残酷压迫和疯狂掠夺，加剧了无产阶级和资产阶级、宗主国和殖民地之间的矛盾。这些矛盾的交织、激化，造成了社会主义革命不是在这里爆发就是在那里爆发的特定国际环境。

国际、国内条件的共同作用，再加上马克思主义在这些国家的广泛传播，给这些国家的无产阶级和劳动群众送来了思想武器，共产党的建立和对革命运动的正确领导，所有这些都使社会主义革命的发生不可避免，并取得了成功。

而且，从历史上看，经济落后国家越过特定的发展阶段，跳跃式地进入更高的历史阶段并不少见，其原因依然是社会生产力发展与生产关系矛盾的结果，只是由于当时这些国家国内外经济的、政治的、社会的等多种特定原因的综合作用，使其社会发展的具体形式打破了社会更替的常规，而以一种特定的跳跃方式进行。实践中的社会主义经济制度的建立所表现出的也是这种特定的方式。

2. 怎样理解经济文化相对落后国家社会主义建设的长期性和艰巨性?

答:经济文化相对落后的国家先于发达资本主义国家进入社会主义社会,是科学社会主义的胜利,但同时又使社会主义事业不可避免地要遇到由于经济文化相对落后产生的一系列困难,并使这些国家的社会主义建设具有长期性与艰巨性。具体分析,这种长期性和艰巨性是由以下一些因素决定的:

(1) 生产力落后因素的制约。建立社会主义制度的国家在社会主义制度建立之前,都发生过长期的帝国主义国家与帝国主义国家之间、帝国主义国家与殖民地国家之间以及国内各种力量之间的战争,这些战争,使原本落后的生产力遭受到严重的破坏从而更加落后。小农意识、自给自足和闭关锁国,导致了长期处于市场不发达,市场体系不完善,经济发展裹足不前的境地。在这样的基础上建设社会主义,不经过长期艰苦的努力是不可能接近或赶上发达资本主义国家的。

(2) 经济基础和上层建筑的制约。在世界历史上,每一次社会制度的变革都要经过曲折、反复的斗争,每一个新生的社会制度都有一个从不成熟到逐步成熟的发展过程。社会主义经济制度也不例外。代表新的生产力的无产阶级在掌握政权、建立并巩固新的社会主义制度的过程中,必然会遇到旧的经济基础和上层建筑的严重阻碍。在社会主义革命和建设过程中,要极大地解放和发展生产力,创造比资本主义更高的劳动生产率,提高文化教育水平,建立高度文明、高度民主、高度公正的新社会,并在这一过程中,改变几千年形成的传统观念,实现真正的社会公平和公正。这个宏伟目标必须经过长期艰苦的努力,才能最终实现。

(3) 国际环境的严峻挑战。作为一种与资本主义对立的崭新的经济制度,社会主义一诞生就处于强大的资本主义世界的包围之中,受到资本主义国家的遏制和扼杀,面临异常严峻的国际环境。如果说在社会主义国家成立之初,国际资本主义对社会主义的进攻以武力为主,在社会主义经济建设中取得了重大成就,社会主义制度有了长足发展之后,其进攻的方式则转变为以和平方式为主的渗透社会主义。无论是以武力方式进攻还是以和平方式渗透,资本主义国家所依仗的是其经济的发达和在经济发达基础上的军事、科技等综合国力的强大。在严峻的国际环境挑战面前,落后的社会主义国家建设必然有艰巨性和长期性。

总之,在经济文化落后的国家建立起的社会主义制度要代替原有的旧制度,是社会制度的根本变革,必须经历一个漫长而曲折的过程。

3. 谈谈对社会主义本质要求和社会主义经济制度一般特征的理解。

答:(1) 社会主义的本质,是解放生产力,发展生产力,消灭剥削,消除两极分化,最终达到共同富裕。这是从解放生产力与发展生产的统一中,从生产力与生产关系的统一中,从现实任务与奋斗目标的统一中,对社会主义的根本性质作了科学的概括。

（2）社会主义经济制度一般特征可以概括为：

第一，解放和发展生产力，创造出高度发达的生产力和比资本主义更高的劳动生产率；

第二，建立和完善生产资料公有制，逐步消灭剥削，消除两极分化，达到共同富裕；

第三，对个人消费品实行"各尽所能，按劳分配"制度；

第四，在马克思主义政党的领导下，建立工人阶级和劳动人民的政权，发展社会主义民主政治，建设社会主义政治文明；

第五，大力发展社会主义文化，建设社会主义精神文明；

第六，以人为本，构建和谐社会。

4. 试论从实际出发建设中国特色社会主义。

社会主义各国的具体国情是不同的，社会主义制度赖以建立的基础条件、生产力发展水平、社会发展阶段等都有差异。所以，在进行社会主义建设的过程中，在遵循社会主义本质规定性的同时，必须从本国的国情出发，建设适合本国国情的社会主义。

在几十年的探索中，我国历经千辛万苦，付出各种代价，取得了革命建设改革开放的伟大胜利，建立了新中国，开创和发展了中国特色社会主义，从根本上改变了中国人民和中华民族的前途命运。在改革开放30多年一以贯之的接力探索中，我们坚定不移地高举中国特色社会主义伟大旗帜，坚持中国特色社会主义道路，中国特色社会主义理论体系，中国特色社会主义制度，并且把中国特色社会主义道路作为实现途径，把中国特色社会主义理论体系作为行动指南，把中国特色社会主义制度作为根本保障，将三者统一于中国特色社会主义伟大实践，因此取得了建设社会主义、发展社会主义的新胜利，形成了我国建设社会主义的最鲜明特色。

本章课后辅导题

一、单项选择题

1. 开启世界社会主义思潮萌芽的是（　　　）。

A. 马克思和恩格斯的《资本论》

B. 莫尔的《乌托邦》

C. 马克思和恩格斯的《共产党宣言》

D. 康帕内拉的《太阳城》

2. 空想社会主义者（　　）。

A. 看到了资本主义必然灭亡的命运

B. 揭示了资本主义必然灭亡的经济根源

C. 看到了埋葬资本主义的力量

D. 找到了通往理想社会的现实道路

3. 1848 年，马克思、恩格斯发表《共产党宣言》（　　）。

A. 开启了世界社会主义思潮的萌芽

B. 是有史以来的第一部党章

C. 揭示了资本主义必然灭亡的经济根源

D. 标志着科学社会主义理论的诞生

4. 第一个工人阶级政权是（　　）。

A. 第一国际　　　　B. 苏联　　　　C. 巴黎公社　　　　D. 共产主义同盟

5. 新中国从新民主主义到社会主义转变的历史时期是（　　）。

A. 1949 ~ 1952 年　　B. 1911 ~ 1952 年　C. 1949 ~ 1956 年　　D. 1952 ~ 1956 年

6. 社会主义经济制度率先在落后国家建立（　　）。

A. 违反了科学社会主义理论和社会发展一般规律

B. 是由于这些国家阶级矛盾特别尖锐

C. 是由于这些国家经济基础理论和上层建筑都腐朽没落

D. 是由于当时的国际、国内条件等因素共同作用的结果

7. 社会主义生产关系的基础是（　　）。

A. 共同富裕　　　　　　　B. 生产资料公有制

C. 按劳分配　　　　　　　D. 高度发达的生产力

8. 建设具有中国特色社会主义的提出（　　）。

A. 是因为时过境迁，马克思主义不能解决实践中的问题

B. 是由于权力高度集中的体制不适应生产力发展的要求

C. 是为了与世界上形形色色的社会主义相区别

D. 是总结了国内外社会主义发展的经验教训，强调从本国国情出发

9. 社会发展的最终决定力量是（　　）。

A. 生产关系　　　　B. 科技进步　　　　C. 生产力　　　　　D. 文化繁荣

10. 科学社会主义的哲学基础是（　　）。

A. 唯物史观　　　　B. 历史主义　　　　C. 理想主义　　　　D. 唯理论

二、多项选择题

1. 社会主义（　　）。

A. 是与资本主义相对立的一种思想体系，一种社会制度

B. 是包括科学社会主义理论在内

C. 它又表现为一种现实的运动

D. 它第一次揭示了工人阶级的贫困状况

2. 空想社会主义（　　）。

A. 看到了资本主义必然灭亡的命运

B. 揭示了资本主义必然灭亡的经济根源

C. 看到了埋葬资本主义的力量

D. 找不到通往理想社会的现实道路

E. 不具备科学实践的品格

3. 使资本主义必然为社会主义所代替不仅仅是一种猜想的伟大发现有（　　）。

A. 唯物史观　　　　　　B. 劳动价值论　　　　　C. 剩余价值学说

D. 经济危机理论　　　　E. 创造性毁灭

4. 剩余价值规律（　　）。

A. 揭示了资本主义生产方式的全部秘密

B. 工人创造的价值大于自身的价值

C. 是资本主义生产方式的基本范畴

D. 是资本主义生产方式的基本规律

E. 揭示了资本主义生产方式的对抗性

5. 经济文化落后的国家社会主义建设的长期性和复杂性，是由于（　　）。

A. 国际环境的严峻挑战

B. 人口多，底子薄

C. 生产力落后因素的制约

D. 经济基础和上层建筑的制约

E. 封建思想文化的惯性作用

6. 在对社会主义基本特征的理解中，最重要的是（　　）。

A. 按劳分配　　　　　　　　　B. 以公有制为主体

C. 构建和谐社会　　　　　　　D. 共同富裕

E. 解放和发展生产力

7. 新中国成立之初，中国共产党对社会主义的认识主要来自（　　）。

A. 空想社会主义理论

B. 马克思、恩格斯对未来社会的设想

C. 苏联的社会主义实践

D. 中国国情的分析

E. 对中国革命经验的总结

8. 实践中的社会主义经济制度的一般特征可概括为（　　　）。

A. 生产力的不断提高和经济的不断发展

B. 经济持续发展，人民生活水平不断提高

C. 建立与生产力发展要求相适应的公有制形式和所有制结构

D. 实行与生产力发展要求和所有制关系相适应的分配形式

E. 建立与经济基础相适应的上层建筑

三、判断题（请在括号中填写"对"或"错"）

1. 从莫尔 1516 年发表的《乌托邦》一书开始到 19 世纪中叶，是空想社会主义的产生和发展阶段。（　　　）

2. 在人类社会进入资本主义社会后，产生了空想社会主义的思想。（　　　）

3. 苏联在国际共产主义运动中开创了建立工人阶级政权的先例。（　　　）

4. 社会主义改造的基本完成，使得社会主义公有制已成为我国社会的经济基础。（　　　）

5. 经济落后国家越过特定的发展阶段，跳跃式地进入更高的历史阶段是难以发生的。（　　　）

6. 科学社会主义理论不可能为某个国家具体规划社会主义建设和发展的道路。（　　　）

7. 推动科学发展，促进社会和谐，实现人的全面发展，是社会主义的本质属性和要求。（　　　）

8. 实践充分证明，当代中国发展进步的根本方向是中国特色社会主义。（　　　）

四、简答题

1. 新中国成立之初，中国共产党对社会主义认识的来源有哪些？

2. 简述 20 世纪 90 年代东欧剧变和苏联解体给我们的经验教训。

3. 马克思、恩格斯设想的社会主义具有哪些基本特征？

本章课后辅导题答案与分析

一、单项选择题

1. B　　　2. A　　　3. D　　　4. C　　　5. C

6. D　　　7. B　　　8. D　　　9. C　　　10. A

二、多项选择题

1. ABC 2. AE 3. AC 4. ABCDE 5. ACD 6. BD 7. BCDE 8. ACDE

三、判断题（请在括号中填写"对"或"错"）

1. 对；2. 错；3. 错；4. 对；5. 错；6. 对；7. 对；8. 对。

四、简答题

1. 答：社会主义新中国诞生以后，对社会主义建设和发展的探索一直没有间断过。新中国成立之初，以毛泽东为代表的中国共产党对社会主义的认识主要来源于：一是马克思、恩格斯对未来社会的设想；二是苏联的社会主义实践；三是对中国国情的分析和对中国革命经验的总结。

2. 答：20世纪80年代末90年代初东欧剧变、苏联解体的严重挫折，既有丰富的经验，也有深刻的教训。它告诉我们：生产力是社会发展的最终决定力量，在经济文化相对落后的基础上建立的社会主义国家，必须牢牢抓住经济建设这个中心，把集中力量发展社会生产力摆在一切工作的首位；必须适应生产力的现实水平和进一步发展的客观要求自觉推进改革，建立富有活力和效率的经济制度和经济体制；必须严格遵循客观规律的要求，科学看待外国特别是资本主义发达国家包括生产力发展、生产关系调整、经济体制构建等内容在内的实践经验，既不盲目照搬模仿，又敢于汲取和借鉴人类的一切文明成果，制定建设社会主义的基本方略和具体政策；必须坚持把马克思主义的基本原理同本国的具体实际密切结合起来，实事求是，理论联系实际，一切从实际出发。

3. 答：马克思、恩格斯根据当时的历史条件，在以发达资本主义基础上建立的社会主义为前提，设想共产主义社会的第一阶段即社会主义具有以下基本特征：生产资料归全社会所有；根据社会的需要，有计划地调节生产；在对社会总产品做了各项扣除之后，对个人消费品实行按劳分配；没有商品生产，没有货币交换；没有阶级对立和阶级差别，国家正在消亡但尚未完全消亡等。

第十五章　社会主义初级阶段
及其根本任务

本章知识鸟瞰图

社会主义初级阶段的主要矛盾和根本任务	一、社会主义初级阶段的内涵及其依据
	二、社会主义初级阶段的主要矛盾
	三、社会主义初级阶段的根本任务
	四、大力发展生产力

社会主义初级阶段的基本经济制度	一、社会主义初级阶段的基本经济制度的确立及依据
	二、公有制经济的本质、实现形式及主体地位
	三、多种所有制经济共同发展

社会主义初级阶段的分配制度	一、按劳分配与生产要素参与分配基本含义
	二、按劳分配为主体、多种分配方式并存的分配制度
	三、社会主义初级阶段的公平与效率
	四、社会主义初级阶段的收入差距及其调节

本章重点和难点

第一节 社会主义初级阶段的内涵及其依据

一、社会主义初级阶段的内涵及其依据

1. 社会主义初级阶段的内涵

不是泛指任何国家进入社会主义社会都要经历的起始阶段，而是特指我们这样一个脱胎于半殖民地半封建社会的国家，在生产力落后、商品经济不发达条件下建设社会主义必然要经历的那个阶段。这一方面是由社会性质决定的，另一方面是从发育程度和发展水平决定的。

2. 社会主义初级阶段确立的依据

一是由我国生产力发展状况决定的。我国社会主义制度确立初期，生产力水平低、社会化大生产不发达、商品经济落后，即使经过几十年的发展，社会生产力、综合国力、人民生活水平与发达国家相比仍然处于比较落后的状态。因此，我国社会主义只能处于初级的、不发达的阶段。

二是由我国的生产关系和上层建筑性质决定的。从生产关系来看，我国对于公有制的实现形式、公有制的生产资料与劳动者的结合方式、按劳分配的具体实现形式等问题还没有完全确定。从上层建筑来看，我国的政治体制还有待改革，民主和法治两个方面还有待进一步完善。

二、社会主义初级阶段的主要矛盾

社会主义初级阶段的主要矛盾是人民不断增长的物质文化需要同落后的社会生产之间的矛盾。

三、社会主义初级阶段的根本任务

1. 根本任务

社会主义初级阶段的根本任务是解放和发展生产力。

2. 解放和发展生产力的依据

①是由社会主义的主要矛盾及其解决方式所决定的；②是建立社会主义物质基础的要求；③是社会主义最终战胜资本主义的客观要求；④是消灭剥削和消除

两极分化、最终实现共同富裕的要求；⑤是实现全面建成小康社会，建成富强、民主、文明、和谐的社会主义现代化国家，实现中华民族伟大复兴，最终实现共产主义的需要。

四、大力发展生产力

解放和发展生产力的途径：①必须尊重劳动、尊重知识、尊重人才、尊重创造；②必须大力发展科学技术；③必须深化改革开放。

第二节　社会主义初级阶段的基本经济制度

一、社会主义初级阶段的基本经济制度的确立及依据

1. 基本经济制度的确立

我国的基本经济制度是以公有制为主体、多种所有制经济共同发展的经济制度。

2. 确立的依据

（1）社会主义国家必须坚持公有制作为社会主义经济制度的基础。

（2）我国生产力发展不平衡、多层次需要在公有制为主体的条件下发展多种所有制经济。

（3）被实践证明符合"三个有利于"，应该坚持且不断完善。

二、公有制经济的本质、实现形式及主体地位

（1）公有制经济的本质是由劳动者在社会或社会的部分范围内，运用生产资料进行生产，并凭借对生产资料的所有权获得经济利益。

（2）公有制经济实现形式包括：全民所有制、集体所有制、股份制、混合所有制经济中的国有成分和集体成分。

（3）公有制的主体地位，主要体现在两个方面：一是公有资产在社会总资产中占优势；二是国有经济控制国民经济的命脉，对经济发展起主导作用，国有经济的主导作用主要体现在控制力上。

三、多种所有制经济共同发展

非公有制经济的类型包括：个体经济、私营经济、外资经济。

第三节　社会主义初级阶段的分配制度

一、按劳分配与生产要素参与分配的基本含义

1. 基本要求

（1）有劳动能力的社会成员都必须参加社会劳动，社会对社会总产品作了各项必要的扣除之后，以劳动者提供的劳动为唯一尺度分配个人消费品。

（2）按劳分配依据的劳动只考虑劳动者自身脑力与体力的支出。

（3）作为分配尺度的劳动，是劳动者在平均熟练程度或平均劳动强度下，生产单位使用价值所耗费的社会平均劳动。

2. 前提条件

（1）全社会范围内实现生产资料公有制。

（2）经济社会条件要能够保证劳动者各尽所能。

（3）商品经济已经消亡。

（4）社会可以统一对社会总产品作各项扣除。

二、按劳分配为主体、多种分配方式并存的分配制度

实施理由：①由我国公有制为主体、多种所有制经济共同发展的基本经济制度决定的；②是社会主义市场经济的发展要求；③由社会主义生产力发展状况决定。

三、公平与效率

1. 效率

效率是指通过资源最合理的配置，实现社会福利最大化。包括三方面内容：生产以前要素的配置、生产之中要素的使用以及生产之后要素报酬的分配以及由此决定的消费。

2. 公平

公平即公正与平等的统称。包括四方面的内容：①在共同富裕的基础上和过程中实现公平；②按劳分配和生产要素参与分配是社会成员的一种平等权利；③承认平等权利基础上的收入差别，既反对平均主义又反对收入差距过大；④强调机会均等。

四、社会主义初级阶段的收入差距及其调节

1. 收入差距不合理的原理

（1）对生产要素占有差别过分悬殊。

（2）分配机制不完善。

（3）分配秩序不够规范，收入调节力度不够。

2. 解决收入差距不合理的主要措施

（1）深化收入分配制度改革，完善以按劳分配为主体、多种分配方式并存的分配制度。

（2）健全市场分配机制，发挥市场机制对分配的基础性调节作用。

（3）加强法制建设和政府调控。

（4）规范收入分配秩序。

本章复习与思考题答案

1. 解释下列概念：①社会主义初级阶段；②社会主义初级阶段基本经济制度；③社会主义初级阶段分配制度。

①社会主义初级阶段不是泛指任何国家进入社会主义都要经历的起始阶段，而是特指我国生产力水平比较低、科学技术水平与民族文化素质还不够高的情形下必然要经历的阶段。在初级阶段中，人民群众日益增长的物质文化需要与落后的社会生产力成为社会主要矛盾，大力发展生产力是该阶段的主要任务。

②社会主义初级阶段基本经济制度是以公有制为主体，多种所有制经济共同发展的经济制度。这样的制度包含两方面内容：一是坚持公有制的主体地位。公有制不仅包括全民所有制与集体所有制，还包括混合所有制经济中的国有成分和集体成分。坚持公有制的主体地位不仅要使公有资产在社会总资产中占优势，还要增强公有经济对国民经济的控制力及其主导作用。二是发展多种所有制经济。发挥个体经济、私营经济、外资经济在支撑增长、促进创新、扩大就业、增加税收等方面具有重要的作用。

③社会主义初级阶段分配制度是按劳分配为主体，多种分配方式并存的分配制度，这是由我国基本经济制度、社会主义市场经济发展及其生产力发展状况共同决定的。

2. 为什么说我国处于社会主义初级阶段，认识这一问题的理论意义和实践意义是什么？

答：（1）我国处于社会主义初级阶段的原因。首先，是由我国生产力发

状况所决定的。从一个落后的半殖民地半封建的国家跨越资本主义的充分发展而直接走上了社会主义道路，使我国无可选择地接受了生产力水平低、社会化大生产不发达、商品经济落后等历史遗产，决定了我国在生产资料私有制的社会主义改造基本完成以后的相当长历史时期内，生产力的落后仍然是主要的矛盾。体现为我国的经济增长方式比较粗放、市场经济还不发达、产业结构不够合理、现代工业与大量落后的工业并存、城市化程度不高、国民经济整体实力较差、经济建设与人口增长、资源利用、环境保护之间还存在较大矛盾等。这些情况决定了在相当长的时期内，我国的社会主义只能处于初级的不发达阶段。

其次，是由我国的生产关系和上层建筑性质决定的。从生产关系看，虽已确立社会主义的生产资料公有制、按劳分配的主体地位，保证了我国经济的社会主义性质。但我国对于公有制的实现形式、公有制的生产资料与劳动者的结合方式、按劳分配的具体实现形式、如何处理好效率与公平的关系等问题的认识还有待加深。由于生产力总体水平不够高和其多层次、不平衡发展，在相当长的历史时期，我们必须允许和鼓励多种非公有制经济成分发展，允许某些非劳动要素参与分配过程。从上层建筑看，社会主义的上层建筑已经确立，社会主义基本政治制度已占社会统治地位，劳动人民成为国家主人，由此确立了我国社会的社会主义性质。但我们的政治体制还有待改革，民主和法制两个方面都还有待进一步完善。在具体的领导制度、组织形式和工作方式上，还存在一些缺陷，官僚主义、封建残余思想、腐败现象还时有发生，有时还相当严重。这些都说明，完善社会主义民主，健全社会主义法制，改革上层建筑中不适应经济基础的部分，任务还是长期的、繁重的。

（2）社会主义初级阶段的科学论断具有重大的理论意义和实践意义。首先，社会主义初级阶段理论的提出，丰富和发展了马克思主义关于科学社会主义的理论，是坚持把马克思主义的普遍真理同我国具体实践相结合的结晶，证明了社会主义自身在发展过程中会经历几个不同的重要阶段，表明了中国社会主义社会正经历的阶段的特殊性。有利于党制定正确的路线、方针、政策和经济社会发展战略。其次，社会主义初级阶段理论是指导我国进行社会主义建设的强大思想武器。社会主义初级阶段理论，就是适应现代化建设和改革的需要，在总结社会主义建设实践经验的基础上提出来的。在改革开放之前的社会主义建设中，我们曾发生过失误，其重要原因就是对国情认识不清楚，没有真正把握我国社会主义所处的阶段的性质，并据此而制定路线、方针和政策。而党的十一届三中全会之后，改革开放和现代化建设取得巨大成功的根本原因，就是一切从社会主义初级阶段的实际出发，克服了那些超越阶段的错误观念和政策。

3. 社会主义初级阶段的主要矛盾和根本任务是什么，如何大力发展生产力？

答：社会主义初级阶段的主要矛盾是人民日益增长的物质文化需要同落后的社会生产的矛盾，根本任务是大力发展生产力。

大力发展生产力，一是要尊重劳动、尊重知识、尊重人才、尊重创造。要尊重和保护一切有利于生产力发展的劳动，鼓励海内外各类投资者在我国建设中的创业活动，保护一切合法的劳动收入和合法的非劳动收入。二是大力发展科学技术。充分认识加快科技发展的重要性和紧迫性，大力实施科教兴国战略，坚持教育为本，增强国家科技实力向现实生产力转化的能力。三是必须深化改革开放。坚持社会主义市场经济的改革方向，坚持对外开放的基本国策，不断推进理论创新、制度创新、科技创新、文化创新以及其他方面的创新，不断推进我国社会主义制度的自我完善和发展。

4. 确定我国社会主义初级阶段基本经济制度的根源是什么？如何完善基本经济制度？

答：我国社会主义初级阶段基本经济制度是以公有制为主体，多种所有制经济共同发展的经济制度。

这样的制度产生的根源，一是我国是社会主义国家，必须坚持公有制作为社会主义经济制度的基础。二是我国生产力发展不平衡、多层次，需要在以公有制为主体的条件下发展多种所有制经济。三是公有制为主体、多种所有制共同发展的经济制度，有利于我国在初级阶段社会生产力的发展、有利于增强综合国力、有利于提高人民生活水平。

完善基本经济制度，一是坚持公有制的主体地位。公有制不仅包括全民所有制与集体所有制，还包括混合所有制经济中的国有成分和集体成分。坚持公有制的主体地位不仅要使公有资产在社会总资产中占优势，还要增强公有经济对国民经济的控制力及其主导作用。二是发展多种所有制经济。发挥个体经济、私营经济、外资经济在支撑增长、促进创新、扩大就业、增加税收等方面具有重要的作用。

5. 社会主义初级阶段为什么要实行按劳分配为主体、多种分配方式并存的分配制度？如何完善这样的制度？

答：实行按劳分配为主体、多种分配方式并存的分配制度的原因在于：一是公有制为主体、多种经济形式并存的基本经济制度决定了必须坚持以按劳分配为主体、多种分配方式并存。二是社会主义市场经济的存在和发展，要求实行以按劳分配为主体、多种分配方式并存的制度。三是社会主义初级阶段生产力发展的不平衡、多层次和不够高的状况是分配方式呈现多样性的最深层次原因。

本章课后辅导题

一、单项选择题

1. 社会主义经济制度的基础是（　　）。

A. 生产资料私有制 　　　　　　B. 生产资料公有制

C. 生产资料多种所有制 　　　　D. 生产资料混合所有制

2. 社会主义初级阶段是指（　　）。

A. 任何国家进入社会主义都要经历的起始阶段

B. 从资本主义向社会主义国家过渡必须经历的阶段

C. 社会主义社会的初级形态

D. 发达国家从资本主义向社会主义过渡必须经历的阶段

3. 我国社会主义初级阶段的基本经济制度是（　　）。

A. 公有制经济

B. 混合所有制经济

C. 以公有制为主体、多种所有制经济共同发展

D. 各种所有制经济混合发展

4. 我国社会主义初级阶段的基本分配制度是（　　）。

A. 按劳分配制度

B. 按生产要素分配制度

C. 以按劳分配为主体、多种分配方式并存的分配制度

D. 多种分配方式混合制度

5. 社会主义制度最根本的经济特征是（　　）。

A. 多种经济形式并存

B. 社会主义公有制

C. 社会主义市场经济

D. 以按劳分配为主体、多种分配方式并存的制度

6. 效率是指（　　）。

A. 生产率 　　　　　　　　　　B. 工资率

C. 就业率 　　　　　　　　　　D. 资源配置的效率

7. 按生产要素参与分配的基本前提是（　　）。

A. 按照投入生产要素的多少来分配社会财富

B. 按照投入生产要素的使用效率来分配社会财富

C. 按照投入生产要素的质量来分配社会财富

D. 多劳多得，少劳少得

8. 公有制实现形式应该（　　）。

A. 单一化　　　　　　　　　　B. 多样化

C. 普遍化　　　　　　　　　　D. 特殊化

9. 社会主义公有制的本质是（　　）。

A. 劳动者运用生产资料进行生产并凭借所有权获取经济利益

B. 劳动者运用生产资料进行生产的方式

C. 社会群体共同占有生产资料的所有制形式

D. 劳动者的权利和机会平等

10. 社会主义初级阶段的主要矛盾是（　　）。

A. 收入差距导致的贫富悬殊

B. 公平与效率的矛盾

C. 收入分配不合理的矛盾

D. 人民不断增长的物质文化需要同落后的社会生产之间的矛盾

二、多项选择题

1. 社会主义初级阶段意味着（　　）。

A. 应向社会主义高级阶段迈进

B. 已进入社会主义社会

C. 生产力发展水平还不够高

D. 已建成了社会主义

E. 还未进入社会主义

2. 我国社会主义初级阶段是由（　　）。

A. 生产力发展状况决定的

B. 生产关系和上层建筑的性质决定的

C. 现阶段综合国力决定的

D. 人民富裕程度决定的

E. 国民收入水平决定的

3. 大力发展生产力必须（　　）。

A. 兼顾公平与效率

B. 坚持社会主义初级阶段基本经济制度

C. 尊重劳动、尊重知识、尊重人才、尊重创造

D. 大力发展科学技术

E. 深化改革开放

4. 按劳分配的前提条件是（　　）。

A. 在社会范围内实现生产资料公有制

B. 经济社会条件要能够保证劳动者各尽所能

C. 商品经济发展到高度发达阶段

D. 商品经济已经消亡

E. 社会可以统一对社会种产品作各项扣除

5. 社会主义社会公平观的内容是（　　）。

A. 在共同富裕的基础上和过程中实现公平

B. 按劳分配和按生产要素参与分配是社会成员的一种平等权利。

C. 承认平等权利基础上的收入差别

D. 强调机会均等

E. 强调收入平均化

6. 改善收入差距不合理的主要措施包括（　　）。

A. 全面提高劳动者素质

B. 深化收入分配制度改革

C. 健全市场分配机制

D. 加强法制建设和政府调控

E. 规范收入分配秩序

7. 公有制的主体地位体现在哪些方面（　　）。

A. 公有资产在社会总资产中占绝对优势

B. 公有资产在社会总资产中占优势

C. 国有经济占国民经济各部门的主导地位

D. 国有经济控制国民经济的命脉

E. 国有经济在国民经济中起绝对支配作用

8. 公有制经济的实现形式包括（　　）。

A. 社会主义全民所有制　　　　B. 社会主义集体所有制

C. 股份制　　　　　　　　　　D. 混合所有制经济

E. 外资经济

三、简答题

1. 如何认识非公有制经济在社会主义市场经济中的重要作用？

2. 我国为什么要实行按生产要素分配？

3. 社会主义公有制实现形式为什么能够多样化？

4. 浅谈坚持公有制主体地位的原因及其公有制地位的体现。

四、论述题

1. 如何解决社会分配中的效率与公平问题？
2. 运用马克思劳动价值论论述我国现阶段收入分配原则。

本章课后辅导题答案与分析

一、单项选择题

1. B   2. C   3. C   4. C   5. B
6. D   7. B   8. B   9. A   10. D

二、多项选择题

1. BC   2. AB   3. CDE   4. ABDE   5. ABCD
6. BCDE   7. BD   8. ABCD

三、简答题

1. 答：非公有制经济是社会主义市场经济的重要组成部分，在社会主义市场经济中发挥着重要作用。

（1）增加了经济活力。非公有制经济的发展，丰富了市场竞争主体类型，打破了公有制经济垄断市场的局面，降低了经济效率的损失，增添了市场活力，提高了经济运行效率。

（2）有利于国有企业改革。国有企业改革的重要途径，是要建立法人财产权和法人治理结构，实现所有权和经营权的分离，形成企业内部的制衡机制和科学的决策机制。而这离不开以股份制为代表的混合经济的发展。

（3）提供了多样化的产品和服务。非公有制经济的发展可以为社会提供更多种类的产品和服务，从而提高人民的生活质量与生活水平。从另一方面来看，非公有制经济的发展也为社会提供了大量的就业机会。

2. 答：按生产要素分配是社会主义初级阶段基本经济制度的内在要求，是社会主义市场经济的内在要求，是实现社会主义生产目的的需要，是扩大对外开放的需要。

3. 答：公有制实现形式可以而且应当多样化。一切反映社会化生产规律的经营方式和组织形式都可以利用。要努力探索能够极大地促进生产力发展的公有制实现形式。

（1）公有制是社会主义经济制度的基础，是社会主义生产关系区别于资本主义生产关系的本质特征。

（2）我国处在社会主义初级阶段，需要在以公有制为主体的条件下发展多种所有制经济，以适应生产力发展的要求。

（3）一切符合"三个有利于"标准的所有制形式，都可以而且应该用来为社会主义服务，把非公有制经济纳入到基本经济制度之中，是因为它们也是为社会主义服务的，而不是因为它们也是社会主义性质的经济。

4. 答：公有制的主体地位是由公有制的性质以及它在国民经济中的作用决定的。第一，社会主义公有制是与社会化大生产相适应的，同社会发展方向相一致的。第二，公有制是社会主义制度的根本特征，是社会主义本质的内在要求。公有制主体地位的确立，是我国社会进入社会主义社会的根本标志。第三，公有制经济控制着国民经济命脉，拥有现代化的物质技术力量，控制生产和流通。它是社会主义现代化建设的重要支柱，是国家财政收入的主要来源和国家实行宏观调控的主要依靠力量，是我国经济自主的主要物质基础和保持社会安定的主要经济条件。第四，公有制还是实现劳动人民经济上、政治上的主人翁地位和全体社会成员共同富裕的物质保证。

公有制的主体地位主要体现在：一是公有资产在社会总资产中占优势；二是国有经济控制国民经济命脉，对经济发展起主导作用。这是就全国而言，有的地方、有的产业可以有所差别。公有资产占优势，要有量的优势，更要注重质的提高。

四、论述题

1. 答：效率是指人们对经济资源的有效利用和合理配置，即资源的最合理配置。个人收入分配中的效率，是指通过个人收入分配关系的处理，一方面调动劳动者的积极性，以提高劳动效率；另一方面调动各种生产要素所有者的积极性，增加各种生产要素的投入并提高生产要素的配置和使用效率。公平是公正与平等的统称，在个人收入分配中的公平，是指无论是按劳分配，还是按生产要素参与分配，个人所得到收入的多少都应以所依据的分配尺度来确定。在尺度面前，人们的权利和机会平等。

但是，公平与效率是一个矛盾的统一体，矛盾表现在：要保证最大限度的公平，有可能对效率的最大提高造成影响；要保证效率的最大限度发挥则有可能会影响公平的实现。具体表现在：不合理、不合法、不适度的收入差距，比如平均主义和收入差距过大，会挫伤劳动者的积极性，制约效率的提高，束缚经济的发展。

因此，应采取有效的措施，妥善处理公平与效率的关系：

（1）深化收入分配制度改革。完善我国基本收入分配制度，完善生产要素按贡献参与分配的初次分配机制，深化企业和机关事业单位工资制度改革，提高居民收入在国民收入分配中的比重，提高劳动报酬在初次分配中的比重。

（2）发挥市场机制对分配的基础性调节作用。建立、健全和完善由供求机制、竞争机制决定形成的价格机制，使价格真正成为调节收入分配的指示器。通过企业改革、塑造合格的市场主体，以防止由于企业行为的扭曲而导致价格和分配的混乱及差距的过大。

（3）加强法制建设和政府调控。完善以税收、社会保障、专业支付为主要手段的再分配调节机制，加大税收调节力度。建立公共资源出让收益合理共享机制。完善慈善捐助减免税制度，支持慈善事业发挥扶贫济困的积极作用。

（4）规范收入分配秩序。完善收入分配调控体制机制和政策体系，建立个人收入和财产信息系统，保护合法收入，取缔非法收入，努力缩小城乡、区域、行业收入分配差距，逐步形成橄榄形分配格局。

2. 答：马克思的劳动价值论的主要学说包括劳动二重性、价值规律、货币的起源与本质等内容。

目前，我国的分配制度是按劳分配为主体、多种分配方式并存，把按劳分配和按生产要素分配结合起来的分配制度。

首先，应基于劳动价值论深化对我国基本分配制度的认识。认识到按劳分配不等同于按劳动的自然时间进行分配，要注意在现代化社会大生产中简单劳动与复杂劳动的区别，体现科技人员和经营管理人员的劳动价值，不仅要多劳多得而且要优劳优酬，使同一单位的职工收入差别与他们的劳动数量和质量的差别结合起来。

其次，要认识到按要素分配并没有否定劳动价值论。劳动价值论是研究价值创造的理论，不是研究价值分配的理论，按要素分配属于分配的范畴。资本、土地等生产要素虽然不创造价值，但却是价值形成必不可少的物质条件，应该参与分配。价值创造和价值分配是两个不同性质的问题，不能混淆，按要素分配没有否定劳动价值论。

第十六章 社会主义市场经济与经济体制改革

本章知识鸟瞰图

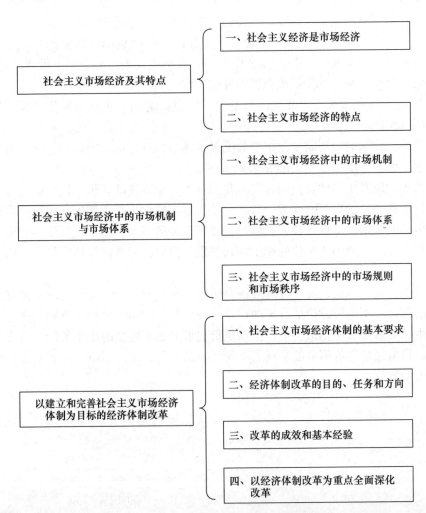

社会主义市场经济及其特点
- 一、社会主义经济是市场经济
- 二、社会主义市场经济的特点

社会主义市场经济中的市场机制与市场体系
- 一、社会主义市场经济中的市场机制
- 二、社会主义市场经济中的市场体系
- 三、社会主义市场经济中的市场规则和市场秩序

以建立和完善社会主义市场经济体制为目标的经济体制改革
- 一、社会主义市场经济体制的基本要求
- 二、经济体制改革的目的、任务和方向
- 三、改革的成效和基本经验
- 四、以经济体制改革为重点全面深化改革

本章重点和难点

第一节　社会主义市场经济及其特点

一、内涵

在理论上要把握三点：①在社会主义制度下发展市场经济；②必须遵循市场决定资源配置的规律；③坚持市场在资源配置中起决定性作用的同时，充分发挥政府宏观调控的积极作用。

二、特点

（1）建立在以公有制为主体、多种所有制经济共同发展的基本经济制度基础上；

（2）与以按劳分配为主体、多种分配形式并存的分配形式并存的分配制度结合在一起，实现共同富裕的社会主义目标；

（3）发展方向服从社会主义发展的大目标。

第二节　社会主义市场经济中的市场
机制与市场体系

一、市场机制的特点

资源配置中市场机制的作用与政府导向结合在一起；在经济利益调节中市场机制的作用与社会协调结合在一起。

二、市场体系的内容

（1）商品市场：消费品市场、生产资料市场。

（2）生产要素市场：金融市场、技术和信息市场、劳动力市场、房地产市场、产权市场等。

第三节　社会主义市场经济中的市场机制与市场体系

一、社会主义市场经济的基本内容

（1）规范的现代企业制度。

（2）统一、开放、竞争、有序的市场体系和有效的市场机制。

（3）健全的宏观调控体系和有效的政府。

（4）完善的基本经济制度和收入分配制度。

（5）完善的社会保障制度。

（6）政治、文化、社会、环境文明等体制及法律体系。

二、经济体制改革的目的、任务和方向

改革的目的：解放和发展社会生产力，实现国家现代化，让中国人民富裕起来，振兴伟大的中华民族；就是要推动我国社会主义制度自我完善和发展，赋予社会主义新的生机和活力，建设和发展中国特色社会主义。

改革的任务：发展社会生产力，使社会财富越来越多地涌现出来，不断地满足人民日益增长的物质和文化需要。

改革的方向：坚定不移地沿着中国特色社会主义道路前进，建立和完善社会主义市场经济体制。

三、改革的成效和基本经验

1. 成效

（1）成功实现了从高度集中的计划经济体制到充满活力的社会主义市场经济体制的伟大历史转折。

（2）不断扩大对外开放，使我国成功实现了从封闭半封闭到全方位开放的伟大历史转折。

（3）坚持以经济建设为中心，我国综合国力迈上新台阶。

（4）人民生活总体上达到小康水平。

2. 经验

（1）必须解放思想、实事求是、与时俱进，以实际基础上的理论创新为改革开放提供理论指导。

（2）必须坚持解放和发展社会生产力。

（3）必须坚持人民主体地位，尊重人民首创精神，紧紧依靠人民、切实造福人民。

（4）必须坚持社会主义市场经济的改革方向，把坚持社会主义基本制度同发展市场经济结合起来，发挥社会主义制度的优越性和市场配置资源的有效性，使全社会充满改革发展的创造活力。

（5）必须把推动经济基础变革同上层建筑改革结合起来，不断推进政治体制改革，为改革开放和社会主义现代化建设提供制度保证和法制保障。

（6）必须把发展社会生产力同提高全民族文明素质结合起来，推动物质文明和精神文明协调发展，更加自觉、更加主动地推动文化大发展、大繁荣。

（7）必须坚持维护社会公平正义。

（8）必须把坚持独立自主同参与经济全球化结合起来，统筹好国内国际两个大局，为促进人类和平与发展的崇高事业做出贡献。

（9）必须坚持促进社会和谐，把促进改革发展同保持社会稳定结合起来，坚持改革力度、发展速度和社会可承受程度的统一，确保社会安定团结、和谐稳定。

（10）必须坚持和改善共产党领导，贯彻党的基本路线，不走封闭僵化的老路，不走改旗易帜的邪路，坚定走中国特色社会主义道路，始终确保改革正确方向。

四、以经济体制改革为重点全面深化改革

（1）进一步处理好政府与市场的关系；

（2）坚持和完善基本经济制度；

（3）加快完善现代市场体系；

（4）加快完善宏观调控体系；

（5）构建开放型经济体系；

（6）加快转变经济发展方式；

（7）加快建设创新型国家；

（8）健全城乡发展一体化体制机制；

（9）加快生态文明制度建设；

（10）更好保障和改善民生。

本章复习与思考题答案

1. 解释下列概念：①社会主义市场经济体制；②要素市场。

①社会主义市场经济体制是指在社会主义国家宏观调控下，使市场在资源配置中起基础性作用的经济体制。是社会主义生产关系借以实现的具体形式。其基本内容是：规范的现代企业制度；统一、开放、竞争、有序的市场体系和有效的市场机制；健全的宏观调控体系和有效的政府；完善的基本经济制度和收入分配制度；完善的社会保障制度；与以上社会主义市场经济体制相适应的政治、文化、社会、环境文明等体制以及法律体系。②要素市场是在生产经营活动中利用的各种经济资源的统称，一般包括土地、劳动力、资本、技术和信息等。市场经济要求生产要素商品化，以商品的形式在市场上通过市场交易实现流动和配置，从而形成各种生产要素市场。

2. 什么是社会主义市场经济？我国社会主义市场经济的特点是什么？

答：认识社会主义市场经济，在理论上要把握三个要点：一是社会主义市场经济强调的是在社会主义制度下发展市场经济，而不是说市场经济本身还有资本主义和社会主义性质的区分；二是市场决定资源配置是市场经济的一般规律，市场经济本质上就是市场决定资源配置的经济；三是市场在资源配置中起决定作用，并不是起全部作用，发展社会主义市场经济，还必须坚持发挥社会主义制度的优越性，发挥政府宏观调控的积极作用。

社会主义市场经济的特点之一是迄今为止的西方发达国家的市场经济，都是建立在生产资料的私有制基础上。而我国的社会主义市场经济，建立在以公有制为主体、多种所有制经济共同发展的基本经济制度基础上。二是我国社会主义市场经济与以按劳分配为主体、多种分配形式并存的分配制度结合在一起，实现共同富裕的社会主义目标。三是我国社会主义市场经济发展的方向服从社会主义发展的大目标。

3. 如何建立和完善现代市场体系？

答：建立公平开放透明的市场规则，完善主要由市场决定价格的机制，建立城乡统一的建设用地市场，完善金融市场体系，健全技术创新市场导向机制，加快形成企业自主经营、公平竞争，消费者自主选择、自主消费，商品和要素自由流动、平等交换的现代市场体系。

4. 谈谈对我国经济体制改革的目的、性质和经验的认识。

答：我国经济体制之所以要改革，是要改变计划经济条件下造成的统得过死、分配平均主义、忽视商品货币关系、发展动力不足、缺少有效配置资源的协调机制、严重压抑企业和职工的劳动积极性、主动性、创造性等弊端，即生产关系已阻碍生产力发展的事实。因此，1978年以党的十一届三中全会为起点，我国开始对经济体制进行改革，形成了一整套的改革理论和实践道路。

（1）关于改革目的的认识。目的就是要解放和发展社会生产力，实现国家现代化，让中国人民富裕起来，振兴伟大的中华民族；就是要推动我国社会主义制度自我完善和发展，赋予社会主义新的生机与活力，建设和发展中国特色社会主义。在此目的下，必须要变革生产关系，即建立与完善具有中国特色的、充满生机和活力的社会主义市场经济体制，以促进社会生产力的发展和人民生活水平的提高。

（2）关于改革性质的认识。我们改革经济体制，是在坚持社会主义制度的前提下，改革生产关系和上层建筑中不适应生产力发展的一系列相互联系的环节和方面。这种改革，是在党和政府的领导下有计划、有步骤、有秩序地进行的，是社会主义制度的自我完善与发展。

（3）关于改革经验的认识。在 30 多年的实践中，经过艰辛探索，我国积累了宝贵经验。一是必须解放思想、实事求是、与时俱进，以实践基础上的理论创新为改革开放提供理论指导。二是必须坚持解放和发展社会生产力。三是必须坚持人民主体地位，尊重人民首创精神，紧紧依靠人民、切实造福人民。四是必须坚持社会主义市场经济的改革方向，把坚持社会主义基本制度同发展市场经济结合起来，发挥社会主义制度的优越性和市场配置资源的有效性，使全社会充满改革发展的创造活力。五是必须把推动经济基础变革同推动上层建筑改革结合起来，不断推进政治体制改革，为改革开放和社会主义现代化建设提供制度保证和法制保证。六是必须把发展社会生产力同提高全民族文明素质结合起来，推动物质文明和精神文明协调发展，更加自觉、更加主动地推动文化大发展、大繁荣。七是必须坚持维护社会公平正义。八是必须把坚持独立自主同参与经济全球化结合起来，统筹好国内国际两个大局，为促进人类和平与发展的崇高事业做出贡献。九是坚持促进社会和谐，把促进改革发展同保持社会稳定结合起来，坚持改革力度、发展速度和社会可承受程度的统一，确保社会安定团结、和谐稳定。十是必须坚持和改善共产党的领导，贯彻党的基本路线，不走封闭僵化的老路，不走改旗易帜的邪路，坚定走中国特色社会主义道路，始终确保改革的正确方向。

5. 如何以经济体制改革为重点全面深化改革？

答：以经济体制改革为重点全面深化改革，需要在经济领域和以经济为主的交叉领域紧紧围绕使市场在资源配置中起决定性作用，深化以下重要改革并取得突破：

（1）进一步处理好政府与市场的关系。既要发挥市场在资源配置中的决定性作用，又要进一步规范政府职能，有助于市场机制的正效应和弥补市场的不足。

（2）坚持和完善基本经济制度。既要坚持公有制的主体地位和国有经济的主导作用不动摇，又要毫不动摇鼓励、支持、引导非公有制经济发展。

（3）加快完善市场体系。建立公平开放透明的市场规则，完善主要由市场决定价格的机制，建立城乡统一的建设用地市场，完善金融市场体系，健全技术创新市场导向机制，加快形成企业自主经营、公平竞争，消费者自主选择、自主消费，商品和要素自由流动、平等交换的现代市场体系。

（4）加快完善宏观调控体系。深化投资体制改革，财税体制改革和金融体制改革，健全以国家发展战略和规划为导向、以财政政策和货币政策为主要政策的宏观调控体系。

（5）构建开放型经济体系。加快自由贸易区建设，加快培育参与和引领国际经济合作竞争新优势。

（6）加快转变经济发展方式。使经济发展更多依靠内需特别是消费需求拉动，更多依靠现代服务业和战略性新兴产业带动，更多依靠科技进步、劳动者素质提高、管理创新驱动，更多依靠节约资源和循环经济推动，更多依靠城乡区域发展协调互动，不断增强长期发展后劲。

（7）加快建设创新型国家。深化科技体制改革，加快建设国家创新体系，完善知识创新体系，促进创新资源高效配置和综合集成，把全社会智慧和力量凝聚到创新发展上来。

（8）健全城乡发展一体化体制机制。加快构建新型农业经营体系，赋予农民更多财产权利，推进城乡要素平等交换和公共资源均衡配置，完善城镇化健康发展体制机制，加快改变城乡二元结构，让广大农民平等参与现代化进程、共同分享现代化成果。

（9）加快生态文明制度建设。健全自然资源资产产权制度和用途管制制度，实行自愿有偿使用制度和生态补偿制度，改革生态环境保护管理体制等。

（10）更好地保障和改善民生。改革收入分配制度，深化教育领域综合改革，健全促进就业创业体制机制，建立更加公平可持续的社会保障制度。

本章课后辅导题

一、单项选择题

1. 公有制的本质是（　　）。

A. 劳动者共同占有生产资料并凭借这种占有获得经济利益

B. 劳动者共同占有生产资料并凭借自己的劳动获得经济利益

C. 劳动者各自占有生产资料并凭借这种占有获得经济利益

D. 劳动者各自占有生产资料并凭借自己的劳动获得经济利益

2. 市场机制中的核心机制是（　　　）。

A. 供求机制　　　　B. 价格机制　　　　C. 竞争机制　　　　D. 风险机制

3. 社会主义市场机制要在资源配置中起（　　　）。

A. 主导作用　　　　B. 基础作用　　　　C. 决定作用　　　　D. 支配作用

4. 经济体制改革的目标是（　　　）。

A. 建立现代企业制度

B. 完善按劳分配制度

C. 建立和完善社会主义市场经济体制

D. 培育要素市场体系

5. 市场要在资源配置中起决定性作用，应以（　　　）为基础。

A. 完善的、统一开放、竞争有序的市场体系

B. 健全的市场法规体系

C. 充分的市场竞争

D. 完备的市场信用体系

6. 社会主义市场经济市场机制发挥作用（　　　）。

A. 不会产生外部性问题

B. 应与政府导向结合在一起

C. 不应与政府导向结合在一起

D. 不需要社会协调

二、多项选择题

1. 社会主义经济之所以也是市场经济是由（　　　）决定的。

A. 生产力的发展水平和社会分工

B. 我国基本经济制度

C. 经济利益的差异

D. 我国社会主义发展实践

E. 社会主义初级阶段

2. 我国社会主义市场经济的特点是（　　　）。

A. 统一、开放、竞争、有序

B. 建立在以公有制为主体、多种所有制经济共同发展的基本经济制度基础上

C. 与以按劳分配为主体、多种分配形式并存的分配制度结合在一起

D. 发展方向服从社会主义发展的大目标

E. 与政府导向相结合

3. 我国社会主义市场经济市场机制功能发挥呈现出的特点是（　　）。

A. 与政府导向结合在一起

B. 不需要政府进行宏观调控

C. 不需要政府进行计划配置

D. 与社会协调结合在一起

E. 市场自身能够实现资源的最优化配置

4. 社会主义市场经济体制的基本内容（　　）。

A. 规范的现代企业制度

B. 统一、开放、竞争、有序的市场体系和有效的市场机制

C. 健全的宏观调控体系和有效的政府

D. 完善的基本经济制度和收入分配制度

E. 完善的社会保障制度

三、简答题

1. 简述商品经济与市场经济的区别与联系。

2. 为什么说社会主义市场经济的内在要求是市场体系的培育？

3. 要素市场主要包括哪些市场？

4. 简述统一、开放、竞争、有序的市场体系的内容。

5. 简述在社会主义市场经济中政府应该起的作用。

四、论述题

1. 试比较社会主义市场经济体制与资本主义市场经济体制的异同。

2. 试论如何让市场在资源配置中起决定性作用。

本章课后辅导题答案与分析

一、单项选择题

1. B　　2. B　　3. C　　4. C　　5. A　　6. B

二、多项选择题

1. ACD　　2. BCD　　3. AD　　4. ABCDE

三、简答题

1. 答：（1）区别：商品经济是在社会分工条件下，具有不同经济利益的生

产者之间，相互交换劳动和进行经济联系的一种经济形式。作为劳动交换和经济联系的经济形式，商品经济是与自然经济和产品交换经济相对应的。市场经济是社会资源配置的一种方式，它是通过市场机制的作用，将社会资源配置到社会需要的部门。市场经济和计划经济是现代社会的两种资料配置方式。

（2）联系：商品经济是市场经济的前提和基础，没有商品经济就没有市场经济。但是，市场经济不能与商品经济及市场简单地相等同，因为市场经济的存在意味着市场对整个社会资源的配置起着基础作用，这要以商品经济发展为普遍的占统治地位的经济形式为前提条件。概括地说，商品经济发展到社会化大生产才能产生市场经济，市场经济是商品经济发展的客观要求和必然趋势。

2. 答：（1）市场机制的发挥依赖于市场体系的培育。在市场机制中，最重要的是价格机制，价格是对资源稀缺程度的反映，能够调节社会对资源的合理使用，或者说价格能够使资源得到有效配置。但价格对资源稀缺程度反映的真实性，受到市场体系完善程度的影响。市场体系培育越完善，价格形成就越真实。

（2）充分的市场竞争依赖于市场体系的培育。竞争越充分的市场结构，资源损耗越小，经济运行效率越高，社会福利越高。但是任意一个市场的竞争程度，不仅受到上游或下游市场的影响，还会受到横向市场的影响。因此，要让市场经济充满竞争活力，必须要对整个市场体系进行充分的培育。

（3）资源的有效配置依赖于市场体系的培育。市场经济是市场在资源配置中起决定性作用的经济，即市场经济通过内在的供求机制、价格机制等市场机制调节资源的配置，若某个市场的缺位，会导致相关资源缺乏市场机制的调节，资源就难以实现有效配置。

3. 答：要素市场是在生产经营活动中利用的各种经济资源的统称，一般包括土地、劳动力、资本、技术和信息等。市场经济要求生产要素商品化，以商品的形式在市场上通过市场交易实现流动和配置，从而形成各种生产要素市场。

4. 答：统一、开放、竞争、有序的市场体系。统一是指商品和各种生产要素在全国范围内可以自由流通，形成了国内统一的市场组织体系、市场运行规则和市场管理制度。开放是指市场可以按照规则自由进入和退出。竞争是指市场体系在一个有价值规律充分作用的公平竞争的环境中运行。有序是指市场必须按照一定的规则和秩序来运行，以保证公平竞争和市场的效率。要发挥市场机制在资源配置中的决定性作用，必须培育和发展市场体系。

5. 答：①宏观调控。即政府通过制定和运用财政税收政策和货币政策，对整个国民经济运行进行间接的、宏观的调控。②提供公共产品和服务职能。政府通过政府管理、制定产业政策、计划指导、就业规划等方式对整个国民经济实行间接控制；同时，还要发挥社会中介组织和企业的力量，与政府一起共同承担提供公共产品的任务。③市场监管。即政府为确保市场运行畅通、保证公平竞争和公平交易、维护企业合法权益而对企业和市场所进行的管理和监督。

四、论述题

1. 答：相同点：（1）都是通过市场机制来调节配置资源。

（2）所有市场主体能够独立进行经济决策。

（3）政府部门不直接干预企业经营活动，通过财政与货币政策间接调节和规范企业的经营活动。

（4）都有一个健全的法制基础。

不同点：（1）社会主义市场经济体制建立在社会主义基本制度之上，建立了以公有制为主，多种所有制经济共同发展的基本经济制度，多种经济成分长期并存，共同发展，而资本主义市场经济体制建立在资本主义基本制度之上，以生产资料个人私有制为经济基础。

（2）在市场经济运行特征上，社会主义市场经济以国有企业为主导，多种经济成分在自愿平等的基础上，参与市场竞争。而资本主义市场经济以垄断资本主义为根本经济特征，资本家凭借其垄断地位获取超过平均利润的垄断利润。

（3）在分配制度上，社会主义市场经济体制是以按劳分配为主体，其他分配方式并存为补充。而在资本主义社会，垄断资本家依靠生产资料私有，无休止地榨取工人的剩余价值，工人的实际工资不断降低。

（4）在宏观调控上，社会主义国家充分发挥计划与市场的优势，有效地整合两种手段，实现对国民经济的调控，调节国民经济健康稳定增长。资本主义国家则是实施放任自由的市场经济，政府基本上不对经济进行干预，干预经济活动更多的也是为垄断资产阶级服务。

2. 答：要让市场在资源配置中起决定性作用，就要充分发挥价格机制、竞争机制、供求机制三大市场机制的作用。

（1）完善价格形成机制。市场配置资源的决定性作用，主要是通过市场价格这一"指挥棒"实现的。价格是价值的货币表现。遵循经济规律必须建立合理的价格体制机制，发挥市场在资源配置中的决定性作用也有赖于建立合理的价格体制机制。新形势下全面深化改革仍需牢牢牵住价格这个"牛鼻子"，进一步缩减政府定价范围、扩大市场定价范围，凡是能由市场形成价格的都交给市场，政府不进行不当干预。重点推进水、石油、天然气、电力、交通、电信等领域价格改革，放开竞争性环节，促进节约集约发展。完善价格调节管理制度，发挥价格调节生产和供给的作用，同时控制价格异常变动，稳定社会预期。修改和完善不适应形势需要的涉及价格的法律法规，加大对违法行为的处罚力度，规范价格秩序。

（2）塑造充分竞争的环境。竞争对经济发展的促进，具有其他方式无法比拟的优越性。市场经济条件下的竞争可分为部门内部的竞争和部门之间的竞争。对这两种竞争，都应给予重视。重视部门内部的竞争，就是要运用经济手段如财政、税收、金融等手段奖优罚劣，淘汰落后生产者，使有限的资源向效率高的生产者集中，达到集约发展、转型升级的目的。重视部门之间的竞争，就是要放开投资准入条件，允许各类市场主体平等进入"法无禁止"的领域，让生产要素在不同部门之间自由流动，发挥市场在资源配置中的决定性作用。在这方面，尤其应克服长期存在的所有制歧视，既毫不动摇巩固和发展公有制经济，坚持公有制主体地位，发挥国有经济主导作用，也毫不动摇鼓励、支持、引导非公有制经济发展，激发非公有制经济活力和创造力。同时，强化政府监管职能，加强法制建设，遏制恶性竞争，保障公平竞争，维护市场秩序。

（3）运用好供求机制。供求规律主要通过商品和劳务供给与需求的矛盾运动引导资源配置、促进经济发展。运用供求规律，应从供给与需求两方面入手，具体情况具体分析，采取相应措施。在现代市场经济条件下，在供给与需求这一矛盾中，需求往往处于矛盾的主要方面。运用供求规律促进经济发展，应更多关注需求、创造需求，用需求引导供给和生产，以实现资源有效配置。我国当前尤其应注重通过增加居民收入等方式提高社会消费能力，扩大消费需求。具体来看，东部地区与中西部地区、城市与农村的发展存在较大差距，其消费需求也有很大不同。对东部地区及城市来说，扩大消费需求的重点应放在中高档消费品和精神文化产品等方面；对中西部及农村地区来说，扩大消费需求的重点应放在改善基本住、行条件和满足日常生活需求等方面。从国际市场需求来看，我国既应保持和扩大发达国家市场份额，更应积极开拓新兴经济体和发展中国家市场。

第十七章　社会主义市场经济的微观基础

本章知识鸟瞰图

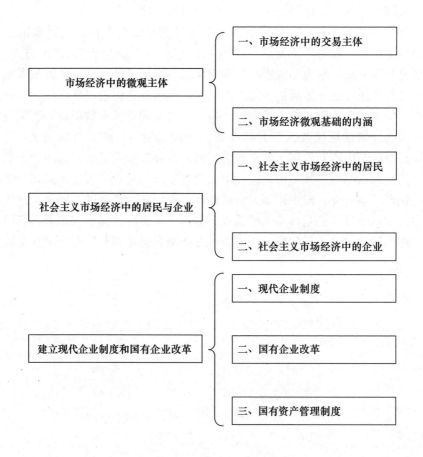

市场经济中的微观主体 —— 一、市场经济中的交易主体

市场经济中的微观主体 —— 二、市场经济微观基础的内涵

社会主义市场经济中的居民与企业 —— 一、社会主义市场经济中的居民

社会主义市场经济中的居民与企业 —— 二、社会主义市场经济中的企业

建立现代企业制度和国有企业改革 —— 一、现代企业制度

建立现代企业制度和国有企业改革 —— 二、国有企业改革

建立现代企业制度和国有企业改革 —— 三、国有资产管理制度

本章重点和难点

第一节　市场经济的微观主体

市场经济中的交易主体：个人或居民家庭；企业包括各类以盈利为目的的组织；政府包括各级、各类型的政府权力机构。

第二节　社会主义市场经济中的居民与企业

一、居民与企业的关系

（1）居民向企业提供生产要素。

（2）企业向居民支付生产要素的回报。

（3）企业运用生产要素生产产品和服务。

（4）居民用可支配收入向企业购买产品和服务。

二、居民、企业与政府的关系

（1）企业向政府缴纳税金。

（2）政府向企业采购商品和提供政府服务。

（3）居民向政府缴纳税金。

（4）政府向居民提供"转移支付"和政府服务。

三、计划经济中的居民不是真正的微观经济主体

（1）不是投资主体。

（2）不是劳动力的供给主体。

（3）不是收益主体。

（4）不是消费主体。

第三节　建立现代企业制度和国有企业改革

一、现代企业制度的含义、核心、组织形式、关键

（1）含义：现代企业制度是指适应社会化大生产需要，反映市场经济的要求，以公司制为主要形式，以产权明晰、权责明确、政企分开、管理科学为条件的新型企业制度。

（2）核心是建立产权制度。

（3）组织形式是现代公司制。

（4）关键是建立科学的公司治理结构。

二、国有企业改革的总体思路与主要措施

1. 总体思路

以完善公司法人制度为基础，以产权明晰、权责明确、政企分开、管理科学为基本要求，以规范经营决策、资产保值增值、公平参与竞争、提高企业效率、增强企业活力、承担社会责任为重点，通过完善现代企业制度，进一步提高国有企业发展质量，不断增强国有经济活力、控制力、影响力。

2. 主要措施

（1）推动国有企业完善现代企业制度。

（2）准确界定不同国有企业功能，优化国有经济布局和结构，增强国有经济控制力、影响力和竞争力。

（3）深化垄断行业改革，引入竞争机制。

（4）推进国有企业更好地履行社会责任。

本章复习与思考题答案

1. 什么是现代企业制度？

答：现代企业制度是指适应社会化大生产需要，反映市场经济的要求，以公司制为主要形式，以产权明晰、权责明确、政企分开、管理科学为条件的新型企业制度。主要包括现代企业产权制度、现代企业组织制度与现代企业管理制度三方面。

（1）现代企业产权制度。根本要求是在产权关系上做到归属清晰、权责明

确、保护严格、流转顺畅。要求对企业进行公司化改造，明晰企业的产权划分和归属主体，在此基础上引导出多元化的投资来源，打破国家对企业债务负无限责任的传统体制。在所有权和经营权分开的前提下，企业依照自己的法人财产权开展经营活动，独立地对外承担民事权利和民事义务。

（2）现代企业组织制度。包括股份有限公司和有限责任公司。现代公司制企业具有以下特点：具有法人资格，能够独立地进行民事活动；企业拥有独立的法人财产，能够独立地占有、支配和依法处置法人财产而不受出资者的干预，是享有民事权利、承担民事责任的法人实体。

（3）现代企业管理制度。要求建立科学的公司治理结构，即以股东为核心的利益相关者之间的互相制衡关系的泛称，其核心是在法律、法规和惯例的框架下，保证以股东为主体的利益相关者利益为前提的一整套公司权利安排。

2. 结合中国实际，谈谈如何建立现代企业制度，实现企业制度创新。

答：现代企业制度是现代市场经济的基础，基本形式是股份制，特征是产权清晰、权责明确、政企分开、管理科学，一般表现形式为公司制，核心是法人治理结构。

建立现代企业制度关键在于是否能形成有效的公司治理结构，包含以下制度安排：包括《公司法》、《证券法》等健全的行之有效的法规体系；形成股东"用脚投票"的健全的股票市场；竞争性的职业经理市场；有效的激励机制；健全、严格的财务及其相关信息的披露制度。

在我国，建立现代企业制度的最大阻碍是国有股和大多数最终属于国有产权的法人股，在经过改制后占有绝对比重，由此带来了低效率和负效率。鉴于此，实现企业制度创新是必然路径，具体路径包括：建立健全公司制度相关的法规体系；规范证券市场；形成竞争性的职业经理市场；形成有效的激励机制。

3. 如何深化国有资产管理体制改革？

答：一是继续推动履行社会公共管理职能的部门与企业脱钩，实现经营性国有资产集中统一监管。

二是以管理资本为主加强国有资产监管。大力推进国有资产资本化，改革国有资本授权经营体制，组建若干国有资本运营公司，支持有条件的国有企业改组为国有资本投资公司。

三是完善国有资产监管机构和职能，以产权关系为纽带，落实国有资产监管机构的各项法定职责。

四是健全国有资产监管法规体系。围绕进一步规范政府、国资监管机构与国有企业之间的关系，健全国家出资企业投资管理、财务管理、产权管理、风险管理等专项管理制度，健全国有资产基础管理制度。

五是建立科学的企业业绩考核指标体系，不断完善分类考核制度，提高考核指标的导向性和针对性。

本章课后辅导题

一、单项选择题

1. 社会主义市场经济体制的微观基础是（　　）。

A. 以公有制为主体的现代企业制度

B. 健全的宏观调控体系

C. 在社会主义市场经济中构成各种交易关系的交易主体

D. 供求机制、价格机制与竞争机制

2. 社会主义市场经济中国有制及国有企业的地位是（　　）。

A. 国有经济起主导作用，无论在量上还是质上都要体现绝对优势

B. 国有经济起主导作用，主要体现在控制力上

C. 国有经济起辅助作用

D. 国有经济起支配作用

3. 国有企业改革的重要目标是（　　）。

A. 建立现代资产管理制度

B. 提高国有企业运营绩效

C. 建立现代企业制度

D. 建立科学的公司治理结构

4. 国有资产管理制度改革的目标是（　　）。

A. 建立新型国有资产管理体制的基本框架

B. 推动社会公共管理职能部门与企业脱钩

C. 完善国有资产监管机构和职能

D. 健全国有资产监管法规体系

5. 转变政府职能要（　　）。

A. 不干预市场经济　　　　　　B. 加强宏观调控

C. 强化计划配置　　　　　　　D. 实行政企分开

二、多项选择题

1. 现代企业制度的基本特征有（　　）。

A. 产权清晰　B. 权责明确　C. 政企分开　D. 股份制度　E. 管理科学

2. 现代企业制度的组织形式包括（　　）。

A. 股份有限公司　　　　　　　　　B. 有限责任公司

C. 个人业主制　　　　　　　　　　D. 股份合作制

E. 合伙制

3. 现代企业制度的主要内容是（　　）。

A. 核心是产权制度

B. 组织形式是现代公司制度

C. 关键是建立科学的公司治理结构

D. 针对对象是国有企业

E. 特征是产权明晰、权责明确、政企分开、管理科学

4. 市场经济微观基础的内涵包括（　　）。

A. 各个具有独立产权的个体和个体单位是最基本的经济单元

B. 各个具有独立产权的个体单位是市场机制形成和市场经济功能得以发挥的微观基础

C. 政府、企业、居民是市场经济微观基础

D. 政府不是市场经济微观基础

E. 企业不是市场经济微观基础

5. 产权制度的根本要求是在产权关系上做到（　　）。

A. 归属清晰　　　　　　　　　　　B. 权责明确

C. 流转顺畅　　　　　　　　　　　D. 政企分开

E. 保护严格

三、简答题

1. 为什么说在计划经济体制中，居民不是真正的微观经济主体？
2. 简述居民与企业存在的四种基本关系。
3. 简述深化国有企业改革的总体思路。
4. 简述建立现代企业制度的内涵。

四、论述题

1. 试述现代企业制度的组织形式。
2. 论述建立和完善现代企业制度的重要意义。
3. 试述国有企业建立现代企业制度的主要途径。

本章课后辅导题答案与分析

一、单项选择题

1. C   2. B   3. B   4. A   5. D

二、多项选择题

1. ABCE   2. AB   3. ABC   4. AB   5. ABCE

三、简答题

1. 答：在计划经济体制中，居民不是真正的微观经济主体。主要体现在：①居民不是投资主体，单个居民不是独立的投资主体，不具有独立的投资决策权、生产资料的支配权和直接的生产资料受益权。②居民不属于真正的劳动力供给主体。由于生产要素的配置权集中在行政部门和受严格的户籍管理制度的控制，劳动力的配置由相关的行政部门主导，居民不拥有自主的择业权和自由流动的权力。③在平均注意分配体制条件下，收入分配不能真正体现居民的劳动贡献差异。④居民不是真正的消费主体。供给不足和"凭票限量供应"使得居民缺乏实际的消费选择权。消费品价格的行政决定机制使得居民作为消费者只是被动的价格接受者。

2. 答：居民与企业存在的四种基本关系是：①居民向企业提供生产要素（包括劳动力、资本等）；②企业向居民支付生产要素的回报（居民的劳动收入、资本收入等）；③企业运用生产要素生产产品和服务；④居民用可支配收入向企业购买产品和服务。如果居民将一部分收入作为储蓄，这部分储蓄将通过银行或其他金融机制转化为企业投资和政府投资。

3. 答：深化国有企业改革的总体思路是：适应市场化、国际化新形势，按照加快完善社会主义市场经济体制、坚持和完善基本经济制度的要求，把握住市场在资源配置中起决定性作用这条主线，以完善公司法人制度为基础，以产权明晰、权责明确、政企分开、管理科学为基本要求，以规范经营决策、资产保值增值、公平参与竞争、提高企业效率、增强企业活力、承担社会责任为重点，通过完善现代企业制度，进一步提高国有企业发展质量，不断增强国有经济活力、控制力、影响力。

4. 答：现代企业制度是指适应社会化大生产需要，反映市场经济的要求，以公司制为主要形式，以产权明晰、权责明确、政企分开、管理科学为条件的新型企业制度。

四、论述题

1. 答：现代企业制度的组织形式是现代公司制，包括股份有限公司和有限责任公司。与其他企业组织形式相比，现代公司制企业具有法人资格，能够独立地进行民事活动。企业拥有独立的法人财产，能够独立地占有、支配和依法处置法人财产而不受出资者的干预，是享有民事权利、承担民事责任的法人实体。公司制企业的所有权与经营权实现了分离，公司由具有专业知识和素质的管理人才进行经营和管理，公司的所有者凭借股票控制权对公司的重大决策进行控制。由经营者专门管理企业有助于提高企业的经营管理水平，但是，在监督和约束机制不健全的情况下，公司经营者有可能损害出资者的利益。

2. 答：建立健全现代产权制度在我国现阶段具有重要意义。具体表现在：

（1）建立健全现代产权制度，是完善我国基本经济制度的内在要求。产权是所有制的核心和主要内容。目前，我国以公有制为主体、多种所有制经济共同发展的格局基本形成。除了国有和集体资本外，个体、私营、外资等非公有资本和城乡居民的家庭财产迅速增加，单一的公有产权已经被多元化的产权所取代。建立健全现代产权制度，有利于维护公有财产权，巩固公有制经济的主体地位；有利于保护私有财产权，促进非公有制经济发展；有利于促进各类资本的流动重组，推动混合所有制经济发展。

（2）建立健全现代产权制度，是构建现代企业制度的需要。产权制度是企业制度的核心和基础。近年来，一些国有企业改革效果不理想，根本原因是产权改革没有到位，产权归属模糊不清，资产所有者虚置，责任主体缺位，企业的法人财产权没有很好地落实，政企不分现象严重。只有明晰产权归属，明确各方权责，形成多元化产权结构，现代企业制度才有扎实的基础。否则，就会流于形式，走形变样。

（3）建立健全现代产权制度，有利于激发企业和人民群众创业、创新的积极性。追求产权，以其产权获得更多的经济效益，是各类市场主体的内在动力之一。清晰界定产权、明确权责关系和依法严格保护产权，有利于让一切劳动、知识、技术、管理和资本的活力竞相迸发，让一切创造财富的源泉充分涌流。

（4）建立健全现代产权制度，是规范市场经济秩序的需要。产权关系既是一种利益关系，又是一种责任关系。落实了产权，就会增强人们履行信用、遵纪守法、诚实经营的自觉性。当前，我国现实生活中存在的失信行为严重，与没有形成健全的产权制度有密切关系，这也从反面说明，产权制度是规范生产经营行为、提高社会信用水平的基础条件。在清产核资时，要依法维护国家、集体和个人三方的权益，平等对待各方财产，既要防止国家、集体资产流失，又不能把属于私人的资产随意上收为国家或集体所有。

3. 答：国有企业深化现代企业制度改革必须做到：

（1）改革企业产权制度。

1）理顺国有企业产权关系，处理好国家所有权与企业法人财产权的关系。国家是国有企业财产所有权的唯一主体，拥有对企业财产的最终支配权，但政府和监督机构不得直接经营或支配企业的法人财产。企业拥有独立行使的法人财产权，并以其全部法人财产承担民事责任。

2）建立经营者的所有权制约机制。两权分离后，国有资产所有者的利益仍要在企业经营者那里得到实现。为此必须建立一套能保证国有资产在真正具有经营才能的人手上经营，能明晰企业应负的国有资产保值与增值的责任，能对经营者"用脚投票"等所有权相制约的机制。

3）明确产权关系上的自负盈亏责任。目前国有企业的自负盈亏主要限于收入分配上，而在产权关系上仍有许多亏损企业把债务包袱推给国家或者拖欠其他企业的债务，国家实际上为企业承担着无限责任。产权制度改革是要在产权关系上明确企业承担的债务责任和破产责任。当企业破产时，国家只以投入企业的资本额为限承担有限责任。

4）在明晰企业产权关系的基础上，建立和完善产权市场。国有企业进入产权市场可以使一定量的国有资产吸收和组织更多的社会资本，放大国有资产的产权功能，提高其控制力、影响力和带动力。同时又能使国有企业经营受到更多国有产权的制约，以保证国有资产营运效益的提高。

此外，国有企业还可以通过产权市场实现产权转让和流动，推动国有资产存量流向经济效益好的企业，流向国民经济需要重点发展的部门，实现国有资产存量的优化配置。

（2）改革企业组织制度。

1）要改革政府管理职能和管理体制，真正做到政企分开。政府作为国有资产所有者，可以建立一套科学有效的国有资产管理制度，对国有资产实行国家所有、分级管理、授权经营、分工监督。但政府不能再用行政管理的方法使国有企业运行行政化，否则国有企业组织制度的改革将流于形式。

2）国有企业组织制度改革的重点是建立公司制企业。为此，必须建立符合市场经济规律和我国国情的企业领导体制与组织管理制度。即建立包括股东会、董事会、监事会和经理层在内的公司法人治理结构，处理好党委会、职代会和工会与股东会、董事会、监事会的关系；对国有企业进行战略性调整。即通过国有资产的流动和重组，改变国有资产过度分散的状况，集中力量发展和加强国家重点产业和重点企业，扩大企业组织规模。

（3）加强和改善企业的经营管理。①要更新企业经营管理上的旧思想观念，确立以市场为中心和依托的现代化管理观念。②要实现管理组织现代化建立市场适应性能力强的组织命令系统，健全和完善各项规章制度，彻底改变无章可循、有章不循、违章不究的现象。③要建立高水平的科研开发机构和高效率的决策机构，加强企业发展的战略，研究制定和实施明确的企业发展战略、技术创新战略和市场营销战略并根据市场变化适时调整。④要广泛采用现代管理技术方法和手段，包括用于决策与预测的、用于生产组织和计划的、用于技术和设计的现代管理方法，以及采取包括电子计算机在内的各种先进管理手段。

国有企业建立现代企业制度除就企业制度本身这三方面进行改革外，还需要其他方面的配套改革。包括转变政府职能，建立健全宏观经济调控体系，进行金融、财政、税收、投资、计划等方面的改革为企业进入市场自主经营创造良好的宏观经济环境；大力培育市场体系、建立市场中介组织和加强市场经济法律规章制度的建设，为企业走向市场创造条件；加快社会保障制度改革和福利分配社会化、市场化等。

第十八章　社会主义宏观经济运行

本章知识鸟瞰图

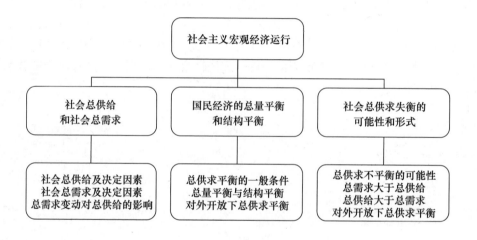

```
                    社会主义宏观经济运行
        ┌──────────────────┼──────────────────┐
   社会总供给          国民经济的总量平衡        社会总供求失衡的
   和社会总需求          和结构平衡             可能性和形式

  社会总供给及决定因素    总供求平衡的一般条件    总供求不平衡的可能性
  社会总需求及决定因素    总量平衡与结构平衡     总需求大于总供给
  总需求变动对总供给的影响  对外开放下总供求平衡    总供给大于总需求
                                        对外开放下总供求平衡
```

本章重点和难点

第一节　社会总供给和社会总需求

一、社会总供给

社会主义国家在一定时期（如一年）内，根据社会需要和生产资源的供应状况，将全社会的生产要素有效地结合起来，进行供社会消费和使用的各种物质产品和服务的生产，即社会总生产。社会生产的总成果，称为社会总产出或社会总产品。社会总产出的总量及其价值构成，可用一系列总量指标来衡量。社会总产出的结构即其生产门类划分和它们之间的内在联系，亦即产业机构和社会总产出的地区分布。

社会总供给是指一个国家（地区）在一定时期内可供全社会使用的物质产品和服务的价值总和。

社会总供给可以分为广义的社会总供给和狭义的社会总供给。广义的社会总供给是包括中间产品、最终产品和服务在内的总供给，在国民经济统计中以"总产出"为代表。狭义的社会总供给，在国民经济统计中可用国内生产总值（或国民生产总值），即"总产出"减去"中间投入"来表示。考察宏观经济运行，除特别说明外，一般都指狭义社会总供给。

决定社会总供给总量的因素：经济增长水平和速度、供给结构的变化、市场价格水平、对外经济联系的影响、经济体制和一国自然资源的丰裕程度等。

决定社会总供给结构的因素：资本积累和技术进步、需求结构的变化、参与经济全球化的广度和深度、产业结构政策。

二、社会总需求

社会总需求是指一个国家（地区）在一定时期内全社会对物质产品和服务有支付能力的有效需求。在开放条件下，社会总需求＝投资需求＋消费需求＋出口。

投资需求是指整个社会在一定时期内通过货币资金的支出所形成的对投资品的需求。消费需求是指整个社会在一定时期内通过货币资金的支出所形成的对消费品和服务的需求。

封闭条件下，社会总需求的总量即其规模或水平，是由决定投资需求和消费需求的一系列因素所决定的。社会总需求的机构，也是由决定投资需求和消费需求结构的一系列因素所决定的。

决定投资需求规模的因素主要有：社会在一定时期内的国民收入增长率、消费率与积累率、社会在一定时期内所能提供的物力和人力、投资效益的高低、经济体制对投资主体行为的影响。

决定消费需求规模的因素，从根本上说，是受社会生产力发展水平的制约；从宏观层面上说，是受国民收入分配中消费和积累比例的制约。影响居民个人消费水平的因素：居民个人收入的水平、居民收入分解为即期消费和储蓄的比例的影响、市场上适应居民消费结构的消费品的供给状况、消费品价格水平的变动及价格预期。

决定投资结构的因素：产业结构的状况、科学技术进步、社会总生产的地区分布。

决定消费结构的主要因素：居民收入水平、居民收入结构、价格因素、商品结构、消费者个人因素、社会对消费行为的引导、产业结构和供给结构。

恩格尔定律揭示了居民收入水平与消费结构之间存在内在的规律性，内容为：居民收入水平越低，收入中用于购买食品开支所占的比例就越大，居民收入水平越高，收入中用于购买食品开支所占的比例就越小。恩格尔系数＝食品支出额/生活消费总收入额。

三、社会总需求变动对社会总供给的影响

在既定的生产资源或生产能力没有得到充分利用之前，社会总产出的实际水平是由社会总需求的水平来决定的。在现有生产资源尚未充分利用的条件下，由于投资乘数的作用，投资需求的增长可以导致多倍于投资需求增长本身的社会需求和社会总产出的增长。社会总需求中的消费需求增长对于社会总产出的增长同样有极为重要的作用。

第二节　国民经济的总量平衡和结构平衡

一、社会总需求和总供给平衡的一般条件

投资支出＋消费支出＝投资品产值＋消费品产值＝国内生产总值（封闭条件下）

二、社会总供求的总量平衡和结构平衡的关系

社会总供求的总量平衡和结构平衡之间存在相互依存、相互制约的关系，表现在：首先，社会总供求的总量平衡是结构平衡得以实现的基础和国民经济协调发展的前提。其次，社会总供求的结构平衡对总量平衡也有重要的影响。最后，相对来说，总量平衡侧重于对国民经济运行的短期调节，而结构平衡主要涉及国民经济的中长期发展问题。

三、对外开放条件下社会总需求和总供给平衡的条件

（国内资本－资本流出＋资本流入）转化的投资需求＋消费需求＋出口＝国内生产总值＋进口

经过移项整理后为：（国内资本＋资本净流入）转化的投资需求＋消费需

求 = 国内生产总值 + 净进口（进口 – 出口）

第三节　社会总供求失衡的可能性和形式

一、社会总供求不平衡的可能性

社会总供求之间的不平衡有两种情况：一是经济运行可以承受的不平衡，即虽然存在社会总供求之间的不平衡，但这种不平衡并不影响国民经济的正常运行，并且具备趋向平衡的稳定性，因而是可以承受的；二是经济运行不能承受的平衡，即这种不平衡严重影响了国民经济的正常运行，导致经济运行的无序和不稳定状态。一般将后一种社会总供求的不平衡才称作失衡。

在市场经济条件下，存在社会总供求失衡可能性的原因在于：一是商品生产和商品交换中存在的内在矛盾。二是微观方面的原因。三是宏观层面的原因。

二、社会总需求大于社会总供给

社会总需求大于社会总供给，通常称为需求膨胀或供给短缺，表现为经济过热、投资需求和消费需求"双膨胀"、信用过分扩张和市场秩序混乱，严重时可引发通货膨胀。

通货膨胀即货币发行量超过流通中实际需要的货币量而引起的货币贬值、物价总水平持续上涨现象。它的成因与经济过速增长所造成的社会总需求与总供给的总量和结构矛盾密切相关。具体分为三种类型：

第一种是需求拉动上的通货膨胀，即由社会总需求大大超过社会总供给所引起的货币贬值和价格总水平的提高。第二种是成本推动的通货膨胀，即由于产品成本增加成为一种全社会普遍现象所引起的价格总水平的提高。第三种是价格结构调整引起的通货膨胀，是指由提高某些产品的价格，或改革不合理价格体系所引起的价格总水平的提高。

通货膨胀会对国民经济产生严重的后果，具体表现在：第一，破坏了资源有效配置的环境，降低了社会经济效益。第二，不利于产业结构的优化调整。第三，扰乱收入分配秩序，从而引发经济、社会的不稳定。

三、社会总供给大于总需求

社会总供给大于社会总需求的表现是：经济增长乏力，投资不足，消费需求不足，出口不振，企业开工不足，失业、下岗增加。这种情况也被称为供给过剩或有效需求不足，严重时可导致通货紧缩。

通货紧缩是与经济低速增长相联系的一种经济现象，通常表现为有效需求不足，物价总水平持续下降。造成通货紧缩的原因很复杂，一般有：流通中的货币量小于实际需要的货币量，投资、消费不足，出口受阻或减少等。

我国出现需求不足的原因既有长期累积的因素，也有短期特殊的因素。长期累积的深层次原因包括：经济发展方式和结构问题、管理问题、分配问题。短期特殊因素，包括国际金融危机、债务危机等。

通货紧缩对经济发展产生诸多不良影响：第一，抑制经济增长，会导致经济衰退。第二，增加企业债务负担，降低企业偿债能力。第三，持续的通货紧缩易形成需求不足—通货紧缩—需求不足的恶性循环。此外，通货紧缩对进出口贸易也会造成一定的影响。

社会总供求在结构上的失衡大体有三种类型：一是同向性短缺；二是同向性过剩；三是异向性不平衡或失衡。

四、对外开放条件下社会总供求失衡及其原因

开放条件下社会总供求的失衡除了国内总供求失衡的情形以外，主要是由国际收支的失衡引起的。判断一国国际收支是否平衡，主要应看其自主性交易是否平衡。

国际收支失衡最直接的表现是外贸逆差、外汇逆差，外贸顺差或大量外汇结余。

我国国际收支失衡的主要原因：第一，经济增长和由经济增长引起的国民收入的变化。第二，世界经济结构的变化。第三，汇率的变动。

本章复习与思考题答案

1. 解释下列概念：①社会总产出；②投资需求；③消费需求。

①社会总产出是指社会主义国家在一定时期（如一年）内，根据社会需要和生产资源的供应状况，将全社会的生产要素有效地结合起来，进行供社会消费和使用的各种物质产品和服务的生产，即社会总生产。社会生产的总成果，称为社会总产出或社会总产品。

②投资需求是指整个社会在一定时期内通过货币资金的支出所形成的对投资品的需求。从构成上看，社会总投资既包括对固定资产的投资，即对建筑物和固定设备的投资，又包括对流动资产的投资；从资金来源上看，社会总投资可以区

分为重置投资和新增投资两部分。

③消费需求是指整个社会在一定时期内通过货币资金的支出所形成的对消费品和服务的需求。从消费形式上看，社会总消费包括居民个人消费和社会公共消费两部分。

2. 试分析投资和消费的决定因素。

答：（1）决定投资需求规模的因素主要有：

第一，社会在一定时期内的国民收入增长率。在国民收入分为积累资金和消费资金的比例一定的条件下，国民收入数量越多，可用于投资的数量越多，投资规模越大，国民收入增长率越高，投资增长幅度越大。反之亦然。

第二，消费率与积累率。在国民收入既定的前提下，投资规模的大小必然要受消费率高低以及与之对应的积累率高低的制约。积累率越高，投资规模增大；积累率下降，投资规模缩小。

第三，社会在一定时期内所能提供的物力和人力。国民收入划分为消费和积累的比率，必须同社会所能提供的物力和人力及其构成相适应。

第四，投资效益的高低。投资效益系数较高，说明国内生产总值的增长主要依靠投资效益取得，等量投资获得较大的效益。

第五，经济体制对投资主体行为的影响。在计划经济体制下，投资决策主要由国家做出，投资资金主要通过财政拨款支付，企业完全不承担投资风险，所以企业有强烈的投资冲动，必然导致投资规模膨胀。在社会主义市场经济条件下，投资规模将由多元化的投资主体决定，主要取决于投资主体对经济增长前景和未来投资收益的预期。这样，投资规模的大小将在很大程度上受到理性决策的影响。

（2）决定消费需求规模的因素。决定需求规模的因素，从根本上说，是受社会生产力发展水平的制约，从宏观层面上说，是受国民收入分配中消费和积累比例的制约；此外，还受到一系列社会、历史和文化因素的制约。具体有以下影响因素：

第一，居民个人收入的水平。可支配收入水平越高，消费水平越高，反之亦然。

第二，居民收入分解为即期消费和储蓄的比例的影响。现实的消费水平取决于居民可支配收入减去居民储蓄部分后的实际消费支出。储蓄部分越大，即期消费越少。消费和储蓄的比例还会受到收入分配差距的影响。如果收入分配差距过大，高收入人群消费的增加将慢于储蓄的增加，而过低收入人群由于受到收入水平低的限制而消费不足，从而影响社会总消费需求的增加。

第三，市场上适应居民消费结构的消费品的供给状况。如果市场上商品的供给数量增长较快，可支配收入中用于消费支出的部分就能大幅度增加，储蓄部分则相应减少；如果商品的供给数量增长缓慢，一部分可支配收入则因无法实现消费而被迫转化为储蓄。

第四，消费品价格水平的变动及价格预期。如果物价水平相对稳定，居民的消费支出会随着收入水平的提高稳定增加；如果短期内物价水平上涨，为了维持原有的消费水平必须支出更多的货币收入，在收入不变或提高的速度赶不上物价上涨速度的情况下，消费支出的增加就只能靠减少储蓄的方式解决。如果人们预期物价将上涨，由于保值心理的作用，会导致消费骤减。

3. 联系我国实际，分析社会主义市场经济条件下社会总供求失衡的可能性和形式。

答：（1）可能性：在现实经济生活中，社会总供求之间的不平衡是经常存在的。社会总供求之间的不平衡有两种情况：一是经济运行可以承受的不平衡，即虽然存在社会总供求之间的不平衡，但这种不平衡并不影响国民经济的正常运行，并且具备趋向平衡的稳定性，因而是可以承受的；二是经济运行不能承受的平衡，即这种不平衡严重影响了国民经济的正常运行，导致了经济运行的无序和不稳定状态。一般将后一种社会总供求的不平衡才称作失衡。

在市场经济条件下，存在社会总供求失衡可能性的原因在于：

一是商品生产和商品交换中存在的内在矛盾。一些已经卖掉商品的货币持有者不立刻重新买进商品，急于卖掉商品的生产者难以马上脱手，如果这种情况扩大至全社会，就会导致社会总供求之间的失衡。

二是微观方面的原因。由于市场经济条件下企业和个人的经济活动都是分散进行的，按照各自的利益和目标进行分散决策，其活动不可能完全与国民经济运行的整体目标一致，由此产生了社会总供求不平衡甚至失衡的可能性。

三是宏观层面的原因。在市场经济条件下，或者由于信息不对称及人们处理信息能力的局限性，或者由于宏观经济运行的不确定性及宏观调控不力等原因，都会造成社会总供求的不平衡甚至失衡。

在社会主义市场经济条件下，除上述原因外，体制因素也是造成这一可能性的重要原因。

（2）形式：

1）社会总供求在总量上失衡。社会总供求在总量上失衡主要有两种形式：一是社会总需求大于社会总供给，二是社会总供给大于社会总需求。无论哪一种情况，都会给国民经济带来严重的影响。

①社会总需求大于社会总供给，通常称为需求膨胀或供给短缺，表现为经济过热、投资需求和消费需求"双膨胀"、信用过分扩张和市场秩序混乱，严重时

可引发通货膨胀。通货膨胀即货币发行量超过流通中实际需要的货币量而引起的货币贬值、物价总水平持续上涨的现象。②社会总供给大于社会总需求。社会总供给大于社会总需求的表现是：经济增长乏力，投资不足，消费需求不足，出口不振，企业开工不足，失业、下岗增加。这种情况也被称为供给过剩或有效需求不足，严重时可导致通货紧缩。通货紧缩是与经济低速增长相联系的一种经济现象，通常表现为有效需求不足，物价总水平持续下降。

2）社会总供求在结构上的失衡。大体有三种类型：一是同向性短缺，即各部门供给均小于需求；二是同向性过剩，即各部门的供给均大于需求；三是异向性不平衡或失衡，即在需求膨胀或有效需求不足的情况下，存在发展的结构性瓶颈，即短缺与过剩并存。

4. 运用本章学习的社会供求关系的原理，分析近年来我国国民经济宏观运行出现的新问题。

在计划经济体制下和1997年以前的体制转型过程中，由于企业行为不合理和财政预算软约束等原因，经常发生的是社会总需求大于总供给、经济过热、通货膨胀的情况。

在过去的我国社会主义经济中，社会总供给大于社会总需求的情况并不多见，但是1997年以后，却时断时续地出现了需求不足的症状，其主要原因既有长期累积的因素，也有短期特殊的因素。

属于长期累积的深层次原因包括：第一，经济发展方式和结构问题。经济发展方式跟不上经济发展的要求，重复建设和盲目引进，导致部分生产能力过剩，产品结构失衡，并由此造成供给结构额需求结构不相适应，部分产品积压和市场不景气。第二，管理问题。我国管理水平、技术水平、劳动力素质提高不快，导致产业结构升级缓慢，产品质量不高，市场竞争能力不强。在国民经济开放度越来越高、与国外产品竞争越来越激烈的情况下，不仅由此导致出口减少，而且增大进口商品对国内商品的替代，导致需求不足。第三，分配问题。在较长一段时期内，我国居民收入增长幅度落后于经济增长，与此同时，个人消费分配中又有不合理收入差距拉大的问题。一部分集中了比较多的收入，消费倾向降低，由于种种原因，投资热情不足；而另一部分人收入水平相对降低，影响了实际购买力的增加；从而体现了居民储蓄增长较快与市场需求不足并存的矛盾。

属于短期特殊因素，受包括国际金融危机、债务危机的严重影响，使出口需求下降；某些改革措施从长远和根本上看，有利于加快建立社会主义市场经济体制的进程，但从短期看，体制的转换需要时间并要付出成本，某些宏观措施的惯性作用等。

本章课后辅导题

一、单项选择题

1. 社会总供给是指一个国家（地区）在一定时期内可供全社会使用的（   ）的价值总和。

A. 实物产品和虚拟产品　　　　　　B. 实物产品

C. 物质产品　　　　　　　　　　　D. 物质产品和服务产品

2. 凡是能够提供本国使用的物质产品和服务，不论是本国生产还是外国生产，都是（   ）的构成内容。

A. 社会总产出　　　　　　　　　　B. 社会总供给

C. 社会总需求　　　　　　　　　　D. 社会总产值

3. 广义的社会总供给，不包括（   ）。

A. 中间产品　　　B. 最终产品　　　C. 服务　　　D. 消费

4. 关于狭义的社会总供给，以下表述错误的是（   ）。

A. 反映了一年内一个国家（地区）生产经营活动的最终成果

B. 反映了一年内一个国家（地区）生产经营活动的最终成果和中间产品

C. 计算中，可用"总产出"减去"中间投入"

D. 开放条件下，还应加上进口值和出口值的差额

5. 以下关于社会总供给总量的表述，正确的是（   ）。

A. 经济增长速度越快，社会总供给越大

B. 经济增长速度越快，社会总供给越小

C. 价格越高，供给量越小

D. 产业结构和地区结构不影响社会总供给

6. 以下哪种要素不是决定社会总供给结构的因素（   ）。

A. 资本积累和技术进步　　　　　　B. 需求结构的变化

C. 经济增长速度　　　　　　　　　D. 参与经济全球化的广度和深度

7. 社会总需求是指一个国家（地区）在一定时期内（   ）。

A. 全社会对物质产品的需求

B. 全社会对物质产品和服务的需求

C. 全社会对物质产品和服务有支付能力的有效需求

D. 全社会对物质产品有支付能力的有效需求

8. 重置投资是指（   ）。

A. 对建筑物和固定设备的投资

B. 对流动资产的投资

C. 重新购置、替换和更新已经报废的现有固定资产及企业的改造

D. 用社会积累资金进行的投资

9. 以下不属于社会公共消费需求的是（　　）。

A. 教育、文化、广播电视、科学研究、卫生、体育对公共消费品和服务的需求

B. 国家各级权力机关、行政管理机关、社会团体和军队对公共消费品和服务的需求

C. 物质生产部门为供集体消费而对消费品和服务的需求

D. 居民以个人的可支配收入从市场上购买所需的消费品和服务

10. 以下关于投资需求的叙述，不正确的是（　　）。

A. 国民收入增长率越高，投资增长幅度越大

B. 积累率提高，投资规模增大

C. 积累率下降，投资规模增大

D. 国民收入划分为消费和积累的比率必须同社会所能提供的物力和人力及其构成相适应

11. 关于投资效益的叙述，不正确的是（　　）。

A. 投资规模与投资效益之间存在密切的联系

B. 投资效益系数＝国内生产总值增加额/固定资产投资额×100%

C. 投资效益系数越大，说明投资效益越好

D. 如果投资效益系数较低，说明国内生产总值的增长主要依靠投资效益取得

12. 以下关于决定消费需求规模的因素，不正确的说法是（　　）。

A. 受到社会生产力发展水平的制约

B. 受国民收入分配中消费和积累比例的制约

C. 受社会、历史和文化因素的制约

D. 消费率越高消费需求规模越小

13. 居民的货币收入缴纳了各种个人直接税，并扣除各种非税支付，剩下的是（　　）。

A. 名义收入　　　　　　　　　B. 可支配收入

C. 实际收入　　　　　　　　　D. 货币收入

14. 影响消费结构的最基本的因素是（　　）。

A. 价格因素　　　　　　　　　B. 居民收入结构

C. 居民收入水平　　　　　　　　D. 消费者个人因素

15. 以下关于恩格尔系数的表述，不正确的是（　　）。

A. 揭示了居民收入水平与消费结构之间存在内在的规律性

B. 居民收入水平越低，收入中用于购买食品开支所占的比例就越小

C. 居民收入水平越低，收入中用于购买食品开支所占的比例就越大

D. 恩格尔系数＝食品支出额/生活消费总收入额

16. 由于（　　）的作用，投资需求的增长可以导致多倍于投资需求增长本身的社会需求和社会总产出的增长。

A. 投资结构　　　　　　　　　　B. 投资乘数

C. 消费需求　　　　　　　　　　D. 恩格尔系数

17. 封闭条件下社会总需求和社会总供给平衡的一般条件是（　　）。

A. 社会总需求＝投资需求＋消费需求

B. 社会总供给＝投资品＋消费品

C. 投资支出＋消费支出＝投资品产值＋消费品产值＝国内生产总值

D. 社会总需求＝投资支出＋消费支出

18. 开放条件下，社会总需求的构成不包括（　　）。

A. 投资需求　　　B. 消费需求　　　C. 出口　　　D. 进口

19. 关于社会总供求不平衡的说法，以下不正确的是（　　）。

A. 有经济运行可以承受的不平衡和经济运行不能承受的不平衡

B. 社会总需求大于社会总供给是失衡的一种形式

C. 社会总供给大于社会总需求是失衡的一种形式

D. 在现实经济生活中，社会总供求不平衡很少出现

20. 货币发行量超过流通中实际需要的货币量而引起的货币贬值、物价总水平持续上涨的现象是（　　）。

A. 通货紧缩　　　　　　　　　　B. 通货膨胀

C. 滞胀　　　　　　　　　　　　D. 经济衰退

二、多项选择题

1. 决定社会总供给总量的因素，包括（　　）。

A. 经济增长水平和速度

B. 产业结构和地区结构

C. 市场价格水平

D. 对外经济联系

E. 经济体制和一国自然资源的丰裕程度

2. 在开放条件下，社会总需求包括（　　　）。

A. 投资需求　　　　B. 消费需求　　　　C. 出口　　　　D. 进口

3. 决定投资需求规模的因素，包括（　　　）。

A. 国民收入增长率

B. 消费率与积累率

C. 社会在一定时期内所能提供的人力和物力

D. 投资效益的高低

E. 经济体制对投资主体行为的影响

4. 决定消费需求规模的因素，包括（　　　）。

A. 居民的个人收入水平

B. 居民收入分解为即期消费和储蓄的比例

C. 市场上适应居民消费结构的消费品的供给状况

D. 消费品价格水平的变动及价格预测

5. 决定投资结构的因素有（　　　）。

A. 产业结构的状况

B. 居民收入水平

C. 科学技术进步

D. 社会总生产的地区分布

6. 以下哪些是决定消费结构的主要因素（　　　）。

A. 居民收入水平　　　　　　B. 居民收入结构

C. 产业结构　　　　　　　　D. 价格因素

E. 商品结构

7. 社会总供求的总量平衡和结构平衡的关系，正确的是（　　　）。

A. 社会总供求的总量平衡是结构平衡得以实现的基础和国民经济协调发展的前提

B. 社会总供求的结构平衡对总量平衡有着重要的影响

C. 结构平衡主要涉及短期调节，总量平衡侧重于中长期发展

D. 总量平衡与结构平衡相互依存、相互制约

8. 开放条件下，社会总需求和社会总供给平衡的一般条件是（　　　）。

A. （国内资本 − 资本流出 + 资本流入）转化的投资需求 + 消费需求 + 出口 = 国内生产总值 + 进口

B. 投资支出 + 消费支出 = 投资品产值 + 消费品产值 = 国内生产总值

C. 投资支出 + 消费支出 = 投资品产值 + 消费品产值 = 国民收入

D. （国内资本 + 资本净流出）转化的投资需求 + 消费需求 = 国内生产总

值 + 净进口（进口 – 出口）

9. 从成因角度划分，通货膨胀有以下哪几种类型（　　）。

A. 需求拉上的通货膨胀

B. 成本推动的通货膨胀

C. 温和的通货膨胀

D. 价格结构调整引起的通货膨胀

10. 通货膨胀对国民经济的不利影响，体现在（　　）。

A. 由于投资机会相对减少和投资的边际收益下降，造成企业普遍开工不足

B. 破坏了资源有效的配置环境，降低了社会经济效益

C. 不利于产业结构的优化调整

D. 扰乱收入分配秩序，从而引发经济、社会的不稳定

三、判断题（请在括号中填写"对"或"错"）

1. 社会总供给就是社会总产出。（　　）

2. 通货膨胀是指有效需求不足，物价总水平持续下降。（　　）

3. 造成通货紧缩的原因之一是流通中的货币量小于实际需要的货币量。（　　）

4. 国际收支失衡最直接的表现是外贸逆差、外汇逆差，或外贸顺差、大量外汇结余。（　　）

5. 自主性交易即事后交易，是指纯由经济上的某种目的自动地进行，如商品与劳务的输出输入，政府和私人的援助、赠予、侨民汇款等。（　　）

6. 社会总供求在总量上的失衡包括同向性短缺、同向性过剩和异向性不平衡。（　　）

7. 社会总供给大于社会总需求的表现是经济过热、信用过分扩张。（　　）

8. 当物价出现持续负增长的时候，人们即使有比较充裕的资金也宁愿选择储蓄而不肯投资。（　　）

9. 社会总供求的总量平衡主要是价值平衡。（　　）

10. 社会总产出即社会总供给。（　　）

四、简答题

1. 什么是投资需求？

2. 什么是消费需求？

3. 积累率与投资需求规模的关系是怎样的？

4. 恩格尔定律的内容是什么？

5. 什么是成本推动的通货膨胀？

五、计算题

1. 联合国对消费水平的规定标准：恩格尔系数在 59 以上为绝对贫困；50 ~ 59 为温饱水平；40 ~ 49 为小康水平；20 ~ 40 为富裕水平；20 以下为极度富裕。根据下表推断某市的消费水平达到联合国规定的哪一标准？

某年某市社会消费品零售额一览表

项目	吃	穿	用	其他	总计
金额（亿元）	1700	500	1700	100	4000

2. 设经济的总供给函数为 $Y = 2350 + 400P$，总需求函数为 $Y = 2000 + 750/P$，求总供给和总需求均衡时的收入和价格水平。

六、论述题

1. 试述封闭条件下社会总需求和社会总供给平衡的条件。
2. 试述对外开放条件下社会总需求和总供给平衡的条件。

七、案例分析题

20 世纪 80 年代"物价风暴"

20 世纪 80 年代"物价风暴"（指 1989 年 8 月、9 月全国各地发生的挤兑、提款、抢购风潮）标志着通货膨胀预期在我国的形成。1988 年、1989 年，我国通货膨胀从 1987 年的 7% 上涨到 18%。1991 年我国通货膨胀再次攀升，从 2% 跃到 20% 以上。物价上涨了，钱不值钱了。标准粉原来每斤 0.18 元，现在涨到了 1.00 元；好大米从 0.23 元涨到 1.70 元；瘦猪肉 1994 年初还是 4.50 元，到年终涨到了 7.50 元；一双皮鞋从 10 多元、数十元涨到了数百元，所有的物价都成倍地上涨了。

物价上涨与通货膨胀虽然不是一回事，但二者之间存在着密切的联系，通货膨胀是物价总水平或平均物价水平的上涨，如果有的商品价格提高了，有的商品价格水平降低了，但价格总水平或平均水平没有变化，就不是通货膨胀。如果价格总水平或平均物价的一次性上涨，也不是通货膨胀。只有平均物价或一般物价水平持续地、剧烈地上升才称为通货膨胀。衡量通货膨胀的主要标准是物价指数。物价指数是把商品的报告期价格与基期价格相比所得的相对数。

请根据以上的案例内容结合所学知识讨论分析：

1. 什么是通货膨胀？以及通货膨胀的分类。

2. 通货膨胀有什么危害？

本章课后辅导题答案与分析

一、单项选择

1. D	2. B	3. D	4. B	5. A	6. C	7. C
8. C	9. D	10. C	11. D	12. D	13. B	14. C
15. B	16. B	17. C	18. D	19. D	20. B	

二、多项选择题

1. ABCDE	2. ABC	3. ABCDE	4. ABCD	5. ACD
6. ABDE	7. ABD	8. AD	9. ABD	10. BCD

三、判断题（请在括号中填写"对"或"错"）

1. 错；2. 错；3. 对；4. 对；5. 错；6. 错；7. 错；8. 对；9. 对；10. 错。

四、简答题

1. 答：投资需求是指整个社会在一定时期内通过货币资金的支出所形成的对投资品的需求。从构成上看，社会总投资既包括对固定资产的投资，又包括对流动资产的投资。从资金来源看，社会总投资可以区分为重置投资和新增投资两部分。

2. 答：消费需求是指整个社会在一定时期内通过货币资金的支出所形成的对消费品和服务的需求。从消费形式上看，社会总消费包括居民个人消费和社会公共消费两部分。

3. 答：积累率是国民收入中用于现实积累的比率，是可供投资的资金来源。在国民收入既定的前提下，投资规模的大小必然要受消费率高低以及与之对应的积累率高低的制约。积累率提高，投资规模增大；积累率下降，投资规模缩小。

4. 答：恩格尔定律揭示了居民收入水平与消费结构之间存在的内在规律性，即居民收入水平越低，收入中用于购买食品开支所占的比例就越大；居民收入水平越高，收入中用于购买食品开支所占的比例就越小。

5. 答：成本推动的通货膨胀即由于产品成本增加成为一种全社会普遍现象

时所引起的价格总水平的提高。它又分为原材料成本推动的通货膨胀和工资成本推动的通货膨胀。

五、计算题

1. 解析：某市恩格尔系数 = 1700 ÷ 4000 × 100% = 42.5%。因此，其消费水平已经达到小康水平。

2. 解析：2000 + 750/P = 2350 + 400P，解出 P = 1，此时收入 Y = 2350 + 400 = 2750（元）。

六、论述题

1. 答：在封闭条件下，社会总需求 = 投资需求 + 消费需求，也可以写成社会总需求 = 投资支出 + 消费支出。在封闭条件下，狭义的社会总供给 = 投资品 + 消费品。其价值为：投资品产值 + 消费品产值 = 国内生产总值。

将社会总需求和社会总供给的分析结合起来，可以得出封闭条件下社会总需求和社会总供给平衡的一般公式：

投资支出 + 消费支出 = 投资品产值 + 消费品产值 = 国内生产总值

这一平衡公式的实现条件是：第一，投资支出和消费支出的唯一资金来源是本期的 $c_2 + v + m$（即由国内生产总值直接或间接形成的收入，下同）；第二，固定资产折旧（c_2）全部转化为重置投资支出；第三，（$v + m$）通过分配和再分配，全部转化为消费支出和投资支出。

2. 答：在对外开放条件下，必然有国际的商品（或服务）流动和资本流动。国际的商品（或服务）流动即进出口，国际的资本流动即资本的流入和流出，这两个方面是密切联系着的。贸易收支发生失衡需要国际资本产生方向相反的流动予以平衡；资本流出流入量出现差额，也需要在贸易收支上安排方向相反的差额予以弥补。因此，把二者结合起来考察，分析它们的变动对总需求和总供给变动的影响，才能更好地保持总需求和总供给之间的平衡。

同时引入进出口贸易和资本流动后的总需求和总供给的平衡公式即为：

（国内资本 − 资本流出 + 资本流入）转化的投资需求 + 消费需求 + 出口 = 国内生产总值 + 进口，经过移项整理后为：

（国内资本 + 资本净流入）转化的投资需求 + 消费需求 = 国内生产总值 + 净进口（进口 − 出口）

这里的出口包括由资本流出导致的出口，进口包括由资本流入引起的进口。上述总需求和总供给的平衡公式的实现条件也有两个：第一，国内资本全部来自国内生产总值，并且在扣除资本流出后全部转化为投资支出和消费支出。这样，由国内资本转化的投资需求和消费需求才能与国内生产总值相等。第二，资本净流入＝净进口，或资本净流出＝净出口，及国际收支中经常项目贸易收支的逆差（净进口）为资本项目（资本净流入）的顺差（净流入）所抵消或前者的顺差（净出口）为后者逆差（资本净流出）所抵消，实际上是要求国际收支平衡。

上述两个条件不具备时，只有在以下两种情况下总需求和总供给才能平衡：第一，当国内资本还有其他来源时，投资需求和消费需求总额就可能大于国内生产总值，从而总需求大于总供给。这时，要实现两者的平衡，就要通过净进口大于资本净流入的部分来抵消，即用国际收支逆差来弥补。反过来，当长期出现国际收支逆差时，就要通过压缩国内总需求来消除。第二，当国内资本未能全部转化为投资需求和消费需求时，就会出现总需求小于总供给。这时，要实现二者的平衡，就要通过净出口大于资本净流出的部分来补充，即用国际收支顺差来平衡。反过来，当长期出现国际收支顺差时，就要通过扩大国内总需求来冲销。

七、案例分析题

1. 根据通货膨胀的特征和衡量通货膨胀有标准，我国 1988～1989 年的情况，以及 1991～1992 年的情况都完全构成了通货膨胀。我国这一时期的通货膨胀形成的原因有以下几方面：一是市场基础。通货膨胀预期的形成需要有一定的市场基础。在传统的体制下，我国实行固定价格和管制价格制度以及物资配给制度，通货膨胀处于隐蔽状态，缺乏通货膨胀预期的市场基础。二是过热的经济环境。经济增长的计划扩张由单一主体推动变成在各个行政层次上的多主体扩张，各个经济主体不断制造矛盾和膨胀，迫使贷款规模不断扩大，造成货币无限供给，形成经济过热的内在机制。这种过热的经济环境成为通货膨胀形成的必要条件。三是膨胀的政策。我们的财政政策以减税让利的改革和加强重点建设为由，在收入和支出两方面都是扩张的，财政赤字连年不断。我们的货币政策也在保证速度、支持改革和建设的情况下实行了扩张的政策，货币增长速度大大超过了经济增长速度。政府对保持价格总水平稳定的思想既不明确也不坚定，名为结构性价格调整，实为价格总水平的全面上涨。

通货膨胀即货币发行量超过流通中实际需要的货币量而引起的货币贬值、物价总水平持续上涨现象。它的成因与经济过速增长所造成的社会总需求与总供给的总量和结构矛盾密切相关。具体分为三种类型：第一种是需求拉动上的通货膨胀，即由社会总需求大大超过社会总供给所引起的货币贬值和价格总水平的提高。第二种是成本推动的通货膨胀，即由于产品成本增加成为一种全社会普遍现象所引起的价格总水平的提高。第三种是价格结构调整引起的通货膨胀，是指由提高某些产品的价格，或改革不合理价格体系所引起的价格总水平的提高。

2. 通货膨胀会对国民经济产生严重的后果，具体表现在：第一，破坏了资源有效配置的环境，降低了社会经济效益。第二，不利于产业结构的优化调整。第三，扰乱收入分配秩序，从而引发经济、社会的不稳定。

第十九章　社会主义条件下的经济增长与经济发展

本章知识鸟瞰图

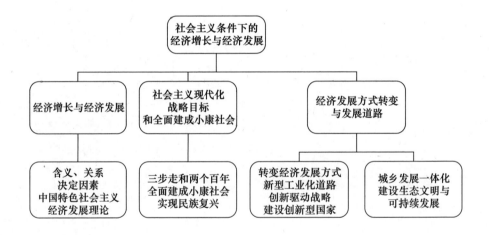

本章重点和难点

第一节　经济增长与经济发展

一、经济增长

经济增长是指一个国家或地区在一定时期内由于就业人数增加、资本积累和技术进步等原因，经济规模（包括物质产品和劳务）在数量上的扩大和增加，它反映了一国国民经济总量的变化状况。

衡量经济增长，通常主要采用国民生产总值（GNP）增长率、国内生产总值（GDP）增长率、国民收入增长率等总量增长率和人均增长率等指标。除此以外，衡量经济增长水平的指标还有各种效率增长率指标，包括：劳动生产率增长率、资本——产出率增长率、资本——劳动比率增长率等。

二、经济发展

经济发展是指一个国家或地区经济规模扩大、经济结构优化、经济生活水平普遍提高、人们构建自己未来能力全面提升的动态过程。衡量经济发展的指标很多，其中一个很重要的是"人类发展指数"。

三、经济增长与经济发展的关系

与经济增长相比，经济发展具有更广泛的含义，它不仅包括经济增长，而且强调经济结构的变化、经济质量和人民生活水平的提高。经济增长是经济发展的基础，没有经济增长就没有经济发展。但是，经济发展又不等同于经济增长，单纯的经济增长可能会出现"只增长不发展"的现象，即只有经济量的增加而没有经济结构的优化、经济质量和效益的提高。

四、决定经济增长和经济发展的因素

一般来说，决定经济增长的因素也就是决定经济发展的因素，但决定经济发展的因素比决定经济增长的因素更多。在社会化大生产和市场经济条件下，决定经济增长和经济发展的因素主要有：生产要素投入特别是劳动就业量、社会劳动生产率增长率、投资增长率和投资效率、科技进步程度及其应用、自然资源的数量与开发利用程度、制度和体制以及对外开放等。

五、中国特色社会主义经济发展理论

中国特色社会主义经济发展理论，是在继承马克思主义关于发展的思想，总结中国和世界经济发展实践经验，吸收国外有益的发展理论成果的基础上形成的，它深刻回答了什么是经济发展，中国需要怎样的经济发展，怎样实现经济发展等问题，为经济社会的全面协调可持续发展提供了科学的理论指导。

我国坚定不移地高举中国特色社会主义伟大旗帜，形成并坚持中国特色社会主义道路、中国特色社会主义制度和包括邓小平理论、"三个代表"重要思想、科学发展观在内的中国特色社会主义理论体系。其中，科学发展观集中对新形势下实现什么样的发展、怎样发展等重大问题做出了新的科学回答，是马克思主义同当代中国实际和时代特征相结合的产物，是马克思主义世界观和方法论在发展问题上的集中体现。

科学发展观第一要义是发展，核心是以人为本，基本要求是全面协调可持续，根本方法是统筹兼顾。

第二节　社会主义现代化战略目标和全面建成小康社会

一、"三步走"战略和"两个百年"目标

改革开放初期我国制定了现代化建设的"三步走"战略，第一步，从 1981 年到 1990 年实现国民生产总值比 1980 年翻一番，解决人民的温饱问题。第二步，从 1991 年到 20 世纪末，使国民生产总值再翻一番，人民生活达到小康水平。第三步，到 21 世纪中叶，国民生产总值再翻两番，达到中等发达国家水平，基本实现现代化。

2012 年，党的十八大又进一步提出了要在中国共产党成立一百年时全面建成小康社会，在新中国成立一百年时建成富强、民主、文明、和谐的社会主义现代化国家"两个百年"的目标。

二、全面建成小康社会

全面建成小康社会的基本要求，从经济上主要包括：经济持续健康发展、人们生活水平全面提高、资源节约型、环境友好型社会建设取得重大进展。从经济与政治、文化、社会协调发展的角度，还包括：人民民主不断扩大、文化软实力显著增强。

全面建成小康社会的基本要求有四个突出的特点：第一，突出以人为本，民生优先。第二，强调基本公共服务均等，缩小收入分配差距。第三，强调全面、协调、可持续发展。第四，体现可行性。

三、实现民族复兴

建成小康社会、建成富强、民主、文明、和谐的社会主义现代化国家与实现民族复兴的中国梦紧密地联系在一起。实现中华民族伟大复兴，是中华民族近代以来最伟大的梦想。中华民族伟大复兴中国梦的本质内涵是实现国家富强、民族

振兴、人民幸福。中华民族伟大复兴中国梦的实现是阶段性与连续性相统一的过程，需要付出长期的艰苦努力。中华民族伟大复兴中国梦的实现需要坚持正确的方向、道路和全体中国人的共同努力。

第三节 经济发展方式转变与发展道路

一、转变经济发展方式与经济结构战略性调整

经济发展方式是指一国或地区实现其经济增长、经济结构优化和经济质量提高的方法和模式。一国的经济发展方式是在一定历史条件下形成的，受到经济体制、经济发展水平的制约，具有一定的历史性；同时还具有时代性特征和可跨越性的特点。

在过去一段时间内，我国曾经提出并努力促进经济增长方式的转变，收到一定的成效，但实践表明，单纯改变经济增长方式并不能保证实现科学发展，必须转变经济发展方式。

转变经济发展方式，加快形成新的经济发展方式，总体思路是：要把握适应国内外经济形势新变化，把推动发展的立足点转到提高质量和效益上来，着力激发各类市场主体发展新活力，着力增强创新驱动发展新动力，着力构建现代产业发展新体系，着力培育开放型经济发展新优势，使经济发展更多依靠内需特别是消费需求拉动，更多依靠现代服务业和战略性新兴产业带动，更多依靠科技进步、劳动者素质提高、管理创新驱动，更多依靠节约资源和循环经济推动，更多依靠城乡区域发展、协调互动，不断增强长期发展后劲。

加快转变经济发展方式的主攻方向是推进经济结构战略性调整。经济结构是经济各个组成部分的地位和相互比例关系。当前，重点是改善需求结构，优化产业结构，促进区域协调发展，推进城镇化，优化区域结构和城乡结构。

二、走新型工业化道路

新型工业化道路是坚持以信息化带动工业化，以工业化促进信息化，走出一条科技含量高、经济效益好、资源消耗低、环境污染少、人力资源优势得到充分发挥的新型工业化路子。

新型工业化道路与传统的工业化道路相比，有如下特点：第一，新的要求和新的目标。第二，新的物质技术基础。第三，新的处理各种关系的思路。第四，新的工业化道路。

三、实施创新驱动发展战略建设创新型国家

创新驱动发展战略就是以创新为动力，推动经济发展方式转变，实现经济全面协调可持续发展的战略。创新驱动的主要特征是利用知识、科技、制度和管理创新要素对现有的资本、劳动力、物质资源等有形要素进行新组合，以创新的知识和技术改造物质资本、提高劳动者素质和科学管理，促进经济发展。

创新型国家，是指将创新驱动作为国家战略，大幅度提高科技创新能力，从而形成强大的国家竞争优势。

四、推动城乡发展一体化

作为世界上最大的发展中国家，我国具有典型的城乡二元经济特征。二元经济指的是采用现代技术的现代部门同采用传统技术的传统部门并存。要实现现代化，必须健全城乡发展一体化体制机制，推动城乡发展一体化。

推动城乡发展一体化，要做到：第一，必须形成以工促农、以城带乡、工农互惠、城乡一体的新型工农城乡关系。第二，要加快发展现代农业、增强农业综合生产能力，确保国家粮食安全和重要农产品有效供给。第三，农民必须拥有更多财产权利。第四，要坚持和完善农村基本经营制度，加快构建新型农业经营体系。第五，要完善城镇化健康发展体制机制。

五、建设生态文明与可持续发展

可持续发展是指既满足当代人的需求，又不对后代人满足其自身需求的能力构成危害的发展。

建设生态文明实现可持续发展的总体要求：一是树立尊重自然、顺应自然、保护自然的生态文明理念；二是坚持节约资源和保护环境的基本国策，坚持节约优先、保护优先、自然恢复为主的方针；三是着力推进绿色发展、循环发展、低碳发展；四是形成节约资源和保护环境的空间格局、产业结构、生产方式、生活方式；五是从源头上扭转生态环境恶化趋势，为人民创造良好生产生活环境，为全球生态安全做出贡献。

建设生态文明实现可持续发展的主要任务和措施包括：一是优化国土空间开发格局。二是全面促进资源节约。三是加大生态系统和环境保护力度。四是加强生态文明制度建设。

本章复习与思考题答案

1. 解释下列概念：①经济增长；②经济发展；③产业结构；④二元经济；⑤创新驱动战略。

①经济增长是指一个国家或地区在一定时期内由于就业人数增加、资本积累和技术进步等原因，经济规模（包括物质产品和劳务）在数量上的扩大和增加，它反映了一国国民经济总量的变化状况。衡量经济增长，通常主要采用国民生产总值（GNP）增长率、国内生产总值（GDP）增长率、国民收入增长率等总量增长率和人均增长率等指标。

②经济发展是指一个国家或地区经济规模扩大、经济结构优化、经济生活水平普遍提高、人们构建自己未来能力全面提升的动态过程。衡量经济发展的指标很多，其中一个很重要的是"人类发展指数"。

③产业结构是指生产要素在各产业部门之间的比例构成和它们之间相互依存、相互制约的关系，也就是一个国家或地区的资金、人力资源和各种自然资源与物质资料在国民经济各部门之间的配置状况及其相互制约的方式。

④二元经济指的是采用现代技术的现代部门同采用传统技术的传统部门并存。

⑤创新驱动战略就是以创新为动力，推动经济发展方式转变，实现经济全面协调可持续发展的战略。

2. 试分析决定经济增长、经济发展的因素。

一般来说，决定经济增长的因素也就是决定经济发展的因素，但决定经济发展的因素比决定经济增长的因素更多。在社会化大生产和市场经济的条件下，决定经济增长和经济发展的因素主要有：

第一，生产要素投入特别是劳动就业量对经济增长的决定作用。如果以一定时期（如一年）的国内生产总值作为衡量经济活动总量的综合指标，以国内生产总值增长率作为经济增长的指标，那么，在其他条件一定的情况下，国内生产总值就是这一时期所有部门的劳动就业量与社会平均劳动生产率的乘积，而国内生产总值增值率就等于劳动就业量增长率加上社会劳动生产率增长率。劳动力投入对经济增长的决定作用，不仅体现在劳动的量上，而且体现在劳动力供给的结构和质量上。劳动力供给对经济增长的制约，主要包括人口的自然增长率、失业人员存量、劳动力供给结构特别是高素质劳动力供给等因素。从一定意义上说，当今世界各国经济增长的差异很大程度上是劳动力素质的差异。

第二，社会劳动生产率增长率对经济增长的决定作用。随着经济发展和"知识经济"的兴起及科学技术的发展，社会劳动生产率增长率对经济增长、经济发展的贡献将越来越大。

第三，投资增长率和投资效率。在其他条件不变的情况下，经济增长率与投资增长率和投资效率成正比。

第四，科技进步程度及其应用。一个国家能否实现持续的经济增长，归根结底取决于技术进步的程度和科技、教育的发展水平。

第五，自然资源的数量与开发利用程度。一般而言，丰富的自然资源可以被用来生产优质的产品，满足人们的需要，促进本国的经济增长、经济发展。反之，自然资源的贫乏会阻碍经济增长。丰富的自然资源仅仅为经济增长、经济发展提供了一定的条件，要实现经济增长、经济发展，还必须对自然资源进行有效开发和利用。

第六，制度和体制。制度和体制是影响经济增长、经济发展的重要因素。制度或体制安排不仅会决定财产和收入的分配，而且会改变经济中资源使用效率及其潜力。

第七，对外开放。在对外开放的条件下，经济增长、经济发展还要受到该国参与国际经济活动状况的制约。

以上各种因素相互联系，共同对经济增长、经济发展发挥作用。因此，应当通过实现各个因素的相互协调、彼此配合来促进经济增长和经济发展。

3. 如何实现经济发展方式的转变？

经济发展方式是指一国或地区经济实现其经济增长、经济结构优化和经济质量提高的方法和模式。它除了包括经济增长方式外，还包括依靠产业结构、需求结构、收入分配、居民生活以及城乡结构、区域结构等结构优化和依靠社会福利的改善、经济环境协调可持续发展等经济质量提高来实现经济发展的途径和方法，其实质在于全面地追求和实现国民经济更好地发展质量和整体的协调。

转变经济发展方式，加快形成新的经济发展方式，总体思路是：要把握适应国内外经济形势新变化，把推动发展的立足点转到提高质量和效益上来，着力激发各类市场主体发展新活力，着力增强创新驱动发展新动力，着力构建现代产业发展新体系，着力培育开放型经济发展新优势，使经济发展更多依靠内需特别是消费需求拉动，更多依靠现代服务业和战略性新兴产业带动，更多依靠科技进步、劳动者素质提高、管理创新驱动，更多依靠节约资源和循环经济推动，更多依靠城乡区域发展、协调互动，不断增强长期发展后劲。

加快转变经济发展方式的主攻方向是推进经济结构战略性调整。经济结构是经济各个组成部分的地位和相互比例关系。当前，重点是改善需求结构，优化产业结构，促进区域协调发展，推进城镇化，优化区域结构和城乡结构。

4. 如何实现产业结构的优化升级?

产业结构是指生产要素在各产业部门之间的比例构成和它们之间相互依存、相互制约的关系,也就是一个国家或地区的资金、人力资源和各种自然资源与物质资料在国民经济各部门之间的配置状况及其相互制约的方式。

产业机构优化升级,能优化生产要素在各产业部门之间的比例关系,提高资源配置效益,并成为经济发展的重要推动力。加快产业结构优化升级的总体思路和措施是:牢牢把握发展实体经济这一坚实基础,实行更加有利于实体经济发展的政策措施;强化需求导向,推动战略性新兴产业、先进制造业健康发展,加快传统产业专项升级,推动服务业特别是现代服务业发展壮大,合理布局建设基础设施和基础产业;建设下一代信息基础设施,发展现代信息技术产业体系,健全信息安全保障体系,推进信息网络技术广泛运用;提高大中型企业核心竞争力,支持微小企业特别是科技型微小企业发展。通过产业结构优化升级,促进经济增长由主要依靠第二产业带动向依靠第一、第二、第三产业协同带动转变,由主要依靠增加物质资源消耗向主要依靠科技进步、劳动者素质提高、管理创新转变。

5. 试论我国如何推动城乡发展一体化。

作为世界上最大的发展中国家,我国具有典型的城乡二元经济特征。二元经济指的是采用现代技术的现代部门同采用传统技术的传统部门并存。要实现现代化,必须健全城乡发展一体化体制机制,推动城乡发展一体化。

推动城乡发展一体化,要做到:

第一,必须形成以工促农、以城带乡、工农互惠、城乡一体的新型工农城乡关系。必须加大统筹城乡发展力度,增强农村发展活力,逐步缩小城乡差距,促进城乡共同繁荣。

第二,要加快发展现代农业、增强农业综合生产能力,确保国家粮食安全和重要农产品有效供给。坚持把国家基础设施建设和社会事业发展重点放在农村,深入推进新农村建设和扶贫开发,全面改善农村生产生活条件。

第三,农民必须拥有更多财产权利。保障农民集体经济组织成员权利,保障农户宅基地用益物权,建立农村产权流转交易市场。

第四,要坚持和完善农村基本经营制度,加快构建新型农业经营体系。坚持家庭经营在农业中的基础性地位;坚持农村土地集体所有权;稳定农村土地承包关系并保持长久不变;鼓励承包经营权在公开市场上向专业大户、家庭农场、农村合作社、农业企业流转;鼓励农村发展合作经济;鼓励和引导工商资本到农村发展适合企业化经营的现代种养业。

第五,要完善城镇化健康发展体制机制。坚持走中国特色新型城镇化道路;优化城市空间结构和管理格局;推进农业转移人口市民化;创新人口管理;稳步推进城镇基本公共服务常住人口全覆盖；建立财政转移支付同农业转移人口市民化挂钩机制。

本章课后辅导题

一、单项选择题

1. 反映一国国家或地区经济规模数量上的扩大和增加的是（　　）。

A. 经济发展　　　　　　　　B. 产业结构

C. 区域结构　　　　　　　　D. 经济增长

2. 以下不属于衡量经济增长水平的效率增长指标的是（　　）。

A. 劳动生产率增长率　　　　B. 国内生产总值增长率

C. 资本——产出率增长率　　D. 资本——劳动比率增长率

3. 人类发展指数，包括哪些指标（　　）。

A. 预期寿命、未成年人识字率、人均国民生产总值

B. 资本——产出率、劳动生产率、人均国民收入

C. 资本——劳动比、资本——产出率、劳动生产率

D. 预期寿命、成年人识字率、实际人均国内生产总值

4. 劳动力供给对经济增长的制约，不包括以下什么因素（　　）。

A. 人口的自然增长率　　　　B. 失业人员存量

C. 劳动力供给结构　　　　　D. 劳动生产率

5. 存在于自然界中能够为人类利用的自然物和自然力的总称，是（　　）。

A. 土地　　　B. 自然资源　　　C. 资源禀赋　　　D. 生态环境

6. 以下对制度和体制的认识，不准确的是（　　）。

A. 影响经济增长、经济发展的重要因素

B. 决定财产和收入的分配

C. 影响经济增长，不影响经济发展

D. 改变经济中资源使用效率及其潜力

7. 科学发展观的第一要义是（　　）。

A. 以人为本　　B. 全面协调可持续　　C. 发展　　　　D. 统筹兼顾

8. 科学发展观的基本要求是（　　）。

A. 以人为本　　B. 统筹兼顾　　　　C. 发展　　　　D. 全面协调可持续

9. 根据"三步走"战略，国民生产总值再翻一番，人民生活达到小康水平的时间是（　　）。

A. 从 1981 年到 1990 年　　　　B. 21 世纪中叶

C. 从 2015 年到 2020 年　　　　D. 从 1991 年到 20 世纪末

10. 党的十八大提出，全面建成小康社会的时间是（　　）。

A. 新中国成立一百年　　　　　B. 抗战胜利一百年

C. 中国共产党成立一百年　　　D. 完成"三步走"战略

11. 提出到 2020 年实现国内生产总值和城乡居民人均收入比 2010 年翻一番，是在（　　）。

A. 十八届三中全会　　　　　　B. 十七大

C. 十六大　　　　　　　　　　D. 十八大

12. 关于中国梦的叙述，不正确的说法是（　　）。

A. 建成小康社会、建成社会主义现代化国家与实现民族复兴的中国梦紧密联系

B. 中华民族伟大复兴中国梦的实现是阶段性与连续性相统一的过程

C. 中华民族伟大复兴中国梦的实现需要坚持正确的方向

D. 实现中国梦应该走欧美国家的道路

13. 一国或地区实现其经济增长、经济结构优化和经济质量提高的方法和模式是（　　）。

A. 经济增长方式　　　　　　　B. 经济发展方式

C. 需求结构　　　　　　　　　D. 产业机构

14. 经济发展方式的实质是（　　）。

A. 全面追求和实现国民经济更好的发展质量

B. 全面追求和实现国民经济整体的协调

C. A 和 B 都是

D. A 和 B 都不是

15. 加快转变经济发展方式的主攻方向是（　　）。

A. 激发各类市场主体发展新活力

B. 推进经济结构战略性调整

C. 着力培育开放型经济新优势

D. 着力增强创新驱动发展新动力

16. 关于产业结构的高级化趋势，不正确的是（　　）。

A. 随着人均国民生产总值水平的提高，第一产业在国内生产组织中的比重明显下降

B. 随着人均国民生产总值水平的提高，第二产业产值的比重呈快速上升趋势

C. 随着人均国民生产总值水平的提高，第三产业的份额随人均国民生产总值水平的提高而增大

D. 随着人均国民生产总值水平的提高，第二产业产值的比重呈快速下降趋势

17. 生产要素在各产业部门之间的比例构成和它们之间相互依存、制约的关系是指（　　）。

A. 经济结构　　　　B. 产业组织　　　　C. 产业结构　　　　D. 产业规划

18. 开放条件下，社会总需求的构成不包括（　　）。

A. 投资需求　　　　B. 消费需求　　　　C. 出口　　　　　　D. 进口

19. 关于需求结构，以下说法不正确的是（　　）。

A. 是指在社会总需求中投资需求、消费需求和出口需求的比例关系

B. 在较长一段时间内，我国过分依赖出口和投资拉动经济增长

C. 促进经济增长向依靠消费、投资、出口协调拉动转变

D. 当前和今后时间内要牢牢把握扩大出口

20. 新型工业化道路的基本标志和落脚点是（　　）。

A. 新的物质技术基础　　　　　　　B. 新的要求和新的目标

C. 新的处理各种关系的思路　　　　D. 新的工业化战略

二、多项选择题

1. 衡量经济增长的指标包括（　　）。

A. 国民生产总值增长率

B. 国内生产总值增长率

C. 劳动生产率增长率

D. 人类发展指数

2. 关于经济增长和经济发展的关系，以下正确的说法是（　　）。

A. 既相互联系，又不完全相同

B. 经济发展具有更广泛的含义

C. 经济增长是经济发展的基础

D. 单纯的经济增长可能出现"只增长不发展"的现象

3. 以下哪些是决定经济增长和经济发展的因素（　　）。

A. 生产要素投入特别是劳动就业量

B. 社会劳动生产率增长率

C. 投资增长率和投资效率

D. 科技进步程度及其应用

E. 自然资源的数量与开发利用程度

4. 以下哪些属于自然资源（　　　）。

　A. 土地　　　　　　B. 空气　　　　　　C. 科学技术　　　　　D. 森林植被

5. 关于中国特色社会主义经济发展理论的描述，正确的是（　　　）。

　A. 什么是经济发展

　B. 中国需要怎样的经济发展

　C. 为经济社会的全面协调可持续发展提供了理论指导

　D. 怎样实现经济发展

6. 统筹兼顾包括（　　　）。

　A. 统筹城乡发展　　　　　　　　　　　B. 统筹区域发展

　C. 统筹经济社会发展　　　　　　　　　D. 统筹人与自然和谐发展

　E. 统筹国内发展和对外开放

7. 全面建成小康社会的基本要求，从经济上主要包括（　　　）。

　A. 经济持续健康发展

　B. 人民生活水平全面提高

　C. 人民民主不断扩大

　D. 资源节约型、环境友好型社会建设取得重大进展

8. 全面建成小康社会的基本要求有哪些特点（　　　）。

　A. 突出以人为本、民生优先

　B. 强调基本公共服务均等，缩小收入分配差距

　C. 强调全面、协调、可持续发展

　D. 体现可行性，目标可以实现

9. 中华民族伟大复兴中国梦的本质内涵是（　　　）。

　A. 实现国家富强　　　　　　　　　　　B. 民族振兴

　C. 环境优美　　　　　　　　　　　　　D. 人民幸福

10. 经济结构包括（　　　）。

　A. 所有制结构

　B. 需求结构

　C. 产业机构、区域经济结构

　D. 企业组织结构、产品结构

三、判断题（请在括号中填写"对"或"错"）

1. 经济增长就是经济发展。（　　　）

2. 经济发展不仅包括经济增长，而且强调经济结构的变化、经济质量和人

民生活水平的提高。（　　）

3. 单纯的经济发展可能会出现"只发展不增长"的现象。（　　）

4. 一般来说，决定经济增长的因素就是决定经济发展的因素。（　　）

5. 随着经济发展和"知识经济"的兴起及科学技术的发展，社会劳动生产率增长率对经济增长、经济发展的贡献越来越大。（　　）

6. 科学发展观是中国特色社会主义理论体系的最新成果，是指导国家全部工作包括经济社会发展的强大思想武器。（　　）

7. 经过努力，我国提前实现了"三步走"战略的第一步、第二步和第三步战略。（　　）

8. 全面建成小康社会，实现城乡居民人均收入比 2010 年翻一番，是指每个人的收入要翻一番。（　　）

9. 在过去一段时间里，我们曾经提出并努力促进经济增长方式的转变，都达到了一定的成效。（　　）

10. 当今时代，创新越来越决定一个国家、一个民族的发展进程。（　　）

四、简答题

1. 劳动力部门构成向第二产业和第三产业倾斜的变动趋势指什么？

2. 什么是经济结构？

3. 什么是创新型国家？

4. 全面建成小康社会的基本要求有哪些突出特点？

5. "三步走"战略的具体内容是什么？

五、论述题

1. 简述新型工业化道路的特点。

2. 建设生态文明实现可持续发展的主要任务和措施是什么？

六、计算题

假定某国 2000 年的统计数据为：消费支出 30000 亿元，总投资 7000 亿元，政府购买 10000 亿元，出口 4000 亿元，进口 5000 亿元，税收 12000 亿元。试计算该国当年的国内生产总值。

七、案例分析题

习近平谈"全面建成小康社会"

党的十八大以来，习近平总书记围绕"全面建成小康社会"提出了一系列新思想、新论断、新要求，准确把握当代中国实际，科学回答了全面建成小康社会面临的诸多重大问题。总书记一再强调，"最艰巨最繁重的任务在农村、特别是在贫困地区""小康不小康，关键看老乡"。"一个民族都不能少"、"不能丢了农村这一头"、"决不能让一个苏区老区掉队"……这一系列论断，充分体现了把13亿多人全部带入全面小康的坚定决心。现就习近平总书记相关论述部分摘编如下：

党的十八大报告勾画了在新的历史条件下全面建成小康社会、加快推进社会主义现代化、夺取中国特色社会主义新胜利的宏伟蓝图，是我们党团结带领全国各族人民沿着中国特色社会主义道路继续前进、为全面建成小康社会而奋斗的政治宣言和行动纲领，为我们这一届中央领导集体的工作指明了方向。中央已经发出关于认真学习宣传贯彻党的十八大精神的通知，各级党委要按照通知要求，把学习宣传贯彻党的十八大精神引向深入。

——《习近平：紧紧围绕坚持和发展中国特色社会主义学习宣传贯彻党的十八大精神》（2012年11月17日）

实现全面建成小康社会、建成富强民主文明和谐的社会主义现代化国家的奋斗目标，实现中华民族伟大复兴的中国梦，就是要实现国家富强、民族振兴、人民幸福，既深深体现了今天中国人的理想，也深深反映了我们先人们不懈追求进步的光荣传统。

——《习近平在第十二届全国人民代表大会第一次会议上的讲话》（2013年3月17日）

全面建成小康社会，实现社会主义现代化，实现中华民族伟大复兴，最根本、最紧迫的任务还是进一步解放和发展社会生产力。解放思想，解放和增强社会活力，是为了更好地解放和发展社会生产力。邓小平同志说：革命是解放生产力，改革也是解放生产力，"社会主义基本制度确立以后，还要从根本上改变束缚生产力发展的经济体制，建立起充满生机和活力的社会主义经济体制，促进生产力的发展"。我们要通过深化改革，让一切劳动、知识、技术、管理、资本等要素的活力竞相迸发，让一切创造社会财富的源泉充分涌流。同时，要处理好活力和有序的关系，社会发展需要充满活力，但这种活力又必须是有序活动的。死水一潭不行，暗流汹涌也不行。

——《习近平：切实把思想统一到党的十八届三中全会精神上来》（2014年1月1日）

我们要紧紧依靠人民，从人民中汲取智慧，从人民中凝聚力量，全面贯彻落实党的十八大和十八届三中、四中全会精神，以邓小平理论、"三个代表"重要思想、科学发展观为指导，按照全面建成小康社会、全面深化改革、全面依法治国、全面从严治党的战略布局，更加扎实地推进经济发展，更加坚定地推进改革开放，更加充分地激发创造活力，更加有效地维护公平正义，更加有力地保障和改善民生，更加深入地改进党风政风，为国家增创更多财富，为人民增加更多福祉，为民族增添更多荣耀。

——《习近平在2015年春节团拜会上的讲话》（2015年2月17日）

请思考：

1. 全面建成小康社会的基本要求是什么？
2. 全面建成小康社会的基本要求有什么特点？

本章课后辅导题答案与分析

一、单项选择题

1. D	2. B	3. D	4. D	5. B	6. C	7. C
8. D	9. D	10. C	11. D	12. D	13. B	14. C
15. B	16. D	17. C	18. D	19. D	20. B	

二、多项选择题

1. ABC	2. ABCD	3. ABCDE	4. ABD	5. ABCD
6. ABCDE	7. ABD	8. ABCD	9. ABD	10. ABCD

三、判断题（请在括号中填写"对"或"错"）

1. 错；2. 对；3. 错；4. 对；5. 对；6. 对；7. 错；8. 错；9. 对；10. 对。

四、简答题

1. 答：随着人均国民生产总值水平的提高，第一产业就业人数所占的份额不断减少；第二产业所占的份额首先迅速增加，然后趋于稳定；而第三产业所占的份额则持续增加。

2. 答：经济结构是经济各组成部分的地位和相互比例关系。它既包括所有制结构、需求结构、产业结构、区域经济结构，也包括企业组织结构、产品结构等。

3. 答：创新型国家，是指将创新驱动作为国家战略，大幅度提高科技创新能力，从而形成强大的国家竞争优势。

4. 答：第一，突出以人为本，民生优先。第二，强调基本公共服务均等，缩小收入分配差距。第三，强调全面、协调、可持续发展。第四，体现可行性。

5. 答：改革开放初期我国制定了现代化建设的"三步走"战略，即第一步，从 1981 年到 1990 年实现国民生产总值比 1980 年翻一番，解决人民的温饱问题。第二步，从 1991 年到 20 世纪末，使国民生产总值再翻一番，人民生活达到小康水平。第三步，到 21 世纪中叶，国民生产总值再翻两番，达到中等发达国家水平，基本实现现代化。

五、论述题

1. 答：新型工业化道路是坚持以信息化带动工业化，以工业化促进信息化，走出一条科技含量高、经济效益好、资源消耗低、环境污染少、人力资源优势得到充分发挥的新型工业化道路。

新型工业化道路与传统的工业化道路相比，有如下特点：第一，新的要求和新的目标。（具体论述见教材）。第二，新的物质技术基础。（具体论述见教材）。第三，新的处理各种关系的思路。（具体论述见教材）。第四，新的工业化道路。（具体论述见教材）。

走新型工业化道路，首先必须处理工业化与信息化的关系。当今世界，信息技术飞速发展，信息化正在引起世界经济和社会的巨大变革，极大地拓展和丰富了传统工业化的内涵，为我国高起点加速推进工业化提供了可能。因此，要大力推进信息化，以信息化带动工业化，推动信息化和工业化深度融合，以真正加快我国工业化、现代化的进程。

同时，走新型工业化道路，要坚持工业化和城镇化良性互动、城镇化和农业现代化相互协调，促进工业化、信息化、城镇化、农业化同步发展。

2. 答：建设生态文明，是关系人民福祉、关乎民族未来的长远大计。建设生态文明实现可持续发展的总体要求：一是树立尊重自然、顺应自然、保护自然的生态文明理念；二是坚持节约资源和保护环境的基本国策，坚持节约优先、保护优先、自然恢复为主的方针；三是着力推进绿色发展、循环发展、低碳发展；四是形成节约资源和保护环境的空间格局、产业结构、生产方式、生活方式；五是从源头上扭转生态环境恶化趋势，为人民创造良好生产生活环境，为全球生态安全做出贡献。

建设生态文明实现可持续发展的主要任务和措施包括：

一是优化国土空间开发格局。国土是生态文明建设的空间载体，是中华民族永续发展的家园。优化国土空间开发格局，必须加快实施主体功能区战略，推动各地区严格按照主体功能定位发展，构建科学合理的城市化格局、农业发展格局、生态安全格局。除此之外，还必须提高海洋资源开发能力，发展海洋经济，保护海洋生态环境，坚决维护国家海洋权益，建设海洋强国。（具体论述见教材）

二是全面促进资源节约。节约资源是保护生态环境的根本之策。我国人均资源占有量不高，资源供求矛盾突出。必须节约集约利用资源。要节约集约利用资源，要推动资源利用方式根本转变，加强全过程节约管理，大幅度降低水、土地等能源的消耗强度，提高利用效率和效益。严守耕地保护红线，严格土地用途管制。（具体论述见教材）

三是加大生态系统和环境保护力度。良好的生态环境是人和社会持续发展的根本基础。由于过去的时间内我国存在无序开发和过度利用等问题，导致生态系统严重受损。所以要实施重大生态修复工程，增强生态产品生产能力。加快水利建设，增强城乡防洪、抗旱、排涝能力。加强防灾减灾体系建设，提高气象、地质、地震灾害防御能力。（具体论述见教材）

四是加强生态文明制度建设。保护生态环境必须依靠制度。要把资源消耗、环境损害、生态效益纳入经济社会发展评价体系，建立体现生态文明要求的目标体系、考核办法、奖惩机制。建立国土空间开发保护制度，完善最严格的耕地保护制度、水资源管理制度、环境保护制度。（具体论述见教材）

六、计算题

解析：国内生产总值 = 消费支出 + 总投资 + 政府购买 + （出口 - 进口） = 30000 + 7000 + 10000 + （4000 - 5000） = 46000（亿元）

七、案例分析题

1. 全面建成小康社会的基本要求，从经济上主要包括：经济持续健康发展、人们生活水平全面提高、资源节约型、环境友好型社会建设取得重大进展。从经济与政治、文化、社会协调发展的角度，还包括：人民民主不断扩大、文化软实力显著增强。

2. 全面建成小康社会的基本要求有四个突出特点：第一，突出以人为本，民生优先。第二，强调基本公共服务均等，缩小收入分配差距。第三，强调全面、协调、可持续发展。第四，体现可行性。

第二十章　经济全球化条件下社会主义经济中的对外经济关系（略）

第二十一章 社会主义市场经济中的政府职能和宏观调控

本章知识鸟瞰图

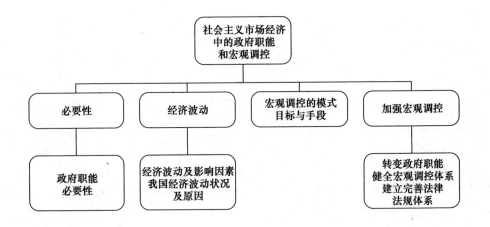

本章重点和难点

第一节 社会主义市场经济中的政府职能和宏观调控的必要性

一、社会主义市场经济中的政府职能

在社会主义市场经济条件下，政府不仅是重要的政治组织，同时又是重要的

宏观经济管理与调控组织。作为宏观经济管理与调控组织，政府的职责和作用主要是：保持宏观经济稳定，弥补市场失灵；加强市场监管，维护市场秩序；保护资源环境，推动可持续发展；加强和优化公共服务，促进共同富裕。

二、社会主义市场经济条件下宏观调控的必要性

在社会主义市场经济条件下，实行对国民经济的宏观调控有其必要性，这是因为：第一，实行宏观调控是实现社会主义生产目的和经济社会发展战略目标的需要。第二，实现宏观调控是保持社会经济总量平衡，实现按比例地进行资源配置的需要。第三，实行宏观调控是弥补市场调节失灵的需要。

第二节　社会主义市场经济中的经济波动

一、经济波动及其影响因素

经济波动是指经济运行过程中交替出现的扩张和收缩、繁荣和萧条、高涨和衰退现象。影响经济波动的因素主要有：投资率的变动、消费需求的波动、产业结构的调整与转换、资源供给、技术变化的状况、经济体制的变动。除了以上提到的这些因素外，还有其他因素，如进出口的变动、心理预期的变化等也会影响实际经济的运行，导致经济周期波动。

二、我国经济波动的状况及其原因

新中国成立以来，我国经济取得了巨大的成就，但也发生了多次经济增长的超常波动。以1978年为界，改革前的经济波动与改革后的经济波动有所不同。改革前，经济波动的特点是振幅大、峰位高、谷位深、扩张周期短。改革后的经济波动的总体态势是经济增长率一直处于较高水平，经济波动的幅度比较小，扩张周期延长。

我国经济波动的原因，除了与社会总需求和社会总供给的变动有一定的原因外，还有其特殊性。改革开放前的经济周期波动，一方面是传统计划体制与生产力状况的不适应性，缺乏有效调节经济的手段；另一方面是生产力的发展受到外部因素，如政治因素和国际因素的影响。改革开放后的经济波动之所以发生了变化，很大程度上是由于我国经济体制的改革使其从传统的计划经济体制转变为社会主义市场经济体制，这使得计划体制下导致经济超常波动的因素逐渐减弱。但是，在体制转型阶段，一方面，传统计划体制影响的消除有一个过程，其在相当长时期内还存在一定的影响；另一方面，市场经济体制下那些引起经济波动的因

素，如心理预期的变化、消费需求动机的改变等也开始影响经济运行。所以，我国经济波动仍然存在，只是波动的形式发生了变化。

第三节　宏观调控的模式、目标与手段

一、宏观调控的模式

与社会主义市场经济体制相适应的宏观调控模式，则应该是既能充分发挥市场调节对资源配置的决定性作用，又能充分发挥宏观调控的导向性作用，实现市场调节与宏观调控的有机结合。这种模式具有以下特征：第一，整个宏观调控是在市场调节的基础上进行的。第二，计划的形式和作用的范围发生了重大的变化。第三，对企业的调控方式以间接调控为主。第四，调控手段由经济的、法律的、行政的手段相结合，逐步地转向以经济、法律手段为主，行政手段仅仅作为辅助手段。

二、宏观调控的目标

社会主义市场经济宏观调控的主要目标是：促进经济增长，增加就业，稳定物价，保持国际收支平衡和人民生活水平提高。宏观调控的目的，从根本上说，是要促进生产力的发展，保障和改善民生，不断提高人民生活水平。

三、宏观调控的手段

宏观调控的手段主要有：经济政策、经济计划、法律手段和行政手段。经济政策是由政府制定的用以调整各种经济主体利益关系和指导、影响经济活动的准则和规则。它是宏观调控的重要手段。最主要的经济政策有：财政政策、货币政策、产业政策、汇率政策、收入分配政策等。社会主义市场经济发展离不开经济计划的指导，经济计划因而成为必要的宏观调控手段。法律是实行宏观调控和维持市场经济秩序的保证。用行政手段进行宏观调控，主要是指依靠行政机构采用强制性的命令、指示、规定和下达带有指令性的任务或某些具体限制等行政方式调控经济的运行。

第四节　加强和改善宏观调控

一、加快转变政府职能

要实现政府对国民经济有效的宏观调控就必须转变政府职能，加强政府治

理，更好地发挥政府的作用，这是建立和完善宏观调控体系的基本前提。

转变政府职能，加强政府治理，需要从以下方面着手：首先，政企分开。其次，进一步简政放权。最后，优化政府组织结构。

二、健全宏观调控体系

实现有效的宏观调控，还必须有健全而完善的宏观调控体系作保证。健全和完善宏观调控体系应着重做好以下工作：第一，建立、健全科学的经济决策体系和制度。第二，健全以国家发展战略和规划为导向、以财政政策和货币政策为主要手段的宏观调控体系。第三，深化金融改革和财政体制改革。第四，深化投资体制改革，确立企业投资主体地位。第五，完善发展成果考核评价体系，纠正单纯以经济增长速度判定政绩的偏向。

三、建立与完善法律法规体系

建立与完善法律体系，把政府的宏观调控纳入法制化轨道，是实现政府宏观调控有效性的根本保证。首先，明确法律手段在宏观调控中的地位，树立依法进行宏观调控的观念。其次，要进一步完善法律体系。再次，加快推行执法责任制、评议考核制，提高行政执法水平。最后，健全依法行使权力的制约机制，加强对权力运行的监督。

本章复习与思考题答案

1. 解释下列概念：①宏观调控；②财政政策；③货币政策；④收入分配政策。

①宏观调控是指政府以满足人民需要和国民经济持续、协调健康发展为目标，综合运用经济的、计划的、法律的和必要的行政手段，对整个国民经济运行和发展进行调节和控制。

②财政政策是政府变动税收和支出以便影响总需求，进而影响就业和国民收入的政策。

③货币政策是指中央银行通过增加或减少货币供应量以影响利率，进而影响经济活动所采取的政策。

④收入分配政策是对国民收入初次分配和再分配进行调节的政策，是政府根据既定的目标而制定的个人收入总量及结构的变动方向，以及政府调节个人收入分配的基本方针和原则。

2. 社会主义市场经济条件下的政府职能有哪些？

在社会主义市场经济条件下，政府不仅是重要的政治组织，同时又是重要的宏观经济管理与调控组织。作为宏观经济管理与调控组织，政府的职责和作用主要是：保持宏观经济稳定，弥补市场失灵；加强市场监管，维护市场秩序；保护资源环境，推动可持续发展；加强和优化公共服务，促进共同富裕。（具体论述见教材）

3. 简述社会主义国家宏观调控的模式、目标与手段。

（1）社会主义国家宏观调控的模式。要实施有效的宏观调控，选择合理的宏观调控模式具有重要意义。宏观调控模式作为整个经济体制的重要组成部分，是由经济体制决定的。社会主义经济在实践中曾经形成多种宏观调控模式，其中影响范围最大、持续时间最长的是高度集中型的指令性计划经济模式。这种模式对社会主义经济发展造成了危害。与社会主义市场经济体制相适应的宏观调控模式，则应该是既能充分发挥市场调节对资源配置的决定性作用，又能充分发挥宏观调控的导向性作用，实现市场调节与宏观调控的有机结合。

这种模式具有以下特征：第一，整个宏观调控是在市场调节的基础上进行的。第二，计划的形式和作用的范围发生了重大的变化。第三，对企业的调控方式以间接调控为主。第四，调控手段由经济、法律、行政手段相结合，逐步地转向以经济、法律手段为主，行政手段仅仅作为辅助手段。

（2）社会主义国家宏观调控的目标：促进经济增长，增加就业，稳定物价，保持国际收支平衡和人民生活提高。促进经济增长，是指保持合理的增长速度。增加就业，是指尽可能消除非自愿失业，使每个有劳动能力并愿意工作的劳动者都能有平等的就业机会。物价稳定，是指保持物价总水平基本稳定。保持国际收支平衡，主要指资本流出、流入的平衡和进出口的平衡。宏观调控的目的，从根本上说，是要促进生产力的发展，保障和改善民生，不断提高人民生活水平。

（3）社会主义国家宏观调控的手段主要有：经济政策、经济计划、法律手段和行政手段。经济政策是由政府制定的用以调整各种经济主体利益关系和指导、影响经济活动的准则和规则。它是宏观调控的重要手段。最主要的经济政策有：财政政策、货币政策、产业政策、汇率政策、收入分配政策等。

在社会主义市场经济条件下，在宏观调控中运用财政政策手段，包括财政收入政策的运用、对财政支出政策的运用和二者的综合运用。货币政策是指中央银行通过增加或减少货币供应量以影响利率，进而影响经济活动所采取的政策。随着社会主义经济体制的改革和市场经济的发展，货币政策在宏观调控中的作用日益突出，已逐步成为最主要的调控手段。在宏观调控中，货币政策与财政政策二者往往要结合起来，共同发挥调控作用。产业政策是指国家为了实现一定的经济和社会发展目标，根据世界经济发展趋势和国民经济发展的内在要求，调整产业结构和产业组织形式，对产业的形成和发展进行调控的政策。我国是世界上最大的发展中国家，从实际出发，科学地制定并实施产业政策，有利于国民经济的持续健康发展。随着改革开放的深入和社会主义市场经济的发展，在对外经济关系中，要充分发挥汇率对商品进出口、资金流出流入的调节作用。收入分配政策是对国民收入初次分配和再分配进行调节的政策，是政府根据既定的目标而制定的个人收入总量及结构的变动方向，以及政府调节个人收入分配的基本方针和原则。社会主义经济中实施收入分配政策的目的，是促进国民经济的总量平衡，避免通货膨胀或通货紧缩；促进分配的公平和效率，避免收入分配差距过大；调动劳动者积极性，促进经济发展，提高人民生活水平。

社会主义市场经济发展离不开经济计划的指导，经济计划因而成为必要的宏观调控手段。在社会主义市场经济体制下，计划主要是建立在尊重市场经济规律基础上的中长期规划。

法律是实行宏观调控和维持市场经济秩序的保证。用行政手段进行宏观调控，主要是指依靠行政机构采用强制性的命令、指示、规定和下达带有指令性的任务或某些具体限制等行政方式调控经济的运行。

4. 如何深化财政体制改革和金融体制改革？

深化财税体制改革总的思路是完善立法、明确事权、改革税制、稳定税负、透明预算、提高效率，建立现代财政制度，发挥中央和地方两个积极性。首先，要改进预算管理制度。实施全面规范、公共透明的预算制度。完善一般性转移支付增长机制，重点增加对革命老区、民族地区、边疆地区、贫困地区的转移支付。其次，要完善税收制度。深化税收制度改革，完善地方税体系，逐步提高直接税比重。推进增值税改革，适当简化税率。调整消费税征收范围、环节、税率、把高耗能、高污染产品及部分高档消费品纳入征收范围。逐步建立综合与分类相结合的个人所得税制。加快房地产税立法并适时推进改革，加快资源税改革，推动环境保护费改税。最后，要建立事权和支出责任相适应的制度。

深化金融体制改革总的思路是健全促进宏观经济稳定、支持实体经济发展的现代金融体系，可加快发展多层次资本市场，稳步推进利率和汇率市场化改革，逐步实现人民币资本项目可兑换。加快发展民营金融机构。完善金融监管，推进金融创新，提高银行、证券、保险等行业竞争力，维护金融稳定。

5. 结合我国体制转轨期的实际，分析如何综合运用金融手段和财政手段来促进国民经济的总量平衡和结构优化。

在社会主义市场经济条件下，在宏观调控中运用财政政策手段，包括财政收入政策的运用、对财政支出政策的运用和二者的综合运用。财政收入政策的基本内容是税收政策。在社会总需求小于总供给的情况下，即在经济不景气时期，工人失业增加，企业开工不足，一部分经济资源未被利用，经济运行和发展主要受需求不足的制约，这时政府可以用调整税收和税率的办法，或者使需求者感到增加购买对自己有利，或者使供给者感到减少产量对自己有利。一般来说，减税（或免税）可以达到这样的效果：对消费者减税，消费者将会由此而拥有较多的可支配收入，使消费需求增加，并进而又可刺激投资增加。这样促进总需求上升，有助于实现总供给与总需求的平衡。当社会总需求大于社会总供给时，选择的税收政策则应该是相反的。财政支出政策的内容包括：第一，根据财政收入的实际可能和国民经济总量平衡的需要，确定财政支出的总量；第二，根据国民经济总量平衡和结构合理的需要，确定财政支出的方向和积累性支出与消费性支出的比例；第三，根据国民经济发展需要以及调整国家、企业、劳动者个人三方面利益关系的需要，确定财政支出的重点；第四，确定财政支出的程序和制度。

货币政策是指中央银行通过增加或减少货币供应量以影响利率，进而影响经济活动所采取的政策。根据对总产出的影响，货币政策分为两类：扩张性货币政策（在我国也称积极货币政策）和紧缩性货币政策（在我国也称稳健货币政策）。在经济不景气时，中央银行采取措施降低利率，由此引起货币供给增加，刺激投资和净出口，增加总需求，称为扩张性货币政策。反之，在经济过热、通货膨胀率太高时，中央银行采取一系列措施减少货币供给，以提高利率、抑制投资和消费，使总产出减少或放慢增长速度，使物价水平保持在合理水平，称为紧缩性货币政策。运用货币政策所采取的主要措施包括：控制货币发行、控制和调节对政府的贷款、推行公开市场业务、改变存款准备金率、调整再贴现率、选择性信用管制、直接信用管制等。随着社会主义经济体制的改革和市场经济的发展，货币政策在宏观调控中的作用日益突出，已逐步成为最主要的调控手段。

在宏观调控中，货币政策与财政政策二者往往要结合起来，共同发挥调控作用。就财政政策和货币政策的一般结合形式而言，大致有两类情况和四种形态：一类是正结合，又可分为松财政和松货币、紧财政和紧货币两种形态；另一类是逆结合，又可分为紧财政和松货币、松财政和紧货币两种形态。这里所说的紧和松是指紧缩和放松的意思。在进行宏观调控时，可以按照各种形态的作用后果及其适应的情况，根据不同时期面临的发展重点及所要解决的问题，从实际出发做出选择。

本章课后辅导题

一、单项选择题

1. 政府通过健全法律体系，规范各类经济主体行为，创造公开、公平、公正的竞争环境，这是政府的哪种职能（　　　）。

A. 保持宏观经济稳定，弥补市场失灵

B. 加强市场监管，维护市场秩序

C. 保护资源环境，推动可持续发展

D. 加强和优化公共服务，促进共同富裕

2. 宏观调控的主体是（　　　）。

A. 企业　　　　　B. 政府　　　　　C. 个人　　　　　D. 微观经济主体

3. 社会主义的生产目的，归根结底是（　　　）。

A. 实现充分就业

B. 保持物价稳定

C. 保持总供求的基本平衡

D. 满足人民日益增长的物质文化需要

4. 实行宏观调控的原因，不包括以下哪一条（　　　）。

A. 弥补市场失灵

B. 保持经济总量平衡

C. 实现社会主义生产目的和经济发展战略目标

D. 彰显政府权威

5. 经济波动的幅度保持在一定的范围内，不对国民经济的运行构成危害的波动是（　　　）。

A. 正常经济波动　　　　　　　B. 超常经济波动

C. 波峰　　　　　　　　　　　D. 波谷

6. 关于投资率对经济波动的影响，不准确的是（　　　）。

A. 投资率与经济增长率呈正相关关系

B. 在积累率允许的限度内，投资的增长促进经济的正常增长

C. 当超过积累率的限度时，投资的增长不影响经济的增长

D. 投资率的变动是影响经济波动的重要因素

7. 产业结构对经济波动的影响，不准确的是（　　　）。

A. 产业结构的合理化可以促进经济增长

B. 产业机构的高级化可以促进经济增长

C. 产业机构的落后不会制约经济增长

D. 产业结构的变动会引起经济增长波动

8. 关于宏观调控的模式，不准确的表述是（　　　）。

A. 宏观调控模式会影响宏观调控预定目标的实现

B. 宏观调控模式是由经济体制决定的

C. 不同国家，其宏观调控模式可能不相同

D. 一个国家的宏观调控模式一经选定就应该固定不变

9. 在我国影响范围最大、持续时间最长的宏观调控模式是（　　　）。

A. 高度自由的市场经济模式

B. 社会市场经济模式

C. 既发挥市场资源配置决定作用又发挥宏观调控导向作用的模式

D. 高度集中型的指令性计划经济模式

10. 关于社会主义市场经济体制下的宏观调控模式，正确的说法是（　　　）。

A. 宏观调控是在计划基础上进行的

B. 企业的生产经营活动主要发挥宏观调控作用

C. 宏观调控是在市场的基础上进行

D. 国民经济发展的目标主要由市场调节

11. 促进经济增长，是指（　　　）。

A. 保持高速的增长速度　　　　　　B. 保持年增长7%的增长速度

C. 保持尽可能快的增长速度　　　　D. 保持合理的增长速度

12. 增加就业是指（　　　）。

A. 尽可能消除失业

B. 尽可能消除自愿失业

C. 尽可能让不愿意工作的劳动者都就业

D. 尽可能消除非自愿失业

13. 对于宏观调控的根本目的，不准确的是（　　　）。

A. 促进生产力发展　　　　　　　　B. 实现产业机构优化升级

C. 保障和改善民生　　　　　　　　D. 不断提高人民生活水平

14. 属于财政收入政策的是（　　　）。

A. 确定财政支出重点　　　　　　　B. 确定积累性支出和消费性支出的比例

C. 确定财政支出的总量　　　　　　D. 税收政策

15. 不属于经济政策的是（　　　）。

A. 财政政策　　　　　　　　　　　B. 法律法规

C. 货币政策　　　　　　　　　　　D. 收入分配政策

16. 中央银行通过增加或减少货币供应量以影响利率，进而影响经济活动所采取的政策是（　　　）。

A. 产业政策　　　B. 财政政策　　　C. 收入分配政策　　　D. 货币政策

17. 在社会主义市场经济体制中，计划主要是指（　　　）。

A. 指令性计划　　　B. 法律法规　　　C. 中长期规划　　　D. 产业规划

18. 关于利用行政手段进行宏观调控的说法，不准确的是（　　）。

A. 依靠行政机构

B. 采用强制性的命令、指示、规定和带有指令性的任务或某些具体限制等行政方式

C. 在一定时期内行政手段有它存在的必要性

D. 这种行政手段没有消极影响

19. 转变政府职能的中心内容和根本途径是（　　）。

A. 权责明确　　　　　　　　　　B. 政企分开

C. 优化政府组织结构　　　　　　D. 简政放权

20. 宏观调控体系不包括（　　）。

A. 宏观调控的目标　　　　　　　B. 成熟的市场

C. 宏观调控的手段　　　　　　　D. 调控体制和法律法规支撑体系

二、多项选择题

1. 社会主义市场经济中的政府职能，包括（　　）。

A. 保持宏观经济稳定，弥补市场失灵

B. 加强市场监管，维护市场秩序

C. 保护资源环境，推动可持续发展

D. 加强和优化公共服务

2. 政府在宏观调控中，会综合运用哪些手段（　　）。

A. 经济政策　　　　　　　　　　B. 经济计划

C. 法律手段　　　　　　　　　　D. 行政手段

3. 以下哪些因素影响经济波动（　　）。

A. 投资率　　　　　　　　　　　B. 消费需求

C. 产业结构　　　　　　　　　　D. 资源供给

E. 技术变化

4. 对于经济波动的描述，正确的是（　　）。

A. 包括正常经济波动和超正常经济波动

B. 包括扩张和收缩、繁荣和萧条、高涨和衰退等现象

C. 大都包括峰顶和谷底两个阶段的转折点

D. 会受到进出口变动、心理预期变动的影响

5. 改革开放前，我国经济波动的原因，有哪些特殊性（　　）。

A. 传统计划体制与生产力状况的不适应性

B. 产业结构的影响

C. 生产力的发展受到外部因素如政治因素和国际因素的影响

D. 资源供给的影响

6. 社会主义市场经济体制下的宏观调控模式具有哪些特征（　　　）。

A. 在市场调节的基础上进行

B. 计划的形式和作用的范围发生了重大的变化

C. 对企业的调控方式以间接调控为主

D. 调控手段逐步转向以经济、法律手段为主

7. 关于物价稳定的说法，正确的是（　　　）。

A. 指物价总水平基本稳定

B. 指将物价保持在经济顺畅运行所允许而居民又能承受的范围

C. 零售商品物价总指数上升的幅度应低于银行存款利率

D. 职工生活费用指数上升的幅度应低于职工平均工资的增长速度

8. 根据对总产出的影响，货币政策可分为（　　　）。

A. 扩张性货币政策　　　　　　　　B. 积极货币政策

C. 紧缩性货币政策　　　　　　　　D. 稳健货币政策

9. 财政政策和货币政策的结合，有哪些形态（　　　）。

A. 松货币和松财政　　　　　　　　B. 紧货币和紧财政

C. 松货币和紧财政　　　　　　　　D. 紧货币和松财政

10. 转变政府职能，需要做到（　　　）。

A. 实现政企分开　　　　　　　　　B. 进一步简政放权

C. 优化政府组织结构　　　　　　　D. 增大计划的作用范围和强度

三、判断题（请在括号中填写"对"或"错"）

1. 在社会主义市场经济条件下，政府只是重要的政治组织，不需要进行宏观调控。（　　　）

2. 市场在资源配置中发挥决定性作用，不会出现缺陷和不足。（　　　）

3. 经济波动不一定对国民经济运行构成危害。（　　　）

4. 依据社会主义市场经济的要求，国家对企业的管理应该是以直接调控为主。（　　　）

5. 根据社会主义市场经济的要求，在宏观调控中，行政手段逐渐转变为辅助手段。（　　　）

6. 物价稳定是指保持物价总水平的绝对稳定。（　　　）

7. 在社会主义市场经济条件下，在宏观调控中运用财政政策手段，主要是运用财政支出政策。（　　　）

8. 经济不景气时期，为使需求者感到购买对自己有利，政府应该采取调高税率、增加税收的方法。（　　）

9. 社会主义市场经济发展离不开经济计划的指导，经济计划因而成为必要的宏观调控手段。（　　）

10. 市场经济是法制经济。（　　）

四、简答题

1. 什么是产业政策？

2. 什么是经济波动？

3. 改革开放前，我国经济波动的特殊原因是什么？

4. 社会主义市场经济宏观调控的主要目标是什么？

5. 转变政府职能需要从哪些方面着手？

五、论述题

1. 试述在社会主义市场经济条件下，实行对国民经济的宏观调控的必要性。

2. 试析如何健全宏观调控体系？

本章课后辅导题答案与分析

一、单项选择题

1. B　　2. B　　3. D　　4. D　　5. A　　6. C　　7. C

8. D　　9. D　　10. C　　11. D　　12. D　　13. B　　14. D

15. B　　16. D　　17. C　　18. D　　19. B　　20. B

二、多项选择题

1. ABCD　　2. ABCD　　3. ABCDE　　4. ABCD　　5. AC

6. ABCD　　7. ABCD　　8. ABCD　　9. ABCD　　10. ABC

三、判断题（请在括号中填写"对"或"错"）

1. 错；2. 错；3. 对；4. 错；5. 对；6. 错；7. 错；8. 错；9. 对；10. 对。

四、简答题

1. 答：产业政策是指国家为了实现一定的经济和社会发展目标，根据世界经济发展趋势和国民经济发展的内在要求，调整产业结构和产业组织形式，对产业的形成和发展进行调控的政策。

2. 答：经济波动是指经济运行过程中交替出现的扩张和收缩、繁荣和萧条、高涨和衰退现象。其大都是由一个经济扩张期和接下来的收缩期（或者说经济调整期）构成，并用"峰顶"和"谷底"分别表示两个阶段的转折点。

3. 答：改革开放前的经济周期波动，一方面是传统计划体制与生产力状况的不适应性，缺乏有效调节经济的手段；另一方面是生产力的发展受到外部因素如政治因素和国际因素的影响。

4. 答：促进经济增长、增加就业、稳定物价，保持国际收支平衡和人民生活提高。

5. 答：首先，实现政企分开。其次，进一步简政放权。最后，优化政府组织结构。

五、论述题

1. 答：宏观调控是指政府以满足人民需要和国民经济持续、协调健康发展为目标，综合运用经济的、计划的、法律的和必要的行政手段，对整个国民经济运行和发展进行调节和控制。

在社会主义市场经济条件下，实行对国民经济的宏观调控有其必要性，这是因为：

第一，实行宏观调控是实现社会主义生产目的和经济社会发展战略目标的需要。社会主义的生产目的，归根到底是满足人民日益增长的物质文化需要。这个根本目的是通过不同发展阶段的具体发展目标实现的。在市场经济条件下，单纯地依靠市场的自发调节，通过市场竞争所达到的资源配置和收入分配的结果，不一定与社会主义生产目的和经济发展战略目标完全吻合，政府对国民经济进行宏观调控并使之吻合就是完全必要的。

第二，实现宏观调控是保持社会经济总量平衡，实现按比例地进行资源配置的需要。社会化大生产要求按比例地配置社会资源，建立起适合于国民经济协调发展的总量关系，保证社会各个部门和社会再生产各个环节顺利进行。要达到这个目标，在发挥市场在资本配置中的决定性作用的同时，还需要做好对国民经济的宏观调控。

第三，实行宏观调控是弥补市场调节失灵的需要。为了弥补市场调节的缺陷和不足，就有必要由政府运用经济手段、法律手段和其他调控手段予以弥补，使国民经济按照预定的宏观经济的目标运行。

2. 答：实现有效的宏观调控，还必须有健全而完善的宏观调控体系作保证。

一个完善的宏观调控体系应该包括：调控的目标、调控的手段、调控体制和法律法规支撑体系等。健全宏观调控体系应从目标体系、政策手段体系的建立着手，重点是建立有效的宏观调控体系。

健全和完善宏观调控体系应着重做好以下工作：

第一，建立、健全科学的经济决策体系和制度。坚持科学决策、民主决策、依法决策，健全决策机制和程序，对宏观调控的目标，经济发展的战略、规划、重大的政策措施以及重大经济活动和基础设施项目，应广泛征求社会各方面的意见，认真进行可行性研究和科学论证，发挥思想库作用，建立健全决策问责和纠错制度。

第二，健全以国家发展战略和规划为导向、以财政政策和货币政策为主要手段的宏观调控体系。推进宏观调控目标制定和政策手段运用机制化，加强财政政策、货币政策与产业、价格等政策手段协调配合，提高相机抉择水平，增强宏观调控前瞻性、针对性、协同性。形成参与国际宏观调控经济政策协调的机制，推动国际经济治理结构完善。

第三，深化金融改革和财政体制改革。财政政策、货币政策是最重要的宏观调控政策，为发挥财政政策、货币政策的有效性，必须加快改革财税体制和金融体制。

第四，深化投资体制改革，确立企业投资主体地位。企业投资项目，除关系国家安全和生态安全、涉及全国重大生产力布局、战略性资源开发和重大公共利益等项目外，一律由企业依法依规自主决策，政府不再审批。

第五，完善发展成果考核评价体系，纠正单纯以经济增长速度判定政绩的偏向，加大资源消耗、环境损害、生态效益、产能过剩、科技创新、安全生产、新增债务等指标的权重，更加重视劳动就业、居民收入、社会保障、人民健康状况。

参考文献

逄锦聚主编.政治经济学（第五版）[M].北京：高等教育出版社，2014.

程恩富主编.现代政治经济学习题集[M].上海：上海财经大学出版社，2004.

陈胜权主编.政治经济学经典教材习题详解[M].北京：对外经济贸易大学出版社，2005.

金圣才，逄锦聚.政治经济学[M].北京：中国石化出版社，2007.

张明龙.政治经济学教学研究[M].北京：中国经济出版社，2011.